JN189997

タイの経済と社会

OECD多角的国家分析

OECD開発センター [編著]
門田 清 [訳]

OECD Development Pathways
Multi-dimensional Review of Thailand
VOLUME 1. INITIAL ASSESSMENT

明石書店

経済協力開発機構（OECD）

　経済協力開発機構（Organisation for Economic Co-operation and Development, OECD）は、民主主義を原則とする36か国の先進諸国が集まる唯一の国際機関であり、グローバル化の時代にあって経済、社会、環境の諸問題に取り組んでいる。OECDはまた、コーポレート・ガバナンスや情報経済、高齢化等の新しい課題に先頭になって取り組み、各国政府のこれらの新たな状況への対応を支援している。OECDは各国政府がこれまでの政策を相互に比較し、共通の課題に対する解決策を模索し、優れた実績を明らかにし、国内および国際政策の調和を実現する場を提供している。

　OECD加盟国は、オーストラリア、オーストリア、ベルギー、カナダ、チリ、チェコ、デンマーク、エストニア、フィンランド、フランス、ドイツ、ギリシャ、ハンガリー、アイスランド、アイルランド、イスラエル、イタリア、日本、韓国、ラトビア、リトアニア、ルクセンブルク、メキシコ、オランダ、ニュージーランド、ノルウェー、ポーランド、ポルトガル、スロバキア、スロベニア、スペイン、スウェーデン、スイス、トルコ、英国、米国である。欧州委員会もOECDの活動に参加している。

　OECDが収集した統計、経済、社会、環境の諸問題に関する研究成果は、加盟各国の合意に基づく協定、指針、標準と同様にOECD出版物として広く公開されている。

　本書はOECDの事務総長の責任のもとで発行されている。本書で表明されている意見や主張は必ずしもOECDまたはその加盟国政府の公式見解を反映するものではない。

Originally Published in English under the title:
"Multi-dimensional Review of Thailand: Volume 1. Initial Assessment"

© OECD, 2018.
© タイの経済と社会 —— OECD多角的国家分析, Japanese language edition, Organisation for Economic Co-operation and Development, Paris, and Akashi Shoten Co., Ltd., Tokyo 2019.

The quality of the Japanese translation and its coherence with the original text is the responsibility of Akashi Shoten Co., Ltd.

　イスラエルの統計データは、イスラエル政府関係当局により、その責任の下で提供されている。OECDにおける当該データの使用は、ゴラン高原、東エルサレム、及びヨルダン川西岸地区のイスラエル入植地の国際法上の地位を害するものではない。

序　文

　経済成長は重要ではあるが、開発の一側面でしかない。政策立案者は国家が持続可能な開発の経路を辿り、また国民が生活の改善を実現できるように経済、社会、環境間での目標の調和を求められている。

　OECD多角的国家分析（OECD Multidimensional Country Reviews, MDCR）は、より公平で持続可能な成長実現に向けた、各国政府の主要制約要因の識別に資するものである。経済、社会、環境目標の実現を図る政府は、政策間の補完性とトレードオフ関係を考慮に入れ、改革に向けた包括的かつ洗練された戦略を連続的に展開していく必要がある。多角的国家分析では、持続可能な開発目標（SDGs）に基づき、分野別ではなく分野横断的展望の下に分析を行うが、これにより政策間の相互作用関係を考慮した議論が可能となる。

　多角的国家分析は、第一次診断評価、詳細分析及び政策推奨、分析に基づく実施の三段階で構成される。こうした展開により、各国の特殊的課題及び機会への十分な対応を確保した、執行への指針となる改革案づくりを漸進的学習と協創によって進めていくことが可能となる。またこの過程では、今後の見通しと併せ、民間及び公共部門、市民社会、学界からの代表者を交えた政府による学習会合等の形で、専門家による政策分析と参加型学習とを併用することになる。分析作業は、国内外からデータを集め、タイに関して入手可能な、国家、産業部門、家計、企業レベルの福祉データ、マクロ経済及びミクロ経済データ等、あらゆる統計データに基づくとともにOECDによる予測や公表指数にも基づいて行われている。

　他国での結果及び経験をベンチマークとし比較対象とするやり方は、OECDにとって重要な手法である。多角的国家分析では、比較対象国として、域内諸国、類似した構造的特徴を有する他の地域諸国、OECD加盟国、将来像に重なる国が選定されている。本報告書でも全体を通して、データ入手上の問題はあるが、必要に合わせて、タイとアジアのベンチマーク諸国（中国、インドネシ

ア、韓国、マレーシア、フィリピン、シンガポール、ベトナム)、並びに他の
ベンチマーク諸国（コロンビア、メキシコ、ポーランド、南アフリカ、トル
コ）との比較を行っている。

『タイの多角的分析 ── OECD第一次診断評価報告書』は、SDGsを構成す
る人間、繁栄、パートナーシップ、地球、平和の各分野を基に構成されている。
本書では、一層の包摂的開発における重大な障壁を明らかにし、高レベルの第
一次推奨政策措置を提示するとともに、タイの開発戦略における中核的課題と
して、非公式性及び格差の改善、生産性の向上、天然資源管理の改善、制度改
革への取り組みの必要性を強調している。

多角的分析は、タイにおけるこれら開発戦略の策定と、持続可能で包摂的な
開発の一層の実現に向けた政策改革の明確化と支援に資するものである。本書
第1巻では、開発における一連の制約要因に対する基本的な診断を行い、高レ
ベルの推奨政策措置を提示しているが、これに続く巻では、重大制約要因に対
するより詳細な分析を行うことで、改革に向けたより特殊的な政策措置と併せ、
諸執行案を提示する。こうした分析を通して、国民のより明るい将来につなが
るタイ独自の開発アジェンダを支援していく。

謝　辞

　国家の多角的分析は、OECDと分析対象国との協働による産物である。タイの多角的分析の第1段階での作業は、タイの国家経済社会開発庁からの卓越した支援を受け、OECD開発センター、OECD経済総局、OECD統計局の協働の下に進められた。タイの多角的分析は2017年7月にバンコクに派遣されたOECDミッションを契機に着手されている。

　本多角的分析は、OECDチーフエコノミスト代行であり経済総局国家研究局長を務めるAlvaro Pereira、OECD開発センター長Mario Pezzini、OECD主席統計官Martine Durandの指導の下に進められた。OECD経済総局部門長Vincent Koen、OECD開発センター多角的国家分析（MDCR）課長Rielanderが中心となって進め、調整が進められた。また、OECD経済総局のHidekatsu Asada、Adam Bogiatzis、Abu Zeid Mohd Arif、Mohamed Rizwan Habeeb Rahuman、OECD開発センターのMartha Baxter、Andrea Colombo、OECD統計部のLara Fleischer、Koffi Zougbédéにより草案がまとめられている。OECD開発センターのDeirdre Culleyは、2017年7月18日にバンコクで開催されたワークショップ「Thailand: Vision and Challenges」を始めとする将来的洞察活動で統制役を果たすとともに、本報告書にも貴重な資料を提供してくれている。OECD開発センターのVararat AtisophonとCatriona Marshallはプロジェクト管理及び統計的支援において卓越していた。また、Kazuki HaoとCarine Viac（OECD開発センター）の両氏も当分析に貢献してくれたとともに、OECD開発センターのMyriam Andrieux、及びOECD経済総局のMercedes BurgosとSisse Nielsenは事務に関する補佐を務めてくれた。

　また、OECD経済総局のChristine Lewis、Haruki Seitani、Margit Molnar、Patrice Ollivaud、OECD開発センターのCéline Colin、Juan De Laiglesia、Nejma Bouchama、Lea Fuiret、Alessandra Heinemann、Caroline Tassot、Riku Elovainio、OECD教育スキル局のElizabeth Fordham、OECD租税センタ

一のBert Brys、OECD金融企業局のRuben Maximiano、OECD行政管理地域開発局のFilippo Cavassini、Jeroen Michels、Julio Bacio Terracino、Yukihiko Hamada、Winona Rei Bolislis、OECD貿易農業局のInese Rozensteine、Janos Ferencz、kaveri Bopiah、Shingo kimura、OECD統計局のkatherine Scrivensの諸氏、そして、タイの直面する主要開発課題と併せ、本報告書の第一次診断評価のために様々な部門から、2017年7月バンコクで開催のワークショップ「Thailand: Vision and Challenges」に参集してくださった参加者の皆様には、ご拝聴させていただいた洞察及びご意見に対し、チーム一同、感謝申し上げる次第である。

　タイ政府からは、当分析に対しタイ王国国家経済社会開発庁事務所の事務局長Porametee Vimolsiri及び職員からの支援を受けた。またPattama Teanravisitsagool（NESDB副長官）、Marayart Samootsakorn（政策・計画上級顧問）及び彼らの尊敬すべきチームは、分析過程を通して技術的にも分析的にも並行して価値ある貢献をしてくださったとともに、Athipong HiranraengchokとNisawan PitchdumrongはOECD、NESDB等タイ政府諸機関の間での継続的相互作用関係において重要な役割を果たしてくれた。

　また国家多角的分析チームから、首相官邸事務局（特に国家評議会事務局、国家公務員人事委員会事務局、中小企業推進事務局）、公共部門開発委員会事務局、タイ銀行、大蔵省（特に、公的債務管理局、及び歳入局）、農業・協同組合省、商務省、デジタル経済社会省（特に、事務次官室、及び国家統計局）、教育省、エネルギー省（とその傘下のエネルギー政策・企画庁）、工業省（特に、事務次官室）、内務省（とその傘下の地方行政局、及び災害軽減局）、法務省、労働省（特に、技能開発局、及びタイ社会保障事務局）、天然資源環境省、保健省、社会開発人間安全保障省（特に、社会開発福祉局、及び女性問題家族局）、運輸省、国民医療保障事務局、国家科学技術イノベーション政策局、国家汚職防止委員会事務局、法制度改革委員会事務局からも陰に陽にご支援を頂いたことに対し、この場を借りて謝意を表したい。

　本報告書は、タイ工業連盟、女性の友財団、タイ開発研究所、シルパコーン大学考古学部、タマサート大学経済学部、マヒドン大学人権平和研究所、メーファールアン大学ソーシャルイノベーション学部からも洞察を頂いている。ま

た分析チームは、2017年12月にバンコクで開催された政策ミッション対話に参加された、タイ首相官邸事務所（Tatchalerm Sudhipongpracha）を始めとした全ての参加者には、本報告書の初期草案の検証を通して、有益な示唆を頂いたことに対し、深謝申し上げたい。

　最後になるが、David McDonaldには原稿の編集作業に対し分析チームから謝意を申し上げる。またOECD開発センター通信出版部門のAida Buendia、Delphine Grandrieux、Elizabeth Nashには、本報告書の編集、レイアウト、刊行にご尽力いただいた。この場を借りて敬意を表したい。

タイの経済と社会

OECD 多角的国家分析

目　次

コラム・図表一覧

第2章 繁栄 ——生産性の向上

第3章　パートナーシップ ── 持続的な金融開発

第4章 地球 ──自然の保全

第5章 平和 ──ガバナンスの強化

頭字語・略語

第12次計画 第12次国家経済社会開発計画（Twelfth National Economic and Social Development Plan）

ADB アジア開発銀行（Asian Development Bank）

AEC ASEAN経済共同体（ASEAN Economic Community）

ASEAN 東南アジア諸国連合（Association of Southeast Asian Nations）

BEPS 税源侵食と利益移転（Base erosion and profit shifting）

BMR バンコク首都圏（Bangkok Metropolitan Region）

BMA バンコク首都圏庁（Bangkok Metropolitan Administration）

BOP 国際収支（Balance of payments）

BPM 国際収支マニュアル（Balance of Payments Manual）

CBD 生物多様性条約（Convention on Biological Diversity）

CEPII 国際経済予測研究センター（Centre d'Etudes Prospectives et d'Informations Internationales）

CPI 消費者物価指数（Consumer Price Index）

CO₂ 二酸化炭素（Carbon dioxide）

DGR 地下水資源局（Department of Groundwater Resources）

DLT 陸上交通局（Department of Land Transport）

EDC 電子データ収集（Electronic data capture）

EEC 東部経済回廊（Eastern Economic Corridor）

EFTOPS 販売時点情報管理における電子資金振替（Electronic funds transfer at point of sale）

EIA 環境影響評価（Environmental Impact Assessments）

EPA 環境保護区（Environmental Protected Areas）

FAO 国際連合食糧農業機関（Food and Agriculture Organization of the United Nations）

FDI 海外直接投資（Foreign direct investment）

FTAs	自由貿易協定（Free trade agreements）
FY	会計年度（Fiscal year）
GDP	国内総生産（Gross domestic product）
GFSM	政府財政統計マニュアル（Government Finance Statistics Manual）
GVCs	グローバル・バリュー・チェーン（Global Value Chains）
HELE	高効率低排出（High-efficiency, low-emissions）
HIV/AIDS	ヒト免疫不全ウイルス及び後天性免疫不全症候群（Human immunodeficiency virus and acquired immune deficiency syndrome）
ICT	情報通信技術（Information and communication technology）
IEA	国際エネルギー機関（International Energy Agency）
IEE	初期環境調査（Initial Environmental Examination）
ILO	国際労働機関（International Labour Organization）
IMF	国際通貨基金（International Monetary Fund）
ISO	国際標準化機構（International Organization for Standardization）
ITU	国際電気通信連合（International Telecommunications Union）
JETRO	日本貿易振興機構（Japan External Trade Organization）
KPIs	重要業績評価指標（Key performance indicators）
LAOs	地方行政機関（Local administrative organisations）
LGBTI	レズビアン、ゲイ、バイセクシャル、トランスジェンダー、インターセックス（Lesbian, gay, bisexual, transgender and intersex）
LPG	液化天然ガス（Liquefied petroleum gas）
LTC	長期療養（Long-term care）
MICS	複数指標クラスター調査（Multiple Indicator Cluster Survey）
MEDS	デジタル経済社会省（Ministry of Digital Economy and Society）
MFA	オランダ外務省（Netherlands Ministry of Foreign Affairs of the Netherlands）
MOE	エネルギー省（Ministry of Energy）
MOI	内務省（Ministry of Interior）
MOOCS	大規模公開オンライン講座（Massive open online courses）
NACC	国家汚職防止委員会（National Anti-Corruption Commission）
NAP	国別適応計画（National Adaptation Plan）

NBSAP	生物多様性の保全及び持続可能な利用に関する国家政策・戦略・行動計画（National Policies, Strategies and Action Plan on the Conservation and Sustainable Use of Biodiversity）
NEB	国家環境委員会（National Environmental Board）
NESDB	国家経済社会開発委員会（National Economic and Social Development Board）
NESDPs	国家経済社会開発計画（National Economic and Social Development Plans）
NRPA	国家改革計画手続法2017（National Reform Plans and Procedures Act 2017）
NSC	国家戦略委員会（National Strategy Committee）
NSF	国民貯蓄基金（National Savings Fund）
NSO	国家統計局（National Statistics Office）
NSPA	国家戦略準備法2017（National Strategy Preparation Act 2017）
NSTIPO	国家科学技術イノベーション政策局（National Science Technology and Innovation Policy Office）
NWFPC	国家水資源洪水政策委員会（National Water Resources and Flood Policy Committee）
NWRC	国家水資源委員会（National Water Resource Committee）
OAE	農業経済局（Office of Agriculture Economics）
OECD	経済協力開発機構（Organisation for Economic Co-operation and Development）
ONEP	天然資源環境政策計画局（Office of Natural Resources and Environmental Policy and Planning）
OPDC	公務員発展委員会事務局（Office of the Public Sector Development Commission）
OSCC	ワンストップ・クライシス・センター（One Stop Crisis Centre）
PACC	公務員汚職行為防止委員会（Public Sector Anti-Corruption Commission）
PAOs	県自治体（Provincial Administrative Organisations）
PCD	公害管理局（Pollution Control Department）
PDP	電力開発計画（Power Development Plan）
PISA	OECD生徒の学習到達度調査（Programme for International Student Assessment）

PPP	パブリック・プライベート・パートナーシップ（Public-Private Partnership）
PRD	政府広報局（Government Public Relations Department）
QR	クイック・レスポンス（Quick response）
R&D	研究開発（Research and development）
RBCs	河川流域委員会（River Basin Committees）
RFD	王室林野局（Royal Forest Department）
RIA	規制影響分析（Regulatory Impact Analysis）
RID	王室灌漑局（Royal Irrigation Department）
SAOs	行政区自治体（Sub-district Administrative Organisations）
SBCGC	小規模事業者信用保証公社（Small Business Credit Guarantee Corporation）
SDDS	特別データ公表基準（Special Data Dissemination Standard）
SDGs	持続可能な開発目標（Sustainable Development Goals）
SEAs	戦略的環境アセスメント（Strategic Environmental Assessments）
SEI	ストックホルム環境研究所アジア支部（Stockholm Environment Institute Asia）
SEZs	特別経済区（Special Economic Zones）
SME	中小企業（Small and medium-sized enterprise）
SNA	国民経済計算（System of National Accounts）
SPI	社会保護指数（Social Protection Index）
SSF	社会保障基金（Social Security Fund）
STEM	科学、技術、工学、及び数学（Science, technology, engineering and mathematics）
STRI	サービス貿易制限指標（Services Trade Restrictiveness Index）
TCC	取引競争委員会（Trade Competition Committee）
TFP	全要素生産性（Total factor productivity）
THB	タイバーツ（Thai baht）
TSMP	タイ国家統計マスタープラン（Thailand's Statistical Master Plan）
TVET	職業技術訓練教育（Technical and vocational education and training）
UCS	国民医療保障制度（Universal Coverage Scheme）

UNCTAD	国連貿易開発会議（United Nations Conference on Trade and Development）
UNESCAP	国連アジア太平洋経済社会委員会（United Nations Economic and Social Commission for Asia and the Pacific）
USD	米ドル（US dollar）
VAT	付加価値税（Value-added tax）
V-ETS	自主参加型国内排出量取引制度（Voluntary Emissions Trading Scheme）
VNR	タイ国タスクフォースに関する自主レビュー（Taskforce Voluntary National Review Taskforce of Thailand）
VOCs	揮発性有機化合物（Volatile organic compounds）
WEF	世界経済フォーラム（World Economic Forum）
WFMC	水・洪水管理委員会（Water Flood Management Commission）
WTO	世界貿易機関（World Trade Organization）

刊行にあたって

　タイは、過去数十年に亘り、経済的、社会的に感銘的なまでの進歩を成し遂げてきた。持続的かつ強力な成長と経済の急速な近代化により、バンコクを強力な先進都市とする上位中所得国へとタイを転換させている。また経済的成功は感銘的なまでの社会的進歩ももたらしている。国内の定義に基づけば、貧困は1990年の60％から現在の7％にまで急減するとともに、教育及び保健サービスは大きく拡大、改善されている。

　他方で、こうした社会的進歩は新たな課題ももたらしている。繁栄の拡大は不均等に生じ、経済転換は生産性の向上を求めるとともに、生産年齢人口の過半数が不安定な職に従事している。近年、生産性の低い職を代替する新たな職の創出速度は緩慢であり、地方からの移住者と都市の貧困層は近代的な職に求められる技能を持ち合わせていない。首都としてのバンコクの成功がタイの転換にとって鍵となってきたが、また成長著しい第2の都市の存在が、新しい成長源の開発と持続可能な開発目標に対する前進において不可欠となる。

　今日、タイは、全国民の利益となる持続可能な開発に向けた取り組みを進めるとともに、経済転換の再活性化と広範な格差是正に向けた努力を続けている。「国家戦略2036」及び「タイランド4.0」はこうした野心を立証するものである。その実現の過程では、タイは高齢化社会への適応を求められる一方で、一層の経済転換のための新エンジンと地域格差克服のための新手法を開発し、全ての国民の福祉を確保していくものと思われる。また、環境面での災害、特に水害は、タイにおける予防措置及び効果的サービス管理能力上の課題をもたらし続けることが考えられる。

　経験から示唆されるのは、開発とは全てを適正な状態にするものではなく、最も問題とされる箇所を適正な状態にするものであるという点である。本書、多角的国家分析（MDCR）第一次診断評価では、タイの成功にとって克服しなくてはならない課題と重要制約要因を明らかにし、数多くの高度な推奨政策

措置を提案している。タイは、更なる前進に向けて、非公式性と闘い、全地域の生産性を向上させ、天然資源、特に水の管理を改善する必要があるだろう。こうした全先進的取り組みにおける進歩を実現するには、現在、過度に複雑な組織により劣後し、全地域での質の高いサービスへの適応が十分でない政府の効果性をより高めていく必要がある。多角的国家分析の次の巻では、こうした課題への取り組みについて提案がなされるものと思われる。

　本報告書では、OECDの幾つかの局及び委員会に関連する、経済、社会、統計、環境、制度分野の専門知識の共同作業により、大変学際的な取り組みを提示している。そしてこれは、今後3年間に亘って進められ広範な分析とOECDの知見を必要とする、タイとOECDとの基幹的国家プログラムの前座的役割を果たすものとなる。

OECD開発センター長
OECD事務総長開発補佐官
マリオ・ペッツィーニ（Mario Pezzini）

OECD統計局主席統計官
マルティーヌ・デュラン（Martine Durand）

OECDチーフエコノミスト代行
経済総局国家研究局長
アルバロ・ペレイラ（Alvaro Pereira）

タイに関する詳細情報 [1/2]

（断りのない限り、2016年データ；括弧内の数値はOECD平均もしくはOECD総数）

人間──全ての人間のより良い生活に向けて

人口（100万人）	68.8	(1 289.9)	平均余命（年）	75.1*	(80.3)*
15歳未満（%）	17.7	(18.1)	男性	71.4*	(77.7)*
65歳以上（%）	10.9	(16.3)	女性	78.9*	(82.9)*
都市人口（総人口に対する%）	51.5	(80.5)	保健医療支出、公共及び民間部門（対GDP比；%）	4.1**	(12.3)**
所得格差（ジニ係数）[1]	43.1***	(31.8)***	教育到達度：PISA 2015年調査での読解力、数学的リテラシー、科学的リテラシーの平均スコア	415	(492)
一人当たりGDP最貧地・最富裕地格差率	5.8*	(2.8)	教育支出、公共部門（対GDP比；%）	4.1***	(5.3)***
失業率（労働力人口に対する%、国レベルでの概算）	1.0	(6.3)	労働力参加率（15〜64歳の総人口に占める割合；%、国レベルでの概算）	75.5*	(71.3)*
若年者失業率（労働力人口に対する%、15~24歳、国レベルでの概算）	4.9	(13.9)	男性	83.5*	(79.8)*
非公式部門雇用者（労働力人口に対する%）[2]	55.6	—	女性	67.9*	(63.1)*
女性上級管理職を擁する企業（%）	64.8	(15.8)	国会での女性議席数（%）	6.1	(28.2)

繁栄──生産性の向上

GDP（現行レートでの10億米ドル）	406.8	(47 394)	農業（対GDP比；%）	8.3	(1.5)*
GDP成長（年率；%）	3.3	(1.7)	工業（対GDP比；%）	35.8	(24.3)*
一人当たりGDP、PPP（2011年国際ドル）	15 682	(38 725)	サービス業（対GDP比；%）	55.8	(74.2)*
一人当たりGDP成長率（年率；%）	2.9	(1.1)	R&Dに対する国内総支出（対GDP比；%）	0.6*	(2.4)*
為替相場（邦貨建て、年平均）	35.3	—	固定ブロードバンド加入者数（100人当たり）	10.7	(29.9)
財・サービスの輸出（対GDP比；%）	68.5	(27.8)	経常収支（対GDP比；%）	11.7	(0.1)*
財・サービスの輸入（対GDP比；%）	53.7	(27.5)	観光収入（対GDP比；%）	11.9	(1.6)
対内FDI（グロス、対GDP比；%）	0.4	(2.3)	高等教育卒業者、25〜64歳（%）	16.0	(35.5)

タイに関する詳細情報 [2/2]

（断りのない限り、2016年データ；括弧内の数値はOECD平均もしくはOECD総数）

パートナーシップ ── 持続的な金融開発

一般政府の歳入（対GDP比；%）	21.9	(42.2)*	一般政府の総支出（対GDP比；%）	21.3	(43.8)*
一般政府の租税収入（対GDP比；%）[3]	18.2	(34.3)	国内での民間部門に対する信用（対GDP比；%）	147	(147)
公債、総額（対GDP比；%）[4]	41.7	(85.6)*	外貨準備総額（対外債務総額）	141	—

地球 ── 自然の保全

国土面積（1,000平方キロメートル）	511	(344 044)	農地面積（対国土面積比；%）	43.2*	(34.2)*
森林面積（対国土面積比；%）	32.1*	(31.3)*	耕作地面積（対国土面積比；%）	32.9*	(11.2)*
一人当たり一次エネルギー供給量（TPES）（原油換算トン）	1.9*	(4.1)	一人当たりエネルギー起源CO_2排出量（トン）	3.6**	(9.4)**
再生可能エネルギー供給量（対TPES比；%）	19.2*	(9.7)	微小粒子状物質濃度（PM2.5；$\mu g/㎥$）	26.4*	(15.2)*
年間淡水取水総量（対国内資源比；%）	26**	(10.1)**			

平和 ── ガバナンスの強化

総雇用量に対する公共部門雇用量の割合（%）[5]	8.9*	(17.7)*	汚職実感指標[6]	35	(69.2)
殺人件数	3.5*	(3.6)*	夜の一人歩きを安全と感じる国民の割合	68	(71.4)

1. Solt（2016）同様、世帯可処分所得に対するジニ係数、2. 比較可能なOECDデータは入手不能、3. 社会的安全給付が含まれる、4. 一般政府及び国有企業の債務が含まれる、5. 公共部門の雇用者数には、中央、国家（もしくは地域）及び地方の全政府部門の雇用者数と国有の居住者企業及び会社の雇用者が含まれる、6. 指標は0（極めて腐敗している）から100（極めて公正である）までの範囲で示される。

注：入手最新データは2016年のもの。ただし、＊は2015年、＊＊は2014年、＊＊＊は2013年のデータ。一人当たりGDP最貧地・最富裕地格差率のOECD平均は2012年と2013年のデータに基づく。高等教育卒業率のOECD平均は2015年と2016年のデータに基づく。

出典：OECD事務局算定。データ源：OECD; Gallup World Poll; International Energy Agency; Transparency International; World Bank; International Monetary Fund; World Values Surveys; various national sources.

要　旨

より質の高い職の創造と地域不均衡の是正に向けて、構造改革が求められている。

　1970年からのタイの一人当たりGDP成長率は購買力平価ベースで年平均4.2％であった。2016年における一人当たり所得は、OECD平均の42％の水準であった。しかしなお、タイが2036年までに高所得国入りを果たすという目標を実現するうえで、更なる成長速度の向上が求められる。それには、全地域で教育及び技能訓練を改善しイノベーションを推進し国内での競争を促進するとともに、国境障壁を低減させ、公共インフラ投資を前倒しで進めることで、潜在的経済力を強化し、包摂性向上のための構造改革を進める必要がある。過去の取り組みでの課題を克服するには、第12次計画（2017〜2021年）で示された重大改革を確実に実施していくための制度の強化が求められる。

一人当たりGDP（2016年米ドルPPP換算）
OECD平均＝100として指数化

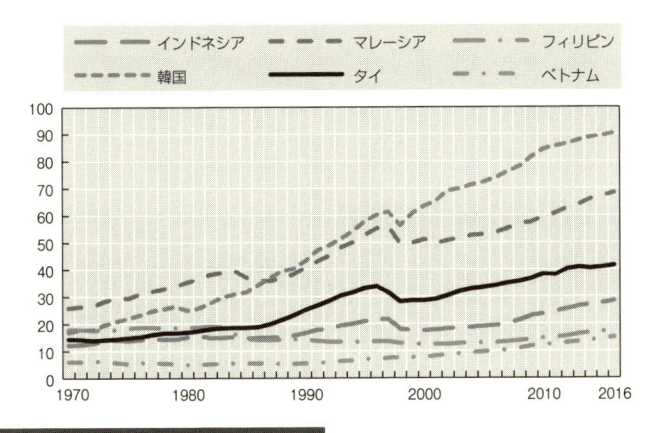

StatLink：http://dx.doi.org/10.1787/888933691192

出典：Conference Board and OECD calculations.

高齢化が進み、非公式労働市場が全体的に広がりをみせる中で、社会保障の給付の改善と財源確保が鍵を握る。

　極度の貧困は大幅に縮減されたが、依然として格差は残されている。分断された社会保障制度では、大規模に存在する非公式かつ雇用の保障されない労働力に対し、十分な保障を与えることはできず、また多くの高齢者が貧困の危機にさらされている。包摂的な成長には、社会保障及び年金受給対象者の改善が重要となる。現在、公共財政は堅調であるが、急速な高齢化と労働人口縮小の中で増大する年金及び医療支出を賄うには、漸次的な歳入拡大が必要とされるものと思われる。社会保障を拡充し、税収を増大させるには、公式労働市場への参加拡大が鍵を握ると考えられる。

老齢従属人口指数

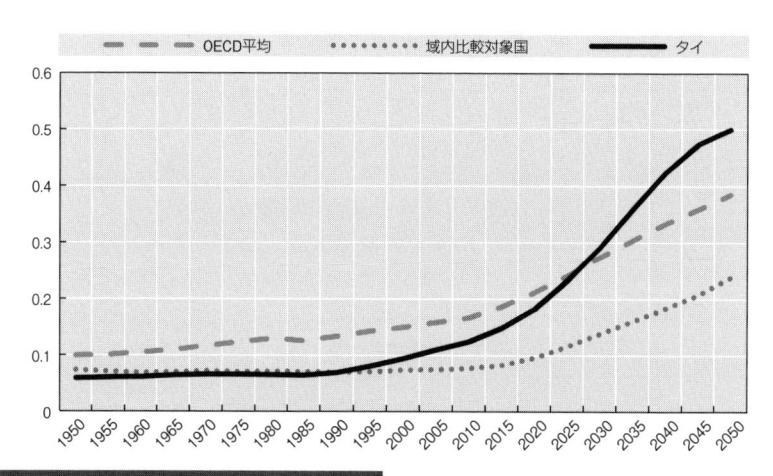

StatLink：http://dx.doi.org/10.1787/888933691211

出典：UN Population projections, 2017 revision.

環境の保全と災害リスク管理が優先される必要がある。

　これまで経済開発は、環境に対して多大な犠牲を強いてきた。近年、タイでは植林に力を入れてきたこともあり改善がみられるが、持続可能な開発を堅持するうえで、天然資源管理の一層の徹底が求められる。急速な都市化による水資源及び水質への影響が懸念される。渇水及び洪水からの損害を最小限に食い止めるには、水管理の効果性を高める必要がある。固形廃棄物の増大が著しいが、その大半は未熟な管理下におかれている。国際的に合意された目標を確実に達成し、経済、社会的損失を最小化するうえで、より適切な気候変動の緩和と適応を可能とする政策が求められている。

単位GDP当たりの二酸化炭素（CO_2）排出量

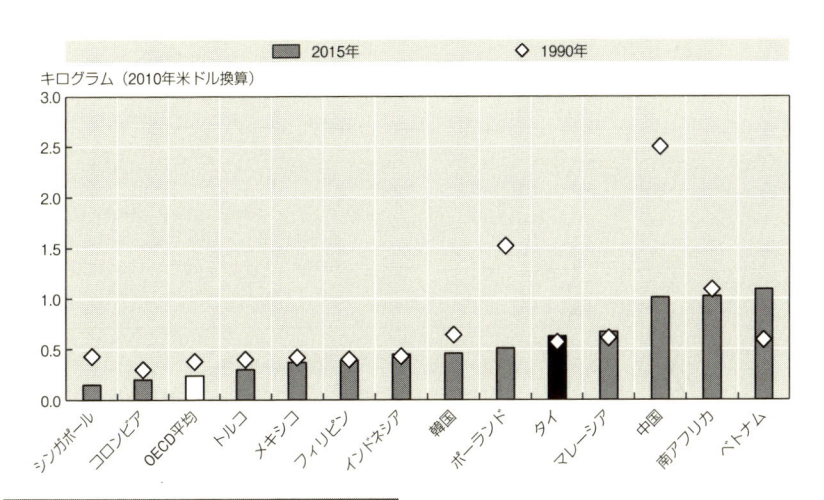

StatLink：http://dx.doi.org/10.1787/888933691230

出典：IEA（2017）, *CO2 Emissions from Fuel Combustion 2017 Edition.*

社会経済開発の主な制約要因と推奨政策措置 [1/2]

主な制約要因とその影響	特筆すべき推奨政策措置

第1章：人間 ——全ての人間のより良い生活に向けて

主な制約要因とその影響	特筆すべき推奨政策措置
非公式性が広範に存在し、非公式労働者は社会的保護制度により十分に保障されていない。	租税及び規制措置を通した公式化の推進。社会的保護制度の調和と手続の合理化。
年金では高齢者の貧困から抜け出せず、高齢化が不十分な生活状況に拍車を掛けている。	必要生活費の低減を図った、高齢者向け非拠出制手当の割出。
基礎的教育成果は世界的基準に達していない。	教員能力の強化、カリキュラムの一貫性向上、生徒の評価手続の強化、学校におけるICTの利用促進。 質の高い就学前教育の普及。
高等教育及び職業教育は産業界で求められる技能水準を満たした生徒を十分に養成できていない。	コース開発の改善と労働市場で求められる分野への就学を促す方向で、職業機関、民間部門、学界間での協力拡大。

第2章：繁栄 ——生産性の向上

主な制約要因とその影響	特筆すべき推奨政策措置
農業に代表される産業部門内と経済全般に亘り遅々として進まない経済転換により、生産性の向上が抑制されてしまっている。	生涯学習・技能訓練への投資。 仕事上の技能の向上と農業部門でのICTの利用拡大の推進。
イノベーション及び研究活動の低迷により商業化が限定され、競争力及び生産性の低減に作用している。	イノベーション・システムにおける調整の確保と制度的重複の削減。 2021年までに公共R&D支出を最低でも対GDP比1.5%まで引き上げるとする計画。
中小企業による資金調達には高いコストが掛かり開発が制約されている。	タイ証券取引所での特別に低コストでの証券取引所の創設。 中小企業の開発振興に責任を持つ既存政府機関間での調整の効果性と金融等の支援推進の確保。
ASEANでは自由化への取り組みが進められているが、サービス貿易・投資面で一部の国境障壁が大きな壁となっている。	外国企業の参入と人の移動に対する制限を含め、外国の事業主体の活動に対する規制の見直し。

第3章：パートナーシップ ——持続的な金融開発

主な制約要因とその影響	特筆すべき推奨政策措置
財政状態は健全でも、現在の歳入状態では中期的目標を十分には支えられない。成長を促し競争力を高めていくうえで、租税ミックスの更なる改善が求められる。	税効率を向上させ、コンプライアンスを高め、特に歪みの少ない税基盤の比重を高めていくことによる、倹約的財政の維持と差し迫った目標のための財源収入拡大。
非効率なインフラ金融がコスト負担を重くしている一方で、官民パートナーシップ（PPP）政策は民間投資を拡大できていない。	タイバーツ建でインフラ債といった代替的金融手段の利用拡大。 PPP政策のOECD「PPPのパブリック・ガバナンスに関する原則」に対する準拠。
保健医療及び年金制度の公的費用が増大し、一層、値頃感が失われている。	健康的なライフスタイルの推進、並びに、予防及び総合医療への投資。保健医療費の共同支払いに対する控除の削減。 平均余命の改善に合わせた年金支給年齢の引き上げ。

社会経済開発の主な制約要因と推奨政策措置 [2/2]

主な制約要因とその影響	特筆すべき推奨政策措置
第4章：地球 —— 自然の保全	
水管理が極度に分断化されていることで責任が重複し利害が対立し調整が欠如する状態にある。	全ての統治レベルでの、既存の機関間における効果的な調整の確保。
定期的に繰り返される洪水と渇水により、生命が失われ、経済的混乱がもたらされている。	地方での災害予防・対応能力の向上。
大気及び水の汚染と廃棄物の発生に対する十分な改善がみられず、環境面での生活の質が脅かされている。	例えば、水の使用量に応じて下水料を徴収する等、汚染者に対しより直接的な支払いを求める。
現在の電力部門計画下では、タイにより炭素集約的な経路を強いることが予想される。	再生可能エネルギーに対する段階的な投資。環境税拡大の検討。
統治枠組みおいて公共計画・政策に環境面への配慮が十分には盛り込まれていない。	より頻繁かつ効果的な戦略的環境評価の実施。
第5章：平和 —— ガバナンスの強化	
省庁及び機関間の調整に関するものを含め、制度面での改革遂行能力が欠如している。	各省庁の規模、役割、責任に関する調査。各政府レベル間での公共サービス責任の明確化。
中央・地方政府間の不均衡が、政策の改革を妨げている。	効果的なサービスの提供に向けた地方行政機関へのエンパワーメントによる分権化の推進。
競争法が十分には執行されてこなかった。	取引競争委員会の能力の強化と当該委員会メンバーにおける多様なステイクホルダーの利害の反映確保。
汚職の削減に向けた政府による継続的な取り組みが求められている。	現在の誠実性向上措置の一層の強化と多様な制度下での汚職防止指令の合理化。

序　章

タイの多角的国家分析 ── 概観

　タイは、過去数十年に亘り、著しい社会経済的進歩を成し遂げてきた。持続的で強力な成長によって、タイは上位中所得国入りを果たすとともに、貧困を削減させ多くの福祉的側面で進展がみられた。しかし、そのような状況でも、国内で拡大の続く繁栄を平等に分かち合えている訳ではない。今日、タイでは、急速に進む高齢化と技術的変革に直面し、再び経済的変革に力を入れるとともに、多面的な格差の縮小に取り組み、全ての国民に恩恵となる開発の追求を進めている。本概要では、比較と歴史の観点からタイにおける開発を論じ、一連の福祉的成果を分析する。また以降の章では、持続可能な開発目標における五つの重要分野──人間、繁栄、パートナーシップ、地球、平和──を対象に分析を行うが、本章では、これに基づく包摂的開発の追求において政策担当官の直面する重大な制約要因を明らかにする。

はじめに

　タイは、野心的な長期開発ビジョンの実現に取り組んでいる。1970年代以降の力強い成長によって、タイは2010年代前半には上位中所得国の仲間入りを果たし、数多くの分野で優れた実績を上げるまでになった。貧困の急速な減少を果たし、特に保健と教育面で福祉の大幅な改善がみられた。他方で、経済開発により環境破壊が進むとともに、繁栄からの恩恵を国家全体で均等には共有できていない。さらに、労働力のかなり大きな割合が非公式労働に従事する状況にある。タイが発展を遂げるためには、人口動態面等での挑戦課題である構造転換に挑みつつ、より速くより包摂的な経済成長を実現する必要がある。

　タイの開発目標の実現に向け、多角的国家分析（MDCR）が進められている。それは三段階での分析と報告書から構成されるもので、本書はその第1巻として、包摂的な持続可能な開発を実現するうえでの重大な制約要因の明確化を目的とする持続可能な開発のための2030アジェンダ、及びそこに示される持続可能な開発目標（SDGs）に基づいている。分析の2段階目では、タイの開発計画過程に統合し得るより詳細な推奨政策措置の提示に向け、そうした制約要因の詳細な分析がまとめられる。そして、最後の分析第3段階目では、分析から離れ、実行面に焦点が当てられることになる。

　本章では、各福祉の側面でのタイの実績について述べるとともに、開発に重大な影響を与える制約要因を明らかにするために、重要分野を扱った各章の結果を踏まえ総合的に検討が行われる。そこでまず、タイの開発の歴史及び文脈を概略し、将来的な国家ビジョンを述べた後、一連の福祉指標での実績を提示する。そしてこれを踏まえ、2030アジェンダの5P ——人間（People）、繁栄（Prosperity）、パートナーシップ（Pertnerships）、地球（Planet）、平和（Peace）——に従い、重要分野5分野を扱う次章以降の各章から内容を引用することとする。また最後の節では、タイの野心的開発目標実現において鍵となる経済転換についての分析を行っている。さらに、関連性とデータの入手可能性に基づき、アジア（中国、インドネシア、韓国、マレーシア、フィリピン、シンガポ

ール、ベトナム）、及び他地域（コロンビア、メキシコ、ポーランド、南アフリカ、トルコ）のベンチマーク諸国をタイの比較対象国として取り上げている。

第1節　タイの開発史の概要

　タイは、18世紀及び19世紀の南アジアと東アジアを結ぶ中世の貿易上のハブから、都市経済へと急速な近代化を遂げた。1932年の憲法制定以降、著しい進展が見られたが、なお幾つかの課題が残されている。

　20世紀後半には、製造業部門とサービス業部門に支配される形で、都市経済に向け経済的な拡張と転換が急速に進んでいる。1960年代の市場開放と投資促進を企図した改革により、タイの輸出品目構成は農産物主体のものから、電子機器、繊維へとシフトしている。1970年代以降は観光業が伸びたが、これにより1995年時点で90億米ドル、GDPの約5％に相当する収入がもたらされている。こうした転換を主にもたらしてきたのは、職の提供と高い生活水準を約束してくれるタイの都市部である。都市部に居住する人口は、1990年代半ばまでに1970年の700万人から1,800万人（30％）にまで増加している。生産性を急速に高め、都市の仕事が地方の仕事を代替する方向で、国家的躍進が続いている。

　1990年代後半のアジア金融危機はタイにとって大きな打撃であったが、他方で経済的な管理及び統治を改善する機会ともなった。1980年代及び1990年代前半の資本勘定面での自由化は対内直接投資を促進させることとなったが、規制能力が限られたことで、リスクの高い投資と縁故資本主義に対する政府の抑制能力が制約される形となった。また同時に、教育到達度を上回るスピードで実質賃金が上昇したことで、人的資本が弱点となって現れた。そして、これを起因として、多くのタイ企業及び外国企業がより賃金水準の低い国、また多くの場合、より高い教育を受けた労働力の賦存する国に活動を再配置させている。外貨準備が縮小し企業マインドが悪化するのに伴い、1997年半ばには相当規模の資本逃避が進む中、バーツが急落し深刻な景気後退へとつながっていった。そして、このサイクルはすぐに他のアジアの主要新興国で同様に観察さ

れ、現在、1997年から1998年にかけてのアジア金融危機として知られる事態となっていったのである。その後の数年間は、この危機による教訓を基にタイの経済政策が進められ、これにより大きな構造改革へと導かれることとなった。

政策枠組みを適切に拡張させていく中で、国家の力強い成長が回復し、2008年の世界金融危機と周期的に発生する自然災害をしのげるだけの準備が順調に整っていった。そして、アジア金融危機後の改革として、公的金融の強化、銀行部門の再建によるより倹約的な金融システムの確立、債務の支払い猶予による企業の信頼回復、外貨準備の再構築、インフレ・ターゲットの導入、そしてサービス分野の開発による経済の多様化が挙げられる。タイは、2000年代半ばまでに一人当たりGDPで金融危機前の水準にまで回復し、輸出により経済が牽引され、2008年にはその対GDP比は70％にまで達している。そしてそこでは自動車、電子機器、電化製品といったハイテク製品の割合と農産加工品の割合が上昇している。2008年の世界金融危機と2011年の壊滅的な洪水は輸出を減速させ、また近年、減速傾向にはあるものの、経済成長は持続的に進んでいる。タイは、自動車分野、電子機器分野でグローバル・バリューチェーンの一部を構成するまでになっており、いずれの分野も1996年には製造業部門の総生産高の10％程度だったものが、それぞれ30％、20％にまで拡大している。

経済的成功は、見事なまでの社会的進歩をもたらした。国家貧困ラインを基準として、貧困率は1990年の60％から、今日では7％にまで急落している。他方で、教育、保健分野の社会サービスが大きく拡充され改善している。2002年の普遍主義的な保健医療制度の導入は、非公式な環境で生活する者を含め、全ての者が基本的な社会的保護を受けられる社会への大きな一歩を象徴するものとなったが、またこれは2009年の老齢者向けの普遍的月額老齢給付の導入により補完されている。

しかし、経済転換の減速に伴い、社会的、地域的不均衡が目立つようになった。不安定な雇用状態にある者の割合は、記録を取り始めた1980年代後半の70％から低下を始めたが、2000年代半ば以降は、労働人口の約半分の水準で停滞している。これは、地方の貧しい農業労働者の割合が高いことと、都市の非公式労働従事者が相当数存在することがその背景となっている。低生産性の雇用を代替する新規活動創出ペースが遅くなるとともに、地方からの移住者と

図1　一人当たり所得の向上に対し、低減傾向のみられる公式部門雇用者数の割合

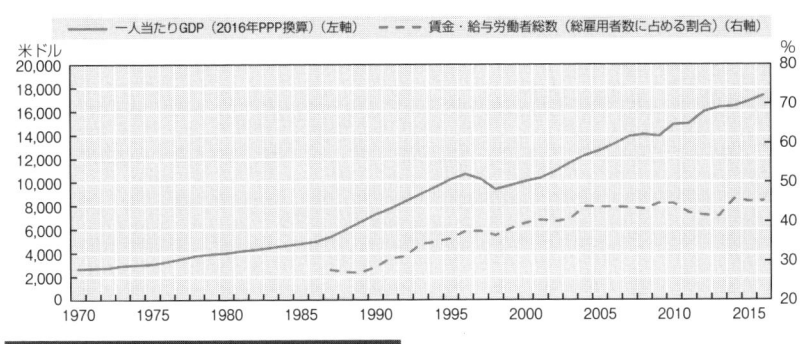

StatLink：http://dx.doi.org/10.1787/888933691249

出典：World Bank（2017a）, World Development Indicators database; Conference Board（2017）, Total Economy Database, May.

都市の貧困者の技能は現代的な都市の職務に必要とされる技能水準に届かない状態にある。今日、タイの国民で、現在の所得水準で快適な生活を送っているとする者は11％のみである（Gallup, 2017）。タイの経済転換において首都バンコクでの成功が鍵となった一方で、急成長する第2の都市は不在状態にある。北東部、北部、南部地域に大規模な貧困地帯を抱える中、そうした都市は更なる都市としての機会を与えるとともに、残される家計所得及び消費面での地域格差の克服にも寄与してくれる。

　過去数十年間にタイはたびたび政治改革を経験している。1932年に立憲君主国家となって以降、タイは伝統的に高度に集権的な体制を基本としながらも漸次的に地域への分権化を進め、民主的な参加とエリートによる支配との間を揺れ動きながら20回に及び憲法の廃止、制定を行ってきた。新世紀において、経済の転換と質の高い雇用の創出が求められるが、地域格差の縮減ペースが減速する中、政治体制への圧力となるだけでなく、より良い公共サービス、環境管理に対する国家能力にも圧力となっている。

第2節　タイの将来課題と開発に向けた野心

　タイの経済的躍進において、さらなる経済転換に向けた新エンジンの開発と地域格差克服のためのアプローチの開発の一方で、年老いる社会に対する適応も求められている。今後2030年までに、65歳超の人口の割合は15％から30％へと倍増しそうである。タイの労働力の約半数が未だ不安定な雇用状態におかれる中、公的金融に対する圧力は増大の方向にあり、多くの老齢者達が貧困のリスクにさらされてしまうことが予想される。

　環境面での災害、特に水に関連した災害は、タイにおける予防及び効果的なサービス提供面での管理能力に常に課題を突き付けている。1989年から2013年にかけての洪水に要した費用は、年平均60億バーツ（約1億9,000万米ドル）を超えるが、気候変動によりこうした費用は増大の方向にある。

　一方、地域統合の進展は大きな機会となるが、国際環境の広範化は課題ももたらす。予測可能な将来時点でも、東南アジアは世界で最もダイナミックな経済地域の一つであり、ASEAN統合はタイに新たな機会をもたらしてくれるものと思われる。しかし、地域統合はまた、海外直接投資（FDI）を増大させ、特にフィリピン、ベトナムといった域内諸国との貿易競争を通じて、課題を生み出すことも考えられる。世界経済の不確実性に関する予測では、金融危機の再来や経済の失速、地政学的衝撃といった事態に対し、強靱性を備えておくことが必要であると指摘している。

　三つの枠組みは、これらの課題に対するタイの公式的戦略的開発における野心を概観するものであるが、そこには国民の願いも反映されている。戦略タイ2036では、年率5〜6％の成長を目標とする急速な成長を遂げる経済をビジョンとして掲げ、2030年持続可能な開発目標の完全な実現を目指している。第12次国家経済社会開発計画（2017-2021年）（第12次計画）では、長い開発計画の伝統に基づきつつ、この漠然としたビジョンをより具体的な目標と改革にまで落とし込んでいる（NESDB, 2016a）。またタイランド4.0では、より革新的かつ包摂的で持続可能な経済に向けて求められる将来的経済モデルを提示す

るとともに、戦略タイ2036及び第12次計画の重要目標を要約的に示している。本書でも僅かではあるが国民の抱く願いを取り上げており、そこにも同様の期待が込められている（コラム1）。

■コラム1■　タイランド2036と将来に向けた国民のビジョン

　政権間での政策の継続性を高めるために、近年、政府は国家戦略準備法2017を承認している。同法は、対象期間を2017年から2036年とし、充足経済哲学に基づき、タイを「安全、繁栄、持続可能性」を享受した高所得経済とすることを目的に定められている。また、同法では、経済・社会・行政開発のためのアジェンダも設定している。同法は、国家の安全、機会均等及び平等な社会の創出、競争の構築、人的キャパシティ・ビルディング、生活の質及び環境の改善、公共行政における均斉と開発という重要6分野を柱としているが、これら6分野に対し、当戦略では、基幹となる5大目標を定めている。

1) **経済的繁栄**：イノベーション、技術、創造性に牽引される力強く、競争的な経済の創出を目標とする。この戦略では、研究開発支出額を対GDP比4％にまで引き上げ、次の20年には経済成長率を5～6％にまで押し上げるとともに、高所得国の仲間入りを果たすことを目標としている。
2) **社会福祉**：社会を構成する全ての者がその潜在力を十分に開花させ、誰一人取り残されることなく、前進を遂げる包摂的な社会の創設を目標とする。そこに掲げられる目標はいずれも、全てのタイ人の雇用機会及び公共サービスの公平な享受を確保することと併せ、少なくとも2万世帯が5年以内に「スマート・ファーマー」に転換できるよう、2013年に0.47であったジニ係数を2036年には0.36を下回る水準にまで改善し、所得格差を縮減することに向けられている。
3) **人的資源開発及びエンパワーメント**：国民の「21世紀の有能な人間」及び「第1世界におけるタイ人4.0」への転換を目標とする。この目標は、タイの人間開発指数の0.722から0.8への引き上げ、10年以内の上位50か国入り、20年以内の世界上位100校への最低5大学のランクインといった形を取る。

4) **環境保護**：気候変動に適応可能な経済体制を備えた住みやすい低炭素社会の実現を目標とする。主な目標として、世界で最も住みやすい都市として少なくとも10都市がランクインできるよう開発を進めるとともに、テロのリスクを削減することが挙げられる。

5) **公共部門のガバナンス**：公共部門の管理面での改善と汚職の低減を目標とする。ここでは、政府部門のガバナンスに関するIMD世界競争力報告書におけるランキングでASEANで2位になることと、トランスペアレンシー・インターナショナルの腐敗認識指数において50超にまでスコアを改善することを主な目標としている。

　政府文書を超えて、社会的要望を掬い上げることを目的に、各国を対象とした多角的分析を行っているが、そこでは国家の将来に向けたアイディアの開発において、社会からの代表（政府機関、及び民間部門、公共部門、市民社会、学界等々からの代表）を集めたステークホルダーによる活動を取り込んでいる。タイでは、2017年7月に、バンコクで多くの参加者を集めそうした活動が行われたが、そこでは、2030年の国民の生活をテーマに話し合いが持たれた。

　タイにおける国民の将来的生活に対する要望では、特に仕事の世界に関心が寄せられ、機会創出とライフスタイルにおけるグローバルな趨勢に多くの質問が集中した。参加者は、福祉の改善した社会とともに新たな社会経済的機会を予感させる技術によって変革の進んだ社会を将来像として描いていた。グローバル市場におけるサービスや財のオンライン取引は、専門性と仕事のパターンを劇的に変化させる可能性を持つ。都市の住民は、複数の職及び所得源を持った独立した革新的企業家となり、彼らの仕事時間、働く場所、経済活動形態でエージェントの活用が進むことが考えられる。地方の住民の場合も、技術による生活の変革が進み、農業におけるプラクティスがより持続可能性を高めるとともに、「モノのインターネット」を通じた生産性の改善が期待される。

　また参加者間では、タイ人特有の行動様式と価値観についても議論が交わされたが、それが開発期待にどのように影響するか、SDGsにどのように関連するかが話し合われた。彼らは、国家開発目標に向けて社会的結束とコンセンサスを醸成する二つの要素として、タイ人の持つ優しさに関係する「ナムジャイ（nam-jai）」と「充足経済哲学」の概念に関心が集められた。エリート意識やひいき意識

（patronage）と併せ、能力主義に欠けるとされる認識が、社会的結束及び国家の経済的野心を実現するうえで障害となっているとして議論された。また参加者間では、国家開発計画の実現において、企業家精神、独立性、リスク・テーキング、自発性といった技能及び特徴が求められるとする理解に至っている。

出典：Vimolsiri（2017）；OECD/NESDB Workshop: "Thailand 2030：vision and challenges", held on 18 July 2017 in Bangkok.

第3節　タイにおける開発に対する評価と重大制約

　上記枠組みを通じた社会的進歩については、多様な観点からの評価が可能である。その一つとして、究極の政策目標でもある国民の幸福度の観点からの評価を挙げることができるが、また、これを補完するものとして、持続可能な開発目標における個別目標に対するタイの進捗状況の検証がある。

3.1　タイの「How's life?」── OECDの幸福度レンズを通した測定

　タイの国民の総合的な幸福実現度を評価するうえで、OECDの「How's life?」枠組みを用い、多様な観点から社会的進歩を比較することが有益である。幸福度は、物質的生活状況（所得、仕事、住宅）と併せ、健康状態、教育、環境の質、社会とのつながり、主観的幸福度といった国民の一般的な生活の質を表す要素によって構成される。国民自身が自分たちの生活をどのように評価しているかが重要であることを踏まえ、幸福度と社会進歩の測定に関するOECD枠組みでは、多彩な目標を組み合わせると同時に主観的指数を使用している（Boarini et al., 2014; OECD, 2011）。

　同じ開発水準にある国家群との比較では、タイはほとんどの幸福度要素で比較的、優秀な成果を収めている（図2）。特に高い達成度を示しているのは、主観的指標、社会とのつながり、個人の安全、住宅及びインフラである。環境の質や教育、技能、仕事といった別の要素では、達成状況にばらつきがある。

図2 タイの現在の福祉水準と期待水準：世界水準との比較

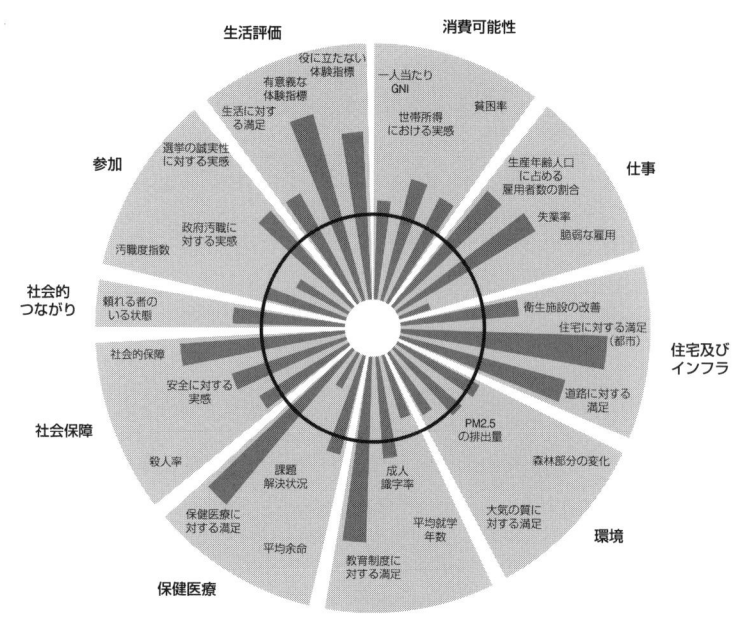

注：棒で示されるのはタイの福祉水準の観察値であり、黒い円で示されるのはタイの一人当たりGDPに対し期待され
　る福祉水準である。後者は、人口100万人以上の約150か国のデータに基づく国家横断的従属変数である、多様
　な福祉変数の予測値となる、GDPとの2変量解析に基づき算出されている。各区画の全ての指標が、標準偏差に
　基づき正規化されている。黒い円の内部に観察値が入る場合、一人当たりGDPで同水準の国家よりも福祉水準が
　劣っていることを示している。観察値はタイの福祉水準を示すのみであるが、そこには地域間の格差が隠されて
　いる。

出典：OECD（2015）, PISA Database, *www.oecd.org/pisa/data/2015database*; Transparency International
　（2016）, 2016 Corruption Perceptions Index, *www.transparency.org/cpi2016*; Gallup（2017）, Gallup World
　Poll, *www.gallup.com/services/170945/world-poll.aspx*; World Bank（2017a）, World Development Indicators
　（database）, *https://data.worldbank.org/data-catalog/world-development-indicators*.

例えば、失業水準は非常に低い一方で、タイの開発水準からいって労働条件は
悪いと言える。

3.2　持続可能な開発目標（SDGs）における前進

　SDGsは、貧困撲滅、地球の保護、豊かさの確保、全ての人々にとっての平
和を最終目標に17の目標と169のターゲットから構成される。これは、2016

図3［1/3］　持続可能な開発目標（SDGs）に向けた進歩

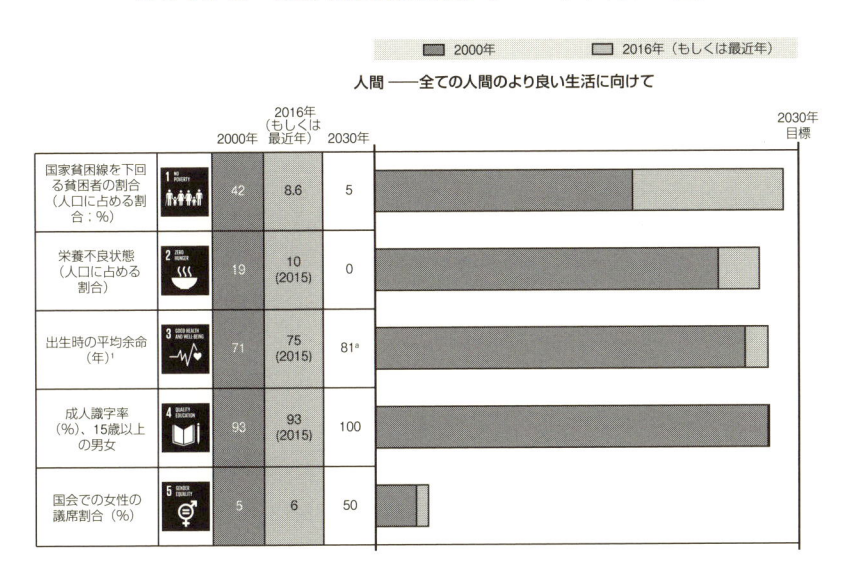

図3［2/3］ 持続可能な開発目標（SDGs）に向けた進歩

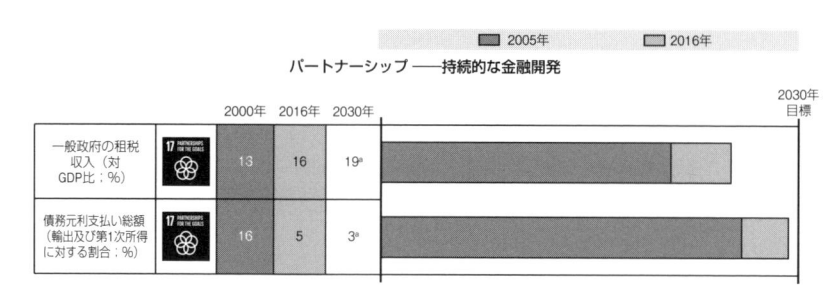

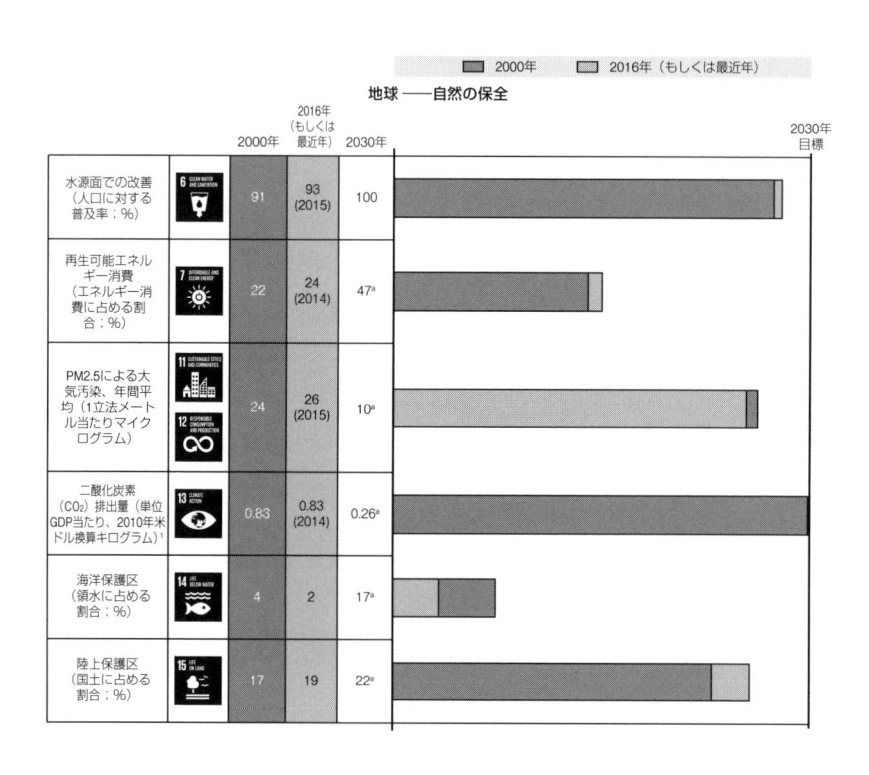

図3［3/3］　持続可能な開発目標（SDGs）に向けた進歩

注：横棒は、17の持続可能な開発目標（SDGs）から選出した26指数に関し、2000年及び2016年（もしくは最近年；個別に明示）のタイの実績値を示している。2030年を対象とした野心的目標は、国連の定めたものである（IAEG-SDGs；https://unstats.un.org/sdgs/iaeg-sdgs/metadata-compilationで入手できる）。視覚化し比較可能とするために、ターゲットとなる目標値はいずれも100に対して正規化されている。
　　a. 国連2030年ターゲットで定量化できないものについては、近年のSDGsターゲットとの距離測定に関するOECD研究で概説される手法に従い、OECD加盟国の平均実績値に基づき定められている（OECD, 2017g）。しかし、「債務元利支払い総額」に関するターゲットについては、OECD加盟国データが入手不能なため、ASEAN域内上位3か国の平均値に基づき定めてある。
　　1. 各指数は国連の世界指数枠組みに即して選択されている。測定できない指数については、各SDGを代用でき国際比較可能な指数が選択されている。
出典：World Bank（2017a）, World Development Indicators, *https://data.worldbank.org/data-catalog/world-development-indicators*; National Statistical Office of Thailand（NSO）and NESDB calculations; Inter-Parliamentary Union（IPU）, United Nations Educational, Scientific, and Cultural Organization（UNESCO）Institute for Statistics; OECD International Energy Agency; International Monetary Fund; Gallup World Poll, *www.gallup.com/services/170945/world-poll.aspx*; Bertelsmann Stiftung's Transformation Index（BTI）.

年1月に発効され、全国家の2030年までのガイドラインとなっている。タイはこの目標の実現を約束し、国家ビジョンの中に組み入れている。

　タイは、SDGs全般に亘り優れた成果を上げているが、より包摂的で持続可能な経済に向けて一層の社会的進歩が求められる（図3）。特に人間と繁栄に関する成果が該当するが、タイが全般的に感銘的な成果を上げている背景には、過去の低いSDGs実績を基準としていることがある。また中でも貧困削減面での進歩とイノベーションの拡大、電子的基盤の拡張が特筆される。他方で、労働市場に横たわる構造的要因における変化はほとんど見られず、社会的保護及びサービスの利用が限られる中、労働人口の約半数が非公式労働市場に従事す

る状況が続いている。また、特に大気汚染物質及び汚染に関わる大きな環境課題が残されたままとなっている。

第4節　5Pに関する社会的進歩と課題

　本章に続く各章では、五つの重要分野についてそれぞれ詳細な検討を加えるとともに、SDGs実現に向けた政策の立案と実施において、制約として考えられる多くの障害について明らかにする。

4.1　人間 ——すべての人間のより良い生活に向けて

　貧困の感銘的なまでの減少と格差縮小の進む中にあっても、大きく解消困難な地域格差を縮小し、大規模に存在する非公式労働者を中心に生活水準の一層の改善を図るために、さらなる努力が求められている。こうした目標の実現に向けて、政府には、1）社会保護制度での非公式労働者の参加率の引き上げ、2）貧困家庭及び高齢者を対象とした適切な社会的セーフティ・ネットの拡大、3）高齢化と近代化の進展に合わせた保健医療制度の整備、4）特に地方での教育成果改善に向けた取り組みが求められている。また、女性の政治への参加を確保しジェンダーに起因する暴力及び差別を縮小する点においても、格差は残されたままとなっている。

将来の成長で求められる包摂性

　2010年代前半は、ほとんどの比較対象国に対し生活水準の改善速度の劣る状況にあった。タイは、貧困削減で目覚ましい成果を上げる一方で、670万人すなわち人口の10％近くが国内貧困ラインをせいぜい20％上回る程の生活水準にしかなく、貧困生活に後戻りしかねない状態におかれている。また大多数が地方で生活し、農業に従事している。

　タイにおける格差では、地域的側面が強い。北部、北東部、南部といった貧しい地域に居住する国民は、所得と併せ、雇用条件、教育到達度、保健医療成果、交通・通信インフラ等の各福祉の側面において富裕なバンコク及び中央部

図4　大半の福祉分野で他の都市を凌駕しているバンコク首都圏
到達度：0（最低）〜1（最高）、2017年

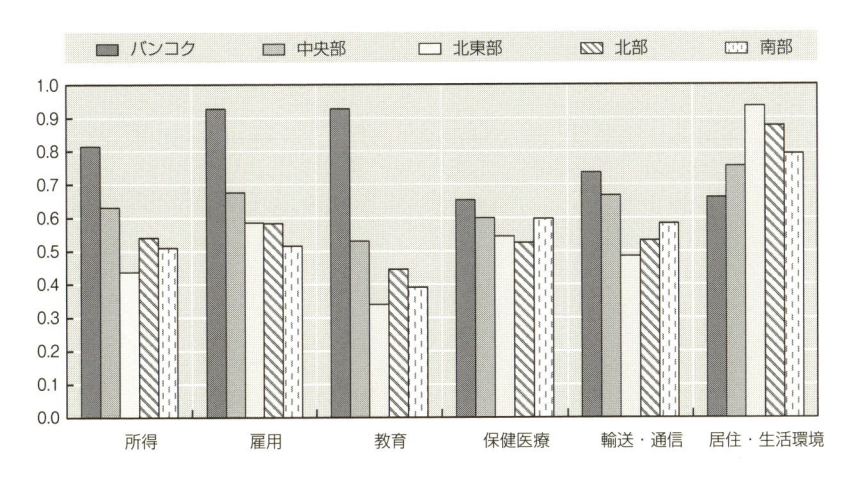

注：人間到達度指数は、県の中で観察される最低値から最高値までの成果を使い地域間での到達度の成果を比較する総合指数である。ここでのスコアは関連準指数（雇用に関する準指数であれば、社会保障の対象となっている雇用者、労災、失業、不完全就業率等）に関する一連の指数により計算される。本書の目的に合わせ、準指数が持続可能な開発目標（SDGs）に密接に関連している、所得、雇用、教育、保健医療、運輸・通信、居住・生活条件に関してのみ準指数に基づきスコアが示されている。ここでは、中央部からバンコク首都圏は切り離して別に示してある。
出典：NESDB（2017a）, Thailand Human Achievement Index 2017, *www.nesdb.go.th/nesdb_en/download/article/social2-2560-eng.pdf.*

に劣後する状況にある（図4）。第12次計画にも盛り込まれるように、平等を政策形成過程の中心課題に地域格差縮小に取り組むことで、社会的結束は向上すると期待されている。

著しく普及の進む非公式労働

　公式部門での失業率は予想通り低水準にあるが、大多数の労働者は非公式部門に従事し、相対的に不安定な契約状況、長時間労働、危険な労働条件に苛まれる傾向にある。特に解雇及び一時雇用規制においてみられるように、タイの労働者保護は比較的厳格であり、このことが非公式的就業を助長している可能性がある。しかし、非公式的就業には、これ以外にも労働力を公式化するため

の租税面及び社会保障面でのインセンティブ／ディスインセンティブや、厳格な賃金構造、低労働生産性、経済の全体的構造といった数多くの助長要因が存在する。

タイは主にASEAN近隣諸国からの移民労働者に大きく依存する状況で、労働者の9％に当たる概算350万人の移民労働者が存在している。農業、漁業、建設業、家事サービス業、製造業、小売業等の多くの産業が技能水準の低い移民労働者に依存している。さらに、（タイ生まれの）国民の高齢化が進む中、相対的に若い移民労働者が若年労働力の供給を担っている。

タイ人、移民のいずれに対しても、最低賃金、より一般的には労働者保護措置の執行において、コンプライアンス面での改善が求められている。2013年には、民間部門の労働者の3分の1、及び若年・低技能労働者の半数超が、最低賃金率を下回る賃金に甘んじる状況にあった。また、失業保険は、公式部門の労働者にしか適用されず、労働組合組織率は国際的にも低い水準にある。

拡大の望まれる女性の政治への参加となお問題の残されるジェンダーに起因する暴力

女性の労働への参加と賃金水準は、男性との比較では見劣りするものの、その格差はOECD平均よりは小さい。さらに民間部門での女性上級管理者では、タイは比較対象国を上回る実績を上げている。こうした状況とは対照的に、女性は国会議員の6％しか占めておらず、政治におけるエンパワーメントには大きなジェンダー・ギャップが存在する。

女性に対する家庭内暴力は未だ解決されていない。家庭内暴力回避解決法によって犯罪者は検挙できるようになったが、和解と家族の再統合を重視する観点から、被害者の声を大きくするには至っておらず、全体的被害件数は過小状態にある。商業的風俗産業や屋内労働部門に特にみられる人身売買や強制労働はジェンダーに起因する暴力のもう一つの形態である。政府は人身売買に対し強い力で挑んでいるが、法の執行、そしてまた役人による共謀の削減には一層の努力が求められる。人身売買に関連する汚職防止に関するOECD指導原則では、人身売買過程での汚職の果たす基本的な役割を強調するとともに、両課題に一括して取り組むことの重要性を強く主張している（OECD, 2016）。

非公式労働者、高齢者を中心とした社会的保護対象拡張の必要性

　タイの社会保障制度は漸次的に進展を遂げてきたが、各プログラムの簡素化と調和を必要とする、比較的包摂的だが分断した制度をもたらす結果となった。公務員、公式部門労働者、非公式部門労働者には、個々に異なるプログラムが用意され、雇用状況と強く結び付けた形で受給資格要件が定められている。非公式労働者は専ら篤志的な制度を通して給付を受けるが、彼らが社会的保護を受けられるように保護対象の拡張が特に求められている。必要書類、登録場所、請求機会、オンライン登録システムの開発、参加促進策の活用における柔軟性の向上を含め、登録手続の簡易化により、参加率の低い状況は改善できると思われる。全高齢者を対象とした手当は年金受給資格のない非公式労働者をも保障するものであり、高齢者の貧困回避の点において給付の適切性は改善される。低所得者向けの児童扶養手当や福祉カードのように、近年、一定所得水準を下回る者を対象に資力調査に基づく保障が導入されたことは、格差解消に向けた一歩となっている。

　2002年にタイは国民医療保障制度を確立しているが、主観的成果、客観的成果のいずれからもタイ保健制度の堅実な成果が窺える。多くの開発途上中所得国と同様、疾病内容もライフスタイルの変化に合わせて変化しており、非伝染性の慢性疾患の増加と併せ同医療費も増加傾向にある。政府は、特に関心対象にある肥満と闘うべく、より健康的なダイエットとより活動的な生活に向けた取り組みを段階的に推進しているが、こうした取り組みの拡大が求められる。

　さらに、保健医療制度では、長期介護（LTC）制度の開発を通して老いる社会に適応する必要がある。第12次計画でもこうした制度の必要性は認識されてはいるが、未だサービスが未発達な中、家族及び社会的介護のLTC制度への統合を狙った政策提案が実現可能かどうかは定かでない。保健医療制度の質を改善し財政的にも持続可能なものとするために、総合医療の効率性を高め、疾病予防及び保健推進のための財源を拡大し、情報通信技術（ICT）の活用を拡大していくことが求められている。

基礎的教育の質及び実績改善の重要性

　タイの教育に対する公的支出額は、GDPの約4％と域内で最も高水準にある。

初等及び中等教育は完全就学に近い状況にあるが、就学前教育については3〜5歳児の4分の1程度が受けていない状況で、教育の普及が求められている。基礎的教育についても世界基準に届いておらず、教育の質の改善が求められている。また資源配分の非効率性と不平等性が投資効果を削いでしまい、学習成果につながらない状況にある。2015年のOECD生徒の学習到達度調査（PISA）の結果からは、タイにおける生徒の学習到達度は大半の比較対象国と同じ経路を辿り、OECD平均を大きく下回っていることがわかる。さらにPISA2012年調査との比較では、科学的リテラシーと読解力でタイは大きくスコアを下げている。タイの15歳の生徒のうち、読解力で機能的に読み書きできるとされた生徒は約半数のみで、特に読解力の成績が懸念される。教育到達度における格差は大きく、地方が多くを占める貧困家庭の生徒は、十分な訓練を積んだ教師を揃える質の高い高校に就学できない傾向にある。ある概算では、タイの学校の5分の1が質的に最低水準も満たさないとされるが、そうした学校の過半が地方に存在している（OECD, 2014a）。

　政府も教育制度の欠如を認識する中、多様な戦略計画を展開している。近年実施されたOECD及びUNESCOによる政策分析では、カリキュラム改革、試験手順の改善、教師の質向上のための投資、特に地方の学校でのデジタル学習及びICTの活用促進といった優先4分野に焦点を当てた、タイにおける高品質な教育制度の開発を支援する推奨政策措置が提示されている。

未だ不十分な高等教育及び生涯学習

　タイランド4.0を成功させ、老いる社会への移行を適切に管理するうえで、人的資本の高度化が極めて重要となる。タイの高等教育及び職業教育制度では、産業界の求める技能を十分に備えた人材は期待できない。高等教育での就学率は比較的高いが、科学・技術・工学・数学（STEM）分野の卒業生数は産業界の要求する水準を下回っており、大学プログラムの質と妥当性における改善が求められている。この点について、政府でも、産業界及び学生側の需要に即したコースの開発に向けて、大学側の自治拡大に向けた改革戦略が推進されている。

　職業訓練を受けた卒業生の技能不足問題がいくら深刻であっても、技術・職業教育において十分な学生を確保できない状況にある。2015年の後期中等学

校での職業プログラムで学ぶ学生の割合は34％でしかない。これは2011年の36％よりも低く、政府目標の45〜55％を大きく下回る状況にある（MOE, 2017）。さらに、訓練プログラムの質の面でも、産業界の求める技能のより適切な習得に向け、教育の改善を図る必要がある。第12次教育開発計画の下、政府は、産業界側の要求を反映したコース・デザインに改善し、デュアル職業訓練プログラムへの学生の参加と中規模の職場による研修機会の拡大を促す金銭的インセンティブを用意することで、職業訓練の質と魅力の向上に取り組んでいる。

　タイの労働者が産業界からの要求の変化を先取りしデジタル経済に備えるうえで、生涯に亘る技能訓練がまた重要となる。この目的に合わせ2002年技能開発推進法では、従業員が100名を超える企業に対し、年に一度、半数以上の従業員に対する訓練を要求している。しかしなお、90％を超える従業員が一層の技能開発に関心を持たない状況を変えることができておらず、さらなる取り組みが求められている（NSO, 2016）。

4.2　繁栄 ──生産性の向上

　過去10年、構造改革及び資本投資が制限されていたことで、生産性の向上及び福祉面での改善が遅れ、域内比較対象国に対しタイの経済的な後退がみられた。しかし、最近になって、世界貿易の回復による輸出の下支えと大規模な公共インフラ投資プログラムに助けられる形で、経済成長が勢いを取り戻し始めている。タイは域内競合国との激しい競争と人口動態面での急速な高齢化に直面する中、生産能力の向上が不可欠であるとともに、成長を駆動させるうえで生産性向上の必要性が一層強まっていると考えられる。また、第12次計画とタイランド4.0で強調されるように、その実現には、人的資源開発の改善、クラスター開発政策を通じた技術普及の促進、イノベーション及びデジタル化の促進、中小企業政策枠組みの改善、そして地域統合の拡大が不可欠であると考えられる。

近年、回復のみられる成長率

　タイの近年における成長率は標準的な水準を下回ってはいるが（図5A）、電

図5　上向きの成長に対し、活力を失ってしまっている投資

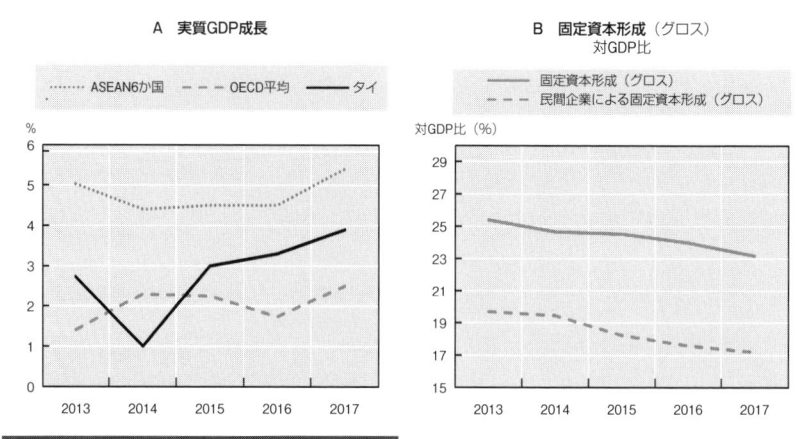

A　実質GDP成長

　　　⋯⋯ ASEAN6か国　－ － － OECD平均　━━ タイ

B　固定資本形成（グロス）
対GDP比

　　　━━ 固定資本形成（グロス）
　　　－ － － 民間企業による固定資本形成（グロス）

StatLink：http://dx.doi.org/10.1787/888933691287

注：ASEAN6か国の数値は、インドネシア、マレーシア、フィリピン、タイ、シンガポール、ベトナムの加重平均成
　　長率である。
出典：OECD（2017d）, National Accounts database; Datastream and Bank of Thailand.

子機器の輸出が好調なことと、観光客の増加、公共投資が活発なことを受けて、ここ最近、勢いを取り戻してきている。世界の需要循環が上昇局面にあることからも、成長率は2018年に4.0％、2019年には4.1％にまで上昇することが予想されている（表1）。消費者物価指数は目標値を下回っている。2017年には、タイは対GDP比11％近い経常黒字により、対外的には大規模な緩衝材を有する状況にある。拡大するシャドー・バンキング部門での不良債権の拡大により脆弱性が強まる中、家計部門の巨額な債務がリスク要因と考えられるが、金融部門は総じて健全性を保っている。

　GDP成長率目標5〜6％の実現に向け、勢いを得るためにも投資の回復が必要である（図5B）。特にインフラ分野における政府による拡張的公共投資プログラムが、低迷する民間投資率の引き上げに資すると考えられる。タイにとって倹約的財政状況の維持が重要であるが、インフラ分野での生産性向上につながる対象を限定した公共投資が潜在的経済力向上にとって不可欠である。政府による投資プログラムを首尾よく実施に移していったとしても、短期財政見通しでは健全性が保たれる。政府の推進する非生産的補助金プログラムの合理化

表1　マクロ経済指数と予測
特に断りのない場合、年間成長率（%）

	2013	2014	2015	2016	2017	2018	2019
						予測[1]	
実質GDP	2.7	1.0	3.0	3.3	3.9	4.0	4.1
民間消費	0.9	0.8	2.3	3.0	3.2	3.2	3.4
政府消費	1.5	2.8	2.5	2.2	0.5	3.5	2.5
固定資本形成（グロス）	-1.0	-2.2	4.3	2.8	0.9	4.2	4.7
・民間	-1.5	-0.9	-2.1	0.5	1.7	2.2	2.5
・政府	0.8	-6.6	28.4	9.5	-1.2	9.8	10.4
輸出額（財及びサービス）	2.7	0.3	1.6	2.8	5.5	5.3	5.9
輸入額（財及びサービス）	1.7	-5.3	0.0	-1.0	6.8	6.6	6.8
消費者物価	2.2	1.9	-0.9	0.2	0.7	1.2	1.5
経常収支（対GDP比）	-1.2	3.7	8.1	11.7	10.8	8.5	8.0
一般政府財政収支（対GDP比、会計年度）	0.5	-0.8	0.1	0.6	-1.7[1]	-1.8	-1.8
政府債務（対GDP比、会計年度）[2]	42.2	43.4	42.5	41.8	41.9	41.2	40.6

1. この数値は予測値である。刊行時点では最終結果は入手できない。
2. 会計年度末時点でのデータに基づく。これには、一般政府及び国有企業の債務が含まれる。
出典：CEIC; NESDB; Bank of Thailand; Public Debt Management Office.

の一環として、燃料補助金改革及び米担保融資制度の置き換えを通して、補助金が大幅に削減されることとなった。さらに、徴税効率向上と相続税、土地家屋税の新規導入に向けた租税改革が、歳入拡大に資するものと考えられる。

生産性向上と高付加価値産業の創出

　タイが高所得国の仲間入りを果たすには、資本と労働の投入、蓄積を急速に進めていくのではなく、生産性の向上によって経済成長を駆動させることが必要である。タイの第12次計画とタイランド4.0においても、イノベーション、人的資本開発、規制改革、インフラ開発の推進を通した生産性の改善と成長の駆動により、経済転換が追求されている。

　伝統的に、地方の農業分野から都市部の先進的産業分野への労働の再配置が生産性の改善を支えてきたが、これはまたキャッチアップによる成長と構造転換においても重要な特徴となってきた。しかし、過去30年間、タイにおける

図6 タイの大幅な生産性向上にはつながっていない労働の再配置

A タイの労働生産性成長率
雇用者一人当たり年平均成長率

B 東アジア諸国における労働生産性成長率
雇用者一人当たり年平均成長率、2001〜15年

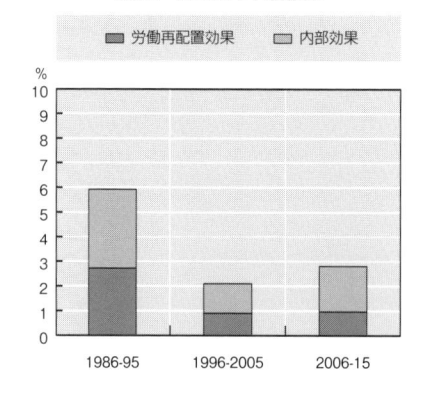
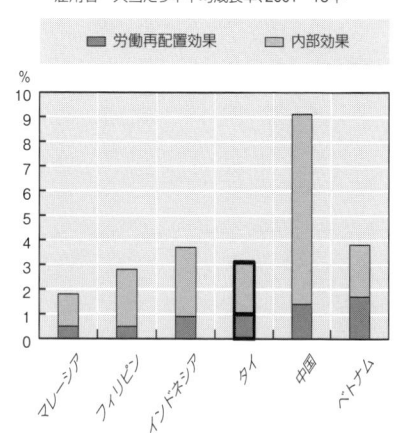

StatLink：http://dx.doi.org/10.1787/888933691306

注：「内部効果」とは、部門内部での生産性の成長を通して総労働生産性の成長に寄与する効果を言う。「労働再配置効果」とは、生産性の低い部門から高い部門への労働の移動が寄与する効果を言うが、そこでの産業部門は、1）第1次産業、2）鉱業、3）製造業、4）建設業、5）電気、ガス、給水業、6）卸売及び小売業、ホテル・レストラン業、7）運輸及び通信業、8）金融仲介業、不動産業、及びビジネス・サービス、9）コミュニティ、社会、個人向けサービス業の九つに分類されている。

出典：OECD事務局算定。データ源：Asia Productivity Organization (2017), Productivity database 2017 Version 1, *www.apo-tokyo.org/wedo/measurement.*

労働の再配置による全般的労働生産性向上に対する寄与度は低下している（図6）。政府は、こうした状況の改善に向け、生涯学習と技能訓練を通じて技能不適合を解消することで労働の再配置を促すべきであろう。さらに、イノベーションをより効果的に推進し、農業分野での経営管理スキル向上とICTの利用拡大を促進することによって、生産性の向上を実現させることが可能である。

　より生産性の高い高付加価値産業の開発促進に向けて、政府は、地域内での企業、研究者、大学機関、公的機関間のリンケージを強化し、産業部門の付加価値連鎖の改善につなげていくことを狙っている。特に、政府は、高い輸出実績を持つ分野から選定した優先分野グループを対象にこれを進めている。そして、このような優先分野は、既存分野での産業基盤の高度化を企図した「初期S字カーブ」産業（例えば、次世代自動車、スマート電子機器、農業・バイオ

テクノロジー、良質で豊かな観光・医療ツーリズム）と技術的洗練度を高める
ことで開発を可能とする「新S字カーブ」産業（例えば、ロボティクス、航
空・運輸産業、バイオ燃料・バイオケミカル、デジタル・医療ハブ）で構成され
る。またこれらの目的に合わせ、政府は、最重要プロジェクトとされる東部経済
回廊プロジェクトを含めた、一連の投資促進措置と特別経済区への誘致策を発動
している。

イノベーション及びデジタル化に主導される生産性向上に向けて

　既存分野でのイノベーションの改善は、競争優位性と生産性を向上させ、よ
り高付加価値な製品を生産していくうえで重要である。しかし、タイのイノベー
ション実績は、東アジア比較対象国の一部に対し、後れを取る、あるいは後
退してしまっている。調整が不十分であったり制度面での役割及び責任が不明
瞭であるといったガバナンス上の課題が、イノベーションを阻害する状況にあ
る。こうした課題の解決に向けて政府は、研究・イノベーション政策の方向性
の明確化を役割とする国家研究イノベーション政策評議会を2016年後半に設
立している。

　また、人材確保にも、イノベーションに対する重大な障害が存在する。学界
と産業界との協力関係の弱さが、両分野間での研究者の流れを制限してしまっ
ている。流動性向上を支援するために政府は人材流動性プログラムを立ち上げ
たが、これにより産業界あるいは政府による人材の活用に対し大学側に補償金
を支払う仕組みが確立されている。また政府はイノベーション東部経済回廊プ
ロジェクトを発動しているが、公共部門、民間部門、学界、地方コミュニティ
で国際的に人材を誘致し研究開発（R&D）を推進する、地域イノベーション・
ハブの創設を狙っている。

　より基幹的特徴を持つ社会経済開発と同様、デジタル化は生産性と効率性を
向上させる力を持つ。デジタル化は、保健、教育、銀行業務といった重要サー
ビスの利用改善と質の確保を通じて、ガバナンス面での調整を改善しより包摂
的な社会を可能とするものである。またそれは、イノベーションを支援し、価
値連鎖における国家の立場を向上させる（OECD, 2017a）。さらに、デジタル
化の推進は、タイランド4.0と歩調を合わせて進められている（コラム2）。

　包摂的経済成長の推進において、デジタル技術は重要な役割を果たし得る。デジタル技術はまた、政府、企業、そしてこれらを支える社会の有するこれまでの構造と期待を破壊し、転換させつつあるのである。タイは、20年に及ぶデジタル・マスタープランを開発し、タイランド4.0の一環として大胆なデジタル転換戦略を推進している。しかしまた、タイがデジタル革命を受け容れられるだけの準備を整え、全てのタイ国民がデジタル経済に適切な形で参加できるようにするためにも、数多くの課題に取り組んでいく必要がある。

　タイは信頼ある手ごろなネットワークの構築を推進してきたが、なお改善の余地は残されている。2016年ネットワーク成熟度指数によると、タイにおけるICT基盤は比較対象国の中で真中に位置づけられるが（図7）、他方でインターネットの利用者数では下位に位置づけられている。また、技能面では、学校教育及びデジタル・コミュニティ・センターの設置を含め、経済全般に亘るICTリテラシーの向上に向けた一層の取り組みが求められる。最後に、タイが信頼を醸成し、ICTの利用を拡大していくためにも、サイバー・セキュリティの向上が求められる。

図7　デジタル・インフラ整備及び技能向上に改善の余地を残すタイ
最低から最高までの1〜7の7段階指標、2016年

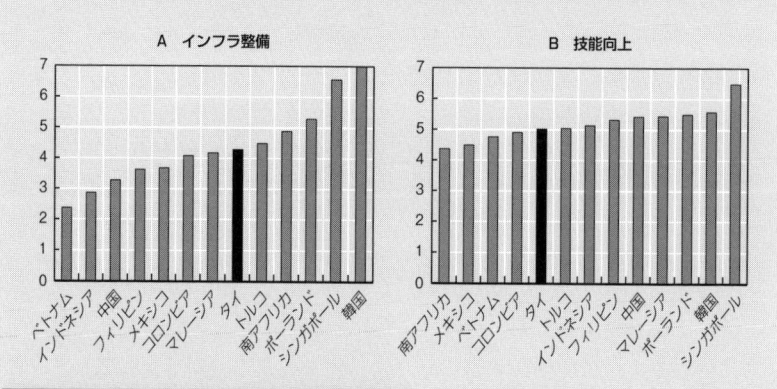

StatLink：http://dx.doi.org/10.1787/888933691325

出典：World Economic Forum（2016）, Network Readiness Index, *http://reports.weforum.org/global-information-technology-report-2016/networked-readiness-index.*

　20年に亘るマスタープランの下、タイはあらゆる社会経済活動におけるデジタル技術の最大限の活用を狙っている。タイでは、デジタル技術を梃子に、中小企業に重点をおいた全経済部門に亘る能力及び競争力の向上、保健・教育サービスの普及改善を通した格差の縮小、政府サービスの提供改善を模索している。実際、数多くのイニシアティブがすでに実施に移されている。

　タイでは、ICTの利用面での改善措置と中小企業の安価かつ容易な取引のための電子決済サービス推進措置を含む、国家電子商取引マスタープラン（2017-2021年）の下、オンライン・ビジネスを支える電子商取引に力を入れている。さらに、タイ銀行は利用者数拡大に向け、5,000バーツ（約150米ドル）に満たない電子取引の手数料徴収を廃止している。タイ政府は、中小企業に対するオンライン取引に関する指導により、ICTリテラシー不足対策を進めるとともに、一連の租税、非租税インセンティブ（例えば、ビザや労働許可証の発給手続）を通して、デジタル事業開発を支援するためのデジタル・パークの設立も進めている。さらに、農業分野では、効率性向上と付加価値拡大にデジタル技術が使われている。例えば、農家が農地にとって最適な作物を見極めるのを支援する、デジタル「アグリ・マップ」が開発されている。

　保健医療分野では、管理体制を改善し、成果の拡大、支出の抑制を目的としたICT基盤の整備が計画されている（Estospace, 2016）。居住環境では、スマート・デバイス及びセンサーを活用し、高齢者の健康状態をモニターするパイロット・プロジェクトが多く実施されている。今後将来、タイ政府には保健医療システムの快適な利用と効率性改善に向けたブロードバンド投資プログラムに基づく取り組みとともに、デジタル総合医療診察の推進が求められている。

　教育分野では、全ての学校におけるブロードバンド環境の整備とノンフォーマル及びインフォーマルな学校でのフリーWi-Fi環境の整備が企図されている。タイ政府は遠隔地の学生の教員不足問題を解消し教育の質を改善する手段として、遠隔学習及びオープン教育資源活用の一層の推進を図るべきである。

　他方、これまで先延ばしにされてきた政府部門でのデジタル技術の利用拡大も進められている。デジタル政府開発計画（2017-2021年）では、政府データの利用増大、透明性及び市民参加の拡大、バックオフィス部門での基盤の統合といった展望が示されている。タイ政府は、モバイル政府通信システム（Gチャット）の開発、オンライン取引での信頼性構築のためのデジタル法の導入、政府機

関のためのICTプラットフォームの始動、そして政府サービスのワンストップ・ポータルサイトの構築を進めている。また、政府サービスのための新技術の実験場となる「GovLab」プログラムも試験的に実施されている。

中小企業金融の改善と適切なインセンティブの必要性

中小企業（SME）は、サービス分野を主体にタイのGDPの約42％を構成している。中小企業の振興は経済全般の成長と地域間・個人間の格差是正にとって重要である（Lee et al., 2017）。中小企業は地域統合の不適切性と併せ金融面での不適切性、資本ストック更新の不十分性、技術採用面での遅れといった数多くの相互関連的な問題に直面している（Charoenrat and Harvie, 2017）。タイ政府は、2021年までに中小企業のGDPへの寄与度を50％以上に引き上げることを目標とする中小企業振興マスタープラン（2017 – 2021年）を策定している。そこでの優先分野は、ライセンシング手続の合理化、ICTに重点をおいた技能訓練の推進、そして起業家教育と金融支援である。

タイの中小企業は、金融面で苦慮している場合が多く、この分野での改善が鍵を握っている。また、中小企業への融資において一層の厳格化が求められる中で、不良債権の割合も上昇している。中小企業に対する融資は、分野間、地域間での信用度を異ならせる専門金融機関を通してなされている。この課題の解決に向けて、タイ政府は小規模企業信用保証公社による融資を拡大し、信用保証により特化した商品の拡大を進めることで当機関の利用促進を働きかけていくものと思われる。さらに、タイ証券取引所では特別に低コストでの取引が認められ、中小企業の資本市場の利用が可能となることで、銀行による融資への依存が低下することも考えられる。しかしながら、中小企業の開発、振興に向けた非金融手段による金融手段の補完も必要である。

グローバル・バリューチェーンへの参画と地域統合の推進

長い間、貿易と海外直接投資がタイの工業化の主要な推進力となってきた。グローバル・バリューチェーン（GVC）への積極的な参画を背景に、2017年

には国際貿易額がGDPの123％となり、OECD平均の2倍以上の水準となった。グローバル・バリューチェーンへの参画によって与えられる機会を最大限活用するには、輸入中間財及び資本財の利用を効率化しコストを引き下げる必要がある。この点に関して、タイは過去10年、生産財に対する加重平均関税率にほぼ近似しており、かなりの進展をみせている。また同期間には、ASEAN域内の二国間あるいは地域レベルで、また主要貿易パートナーであるオーストラリア、中国、インド、日本、韓国、ニュージーランドとの間で、一連の自由貿易協定（FTA）が締結されている。また貿易コストは、貿易関連手続の合理化と、関連するインフラ及びサービスの質の改善を通しても削減できる。

　タイのGDPの60％近くを占めるサービス分野での貿易の自由化及び円滑化は遅れ気味であるが、この部分の改善が生産性と競争力向上にとっての鍵を握っている。情報、専門家、技術の利用の確保、コストの削減、サービスの質の改善を伴ったオープンかつ巧妙に管理されたサービス市場がグローバル・バリューチェーンのゲートウェイとなる（OECD, 2017b）。特にこれは高付加価値活動で利用されるデジタル・サービス、ロジスティックス・サービス、専門サービスに当てはまる。しかし、OECDによるタイのサービス貿易制限指標算出に関わるパイロット・プロジェクトからは、タイの規制枠組みは建設及び建築サービス両分野で国際貿易上の障害を生んでいることが示唆されている。こうした障害は、経済全般的規制、分野特殊的規制のいずれからも生じている。前者には、重役の滞在要件、外国人による土地取得制限、経営上の支配権を伴わない外国企業による49％の株式所有制限がある。政府調達市場では現地企業が選好される。分野特殊的規制は両分野でみられるが、特に外国人に対する資格認証要件の形態を取る場合が多い。

　海外直接投資（FDI）は資本、技術、経営管理スキルの移転を通してタイの工業化と輸出の拡大に重要な役割を果たし、生産性の大幅な向上に寄与してきた。近年、タイはカンボジア、ラオス、ミャンマーを主体に他の東南アジア諸国に対するFDIの主要な出し手となっており、地域統合に寄与してきた。しかし、対内FDIに対する統治規則では、タイは未だ相対的に制限された状態にある（図8）。

　通関手続の効率化、通関業務の合理化及びデジタル化、サービス分野への参

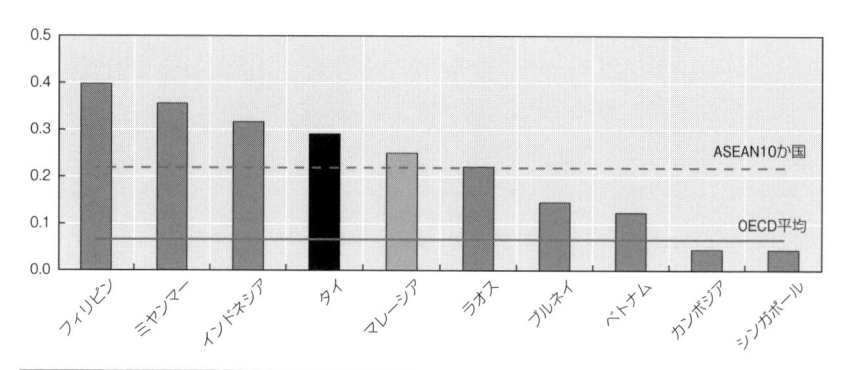

図8　なお相当な規制に縛られている海外直接投資（FDI）

指数範囲：0（オープン）〜1（クローズド）、2016年

StatLink：http://dx.doi.org/10.1787/888933691344

注：OECD海外直接投資制限指数は外国人投資家に対する差別的な法的措置（例えば、外国人出資制限、精査・承認手続、外国人キー・パーソネルに対する制約等）のみを対象としており、他の重要な投資環境に関する側面（例えば、取り締まり及び国家による独占行為）は考慮に入れられていない。ブルネイ、タイ、シンガポールのデータは予備データである。
ASEAN10か国は、ブルネイ、カンボジア、インドネシア、ラオス、マレーシア、ミャンマー、フィリピン、シンガポール、タイ、ベトナムの10か国を指す。
出典：OECD（2017i）, FDI Regulatory Restrictiveness Index database, *www.oecd.org/investment/fdiindex.htm*.

入面での規制改革といった貿易・投資促進分野での改革と同様、地域統合の推進は貿易及び投資の自由化促進に寄与する。ASEAN経済共同体、アジアの主要貿易パートナーとの自由貿易協定（FTA）に加え、欧州共同体、アメリカとのFTA締結も視野に、地域統合は一層の進展をみせるものと思われる。

4.3　パートナーシップ ——持続的な金融開発

　過去10年、タイの公的債務は平均して対GDP比40％、一般財政収支は平均して対GDP比0.1％の黒字であった。今後、タイでは、財政責任法を通して財政規律の強化を図ることになる。同法では、将来、政府機関に対し、公的債務、歳入、歳出、偶発債務の予測と併せ、5年間の中期経済予測を可能とする体制整備を要件として求めている。強力な財政ポジションにあっても、急速な高齢化と労働力人口の縮減の進むタイにおいては、中期的には金融面での圧力に苛まれることになる。したがって、タイでは、将来の社会、環境、インフラ面で

の要求に合わせ、歳入拡大と競争力の強化、民間部門の参加拡大を通じたインフラ整備費用の抑制、保健医療及び年金制度の効率性、有効性の向上を実現するために、租税制度改革を実施していく必要があるだろう。

予想される歳出増大圧力に対応した税収の拡大

　過去5年間のタイの歳入総額及び徴税額は、それぞれ平均で21.7％、17.7％である。これは、域内比較対象国のものと基本的に同じ水準にあるが、OECD平均よりはかなり低い水準にある（図9）。タイ政府は歳入拡大の必要性を認識しており、2020年までに対GDP比20％にまで徴税総額を引き上げる目標を立てている。

　徴税総額の41％を占める直接税において、近年、改革が進められてきた。法人税率は3分の1の引き下げを行い下限である20％とし、法人税率低減の先導役を果たした。タイではまた、個人所得税についても最高税率を37％から35％とし、課税最低所得水準及び控除額の引き上げを行っている。課税最低所得水準が上昇し、非公式労働力の割合が高い（2016年には56％）中で、生産年齢人口（15〜64歳）の5分の1しか所得税を支払っていない。徴税収入を改善し、国民がより良い社会的保護を受けられる状況にもっていくうえで、非公式労働者割合の漸次的低減が鍵を握っている。

　付加価値税（VAT）が3分の1を占める間接税は、タイの歳入の重要な源泉である。法定の付加価値税率は10％であるが、1999年以降、7％に設定され、世界でも最も低い水準にある。さらに、控除率は高く滞納者もいることから、付加価値税歳入率は概算で38％とOECD平均の56％を下回っている。タイ政府は、付加価値税の範囲の拡大と税率引き上げを漸次的に進め、その増収分をより多くの社会的保護対象者のために使用することを検討すべきである。

　税の効率性とタックス・コンプライアンスの改善はまた、歳入を増大させる機会ともなる。この点に関して、政府は技術革新を通じたコンプライアンス面での負担の軽減、租税回避及び非公式性抑制のためのインセンティブ供与、脱税に対する法の執行強化といった多角的な措置を展開している。

　公共のインフラ整備における効率化も政府の支出負担軽減において重要となろう。タイ政府は、投資額低減に向けて追加的なインフラ財源を検討し、リス

図9　域内比較対象国と基本的に同水準にある一般政府の歳入
対GDP比（2011～15年平均）

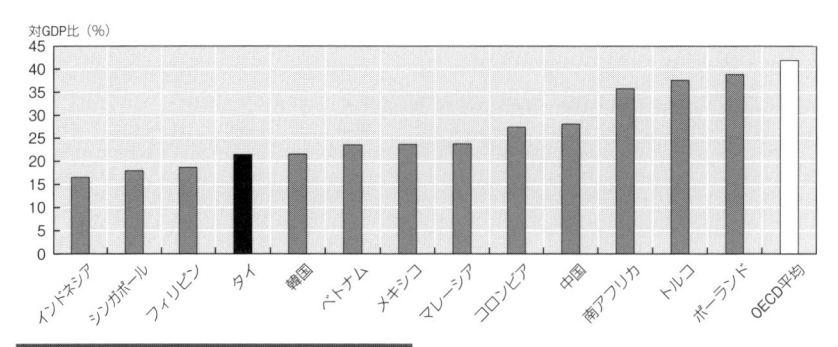

StatLink：http://dx.doi.org/10.1787/888933691363

出典：Datastream; OECD Revenue Statistics（2017）.

ク配分の最適化を図るものと思われる。特に、タイバーツ建てインフラ債の発行は、銀行による融資よりも割安であり、こうした投資の長期的性質により適合するものと考えられる。また官民パートナーシップ（PPP）の改善を通して民間部門の参加を活性化するのも有効であろう。この点に関して、タイ政府は、時限法の導入と契約の標準化を可能とする、PPP法の改正を2013年に行い、お役所主義を改め、官僚制の効率化を推し進めてきた。さらに、タイ政府は、基幹輸送インフラの財源確保に向けた追加的措置のためにフューチャー・ファンドを開設している。

保健医療・年金制度の持続可能性の改善

　急速に高齢化の進む中、高齢者への保健医療、及び社会的安全の確保における財政負担は拡大の方向にある。2014年の政府による保健医療支出は、GDPの3.2％を占める水準にあった。費用的には管理可能な水準でも、上昇は免れ得ない状況にある。2015年の公的年金支出はGDPの2.2％の水準にあった。これは域内比較対象国との比較では低い水準にあるが、特に社会的年金受給者に対する充足率の極めて低い状況を改善しようとするならば、将来的な負担は急速に増大することになろう。何らかの費用エスカレーションが不可避であるな

らば、保健医療制度と年金制度の両者の設計を改善することで、効率性の上昇と支出抑制の恩恵に与ることができる。

　保健医療において、タイ政府は累減的で効果的でないことの多い短期的効果を狙った保健医療予算の一括削減ではなく、長期的に運用されて恩恵の期待できる対象を絞った構造改革を実施すべきである。例えば、病院の過重負担を避けるために、一般医の数を増大させることで、予防・総合医療を通した保健医療の提供を拡大させることができる。保健医療における財源は、定額自己負担金に対する控除の削減と、個人的な保険加入者を募り保険料徴収額の拡大を進めることで改革可能であると思われる。

　年金については、タイで労働力が縮小し定年が延長される背景として、急速な拡大をみせる退職生活者を支える生産年齢人口の縮小という現実がある。タイの個人年金での年金受給可能年齢は55歳であるのに対し、公的部門の制度及び社会的年金では60歳となっている。OECDの研究では、退職生活者の所得を上げ年金制度の財源面での持続可能性を改善するうえで、定年の延長が効率的であることが示唆されている（OECD, 2013）。タイにおいて、個人年金と公的部門・社会的年金制度で年金受給年齢を合わせることは可能であるし、さらには平均余命に合わせて公務員の退職年齢を引き上げることも考えられる。また、タイ政府は、現在、大半の比較対象国及びOECD平均を下回る水準にある、個人年金の保険料率を漸次的に引き上げていくことも考えられる。

4.4　地球 ──自然の保全

　タイにとって自然環境は重要な資産であり、鍵となる経済部門と何百万という暮らしを支えている。多くの新興経済同様、その急速な経済成長は、多大な環境面での犠牲の下に天然資源に大きく依存する中で成し遂げられてきた。1990年代には環境問題への関心が高まり、天然資源環境省の設置を盛り込んだ枠組み法が採択され、環境影響評価等の措置も導入されることとなった。

　今日、この最前線での取り組みでは、減速や時には保留されるケースも伴いながら、環境目標の更新が保証されている。タイの持続可能な開発は、賢明な天然資源管理と、国民の健康及び生態系の保護に向けた汚染最小化、そして将来的な低炭素かつ気候変動に強い社会の実現に掛かっている。

現在、議論の進められている新しい環境法案は、ポリシーミックスを近代的なものとし、確実な持続可能な開発につながる機会を提示している。戦略的環境評価の導入により環境対策を政府の計画、政策、プログラムに統合することで、一層の環境保護の強化につながるものと思われる。

タイにおける天然資源管理面での改善

　タイは、人命の喪失と経済的崩壊を引き起こす循環的に訪れる洪水と旱魃に苛まれている。自然環境の変動がこうした現象の重大要因であるが、これ以外にも政策対応を要する要因は存在する。十分な考慮もなく進められた都市の拡張、農業部門の重視、水源涵養林の劣化及び消失が洪水調節機能を備えた地域と氾濫源の縮小を招いてきた一方で、水の消費行動、農業及び工業用地の開発、都市化、人口の増大が旱魃を引き起こしてきた。

　統合的水管理の欠如が、これらの課題への効果的な対応を妨げている。タイにおける水管理は、責任の重複、利害対立、調整の欠如につながる、高度に分断化した制度枠組みによって特徴付けられる。またタイ政府は、供給側の措置であるハード面でのインフラには関心を持っても、需要側の措置には関心を示さない傾向がある。タイでは、十分な資金と地方での自然災害に対する予防・対応能力を確保した災害リスク管理によって補完される、より全体的観点に立った水管理・洪水防止に向けた取り組みが望まれる。

　他の中所得国との比較で、タイは絶滅危惧種の数等、一部の生物多様性指標で劣後する状態にある（図10）。またこの10年、国家レベルでの前進に対し、北部及び北東部では森林消失問題が未だ解決されずに残されている。

　生物多様性を脅かしている多様な要因に対し、政策的な対応が必要であると考えられる。灌漑、農地の不法拡張、外来種の侵入は湿地の保持に対し脅威となる。不法な伐採搬出、観光リゾート地の開発、現金作物（ゴムやパーム油等）の奨励に伴う農地の拡張は、森林の消失につながっている。汚染は淡水体系に影響し、不法漁業、海洋酸性化、観光業及び工業活動は海洋及び珊瑚礁の生態系に影響を及ぼす。

図10　一部生物多様性指数にみられる低実績

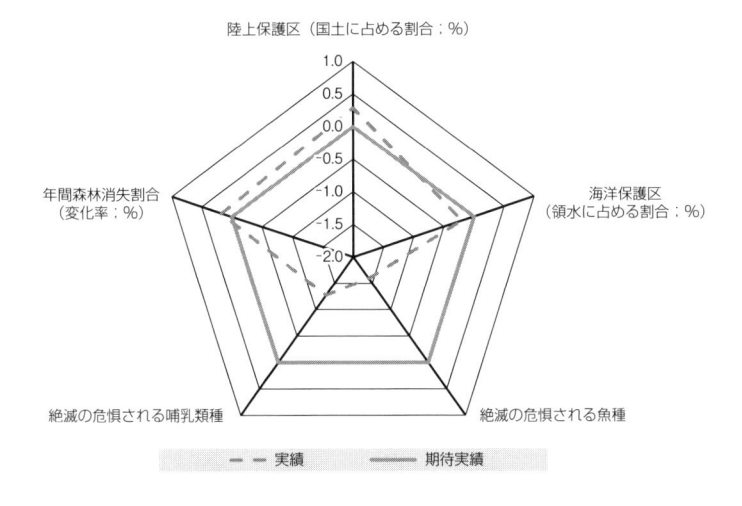

StatLink：http://dx.doi.org/10.1787/8889336913

注：点線は、他の中所得国を基準に評価されるタイの実績値を表している。灰色の線は、タイの一人当たり所得水準
　　から期待される実績値を表している。点線が灰色の線の内側に入っている指数については、期待実績を下回って
　　いることを表している。
出典：執筆者算定。データ源：World Bank（2017a）, World Development Indicators（database）；World Bank
　　（2017b）, Deforestation and Biodiversity.

なお課題の残る環境面での生活の質の確保

　PM2.5等の大気汚染については、1990年以降ある程度の改善がみられてきた
が、2010年以降は緩やかな改善に変わっている。こうした問題は特に大気汚
染が安全基準を超えることの多い、タイの主要工業地帯等の汚染問題地域で生
じている。水質は漸次的に改善されてきたが、地表水の23％が未だ低質とさ
れる。汚水処理施設の欠如（都市の汚水の15％しか処理されていない）、現存
の規制に対するコンプライアンスの欠如、汚染防止のための金銭的負担の欠如
により、一層の改善が押しとどめられてしまっている。
　最後に、域内の多くの諸国と同様、固形廃棄物の発生が問題となりつつある。
2000年以降、固形廃棄物の量は80％増加しているが、廃棄物の43％は野焼き
や不法投棄によって不適切に処理されている。しかし、廃棄物のうち、再利用

可能な部分も多く、また60％までリサイクルやエネルギーとしての利用が可能であるとされる。発生する廃棄物の絶対量を減らすには、適正な価格メカニズムによってインセンティブを与えることも必要である。

緩和・適応の求められる気候変動への対応

　タイでは、2030年まで現状が維持されたときの水準から20〜25％の排出量削減を狙う野心的な温室効果ガス排出削減目標を設定するとともに、エネルギー分野及び輸送分野を気候変動緩和に向けた重点分野に指定している。しかし、一層の厳格化を求める国際目標に対し、現在のエネルギー計画は一部、整合性を欠いているように思われる。特に、エネルギーに占める石炭割合の上昇を含めた計画では、二酸化炭素の絶対的排出水準を高めてしまう。他方、再生可能エネルギー割合の引き上げは、国際的方向性に合致している。タイにおける太陽光発電部門の有する潜在能力の活用が盛り込まれていれば、もっと野心的な再生可能エネルギー活用計画となっていたものと思われる。また、環境税引き上げの検討も考えられる。

　タイは、気候変動の影響を最も受けやすい国の一つとして、気候変動への適応を進め、緩和努力を補う必要がある。第12次計画及び国家気候変動マスタープラン2015−2050では、タイの気候変動に対する適応能力の向上が目指されるが、現行の分野別計画では、そうした取り組みの大半が無視されてしまっている。実態の検証では、これら高水準の計画が、認知されて本流化し、国家から地方レベルまでの全分野に亘る適応措置の執行につなげられるかどうかが問われることになろう。そして、適応措置を執行するに当たり、全ステークホルダーに対する中央での効果的な調整、明確な実証基盤（例えば、気候予測に対する）、キャパシティ・ビルディング（特に地方レベルでの）、十分な財源、そしてモニタリング、評価及び調整のためのメカニズムが求められることになると思われる。

4.5　平和 ——ガバナンスの強化

　公共部門の改革は、長い間、政府にとって重要な優先事項となってきたが、また多くの課題も伴ってきた。政策目標に対する計画化と執行との間の溝は深

く、また政策立案過程への十分な参加を確保できていない状況が公共部門での
ニーズと開発目標に対する資源配分の効率性を損なわせている。さらに、実証
ベースでの規制の開発が進んでおらず、高付加価値活動にとって重要なビジネ
ス・フレンドリーな環境の創出が妨げられていたり、汚職実感度の高い状況で
は企業マインドも政府に対する国民の信頼も弱められてしまっている。

政策立案と執行間の溝縮小の必要性

　タイでは、中央政府、地方行政機関において、政府及びその代理機関の間で
似通った政策空間を巡り競合する状況にあり、政策アジェンダにおける衝突も
たびたび生じる中で、政策執行の妨げとなっている。実際、タイは比較対象国
と比べ、改革実行において好ましい状況にはない（図11）。変転する経済社会
情勢に対する政策適応面での制度的柔軟性の欠如同様、政府及びその代理機関
の間に存在する調整課題も挑戦的な課題である。政府支出の不適切な配分と併
せ、そうした非効率な状況が競争力を削ぐ結果となっている可能性がある。

図11　大半の比較対象国に後れを取る改革面でのタイの執行能力
改革能力及び長期戦略スコア（0～4）、2016年

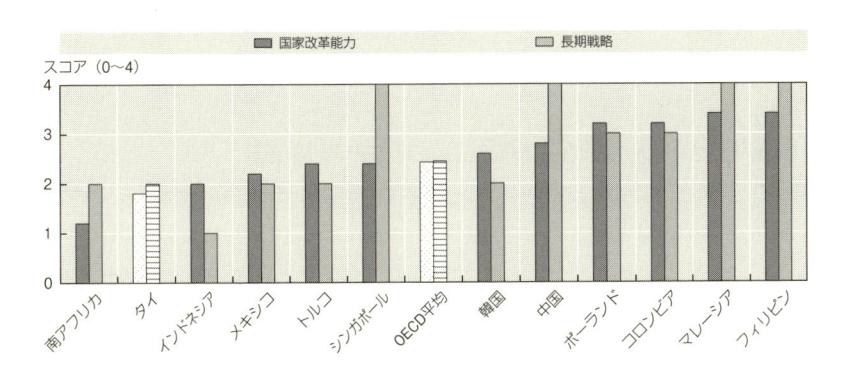

StatLink：http://dx.doi.org/10.1787/888933691401

注：国家改革能力では、「各権限当局が改革を計画し実際に執行する能力」を測定する（スコアは、極めて能力が低い
　　ことを表す0から、極めて能力が高いことを表す4までの範囲で示される）。長期戦略は、「各権限当局が長期戦略
　　ビジョンを持っている」かどうかを示している（スコアは、戦略ビジョンが極めて不明瞭であることを表す0から、
　　極めて明確であることを表す4までの範囲で示される）。
出典：CEPII（2016）, Institutional Profiles Database.

望ましい政策立案に向けたステークホルダー・エンゲージメントの拡大

　タイ政府は、意思決定の初期段階でステークホルダーに情報を提供し対話を進めることで、迅速かつ継続的適応への期待とより包摂的な政策立案要求との間でバランスを図る必要がある（OECD, 2017c）。この点について、タイは、政策形成過程でのステークホルダー・エンゲージメントと公共政策の全体的一貫性を改善していく必要がある。こうした課題への対応に向けて、タイは、政府職員による関連ステークホルダーとの政策対話を支援するための政策対話ガイドラインを公表している。このガイドラインでは、政策対話のためのOECD指導原則が考慮されている（NESDB, 2016b）。省及び政府機関が当ガイドラインを積極的に遵守する状況を確保することが重要である。

資源配分適正化に向けた政策執行評価の改善

　第12次計画では、執行面での効率性と社会経済開発目標との一貫性を確保するうえで、政策プログラムでのモニタリングと評価の重要性が強調されている。特に第12次計画では、国際的なベンチマーク指標を含めることの多い、重要業務実績評価指標（KPI）に基づく評価枠組みを強化している（表2）。政府レベルの部門横断的な課題では、国家全体的な開発努力を評価するうえで、KPIが複合的に使用されている。またKPIに基づく政策評価は、地方政府レベルでも実施されている。

競争政策拡大及び規制改革推進による効率的市場の促進

　1999年取引競争法の採択により、タイはASEAN初の競争政策導入国の一つとなった。取引競争法では、反競争的な慣行（協定、支配的地位の濫用、合併）と、何らかの制限的／不公正取引及び商慣行のどちらをも対象としている。しかし、その発効以来、100件近くの苦情が提出されてはいるが、違反と判定されたものは1件もない。

　競争政策の調和を求めるASEAN経済共同体ブループリント2015を背景としながらも、これに逆行する形で、2017年には改正取引競争法が採択されている。当改正法では、事前承認による合併統制制度の導入を含め、国際的ベスト・プラクティスとの整合性が強化されている。また、公企業と民間企業との

表2　デジタル経済社会省に関する重要業績評価指標（KPI）、2017会計年度

戦略／目標	重要業績評価指標（KPI）
安定したブロードバンド・ネットワークを通した政府情報・サービスの公共利用	IMD世界競争力指数により評価される技術インフラ面での改善 高速インターネット・サービスの村落での普及率（%）
企業におけるデジタル技術の経済価値の向上	さらなるデジタル事業の拡大と中小企業及びコミュニティ内企業による電子商取引販売の増加
全部門間で連結され情報共有される環境での、政府サービスの利用容易化	国民の必要とする公的情報に関する、オープン・ナレッジ・ネットワーク・アキュラシーに基づくグローバル・オープン・データ指数での順位改善
官民両部門個人の気象情報の入手と早期かつ容易な災害警報の受信	気象警報に対する国民の信頼水準 災害警報を受信するステークホルダー数の増加

出典：Office of the Public Sector Development Commission.

　より対等な競争環境を確保するために、国有企業の商業活動も対象としている。さらに、現在、反競争的慣行の一部は、刑罰の対象ではなく、執行を簡易化した行政上の制裁の対象となっている。

　また、商務省に対し独自の予算と職員を持ったより独立した法執行機関とする方向で、取引競争委員会（TCC）の改革も進められてきた。政府は、新たな法枠組みが効果的に機能するように、TCCに対し十分な金融資源と人的資源を与えるとともに、これら資源活用における十分な自由裁量権を賦与すべきである。意思決定者や弁護士を始め、こうした改革には全ての職員に対し相応の訓練が必要であると思われる。

規制影響分析の改善による優れた規制慣行の推進

　一般的に言って、優れた規制慣行の下では、効果的な資源配分がなされ、公正で活発な競争が促されるとともに、企業に対するコンプライアンス上の負担は最小化される。OECD規制政策とガバナンスに関する理事会勧告では、優れた規制管理制度には、規制の開発、執行、評価を下支える全政府を挙げた取り組みが必要とされることが認識されている（OECD, 2012）。タイでの規制については、マレーシア等、一部の域内比較対象国との比較で、この10年間、質的な改善はあまりみられていない。

　政府は、2017年に、社会経済開発を阻害している不要な規制の合理化に向

71

けて、「規制ギロチン」プロジェクトを発動している。その第1段階では、世界銀行のビジネスしやすさ指数におけるタイのランキング改善を目指しており、2019年までに、上位20か国入りを目標としているが、そこでは資金調達環境、貿易環境、破綻処理に焦点が当てられている。第2段階では、2017年後半以降、よりビジネス・フレンドリーな環境を創出する観点から、既存の規制に対しさらに拡張的に検証を進めることになる。

汚職によって制約を受ける開発努力

タイでは、汚職は信頼と効率性を損なわせるとして、長い間、取り組みの必要とされる問題として認識されてきた。汚職防止法制は、国家汚職防止委員会（NACC）の独立性と効果性を改善しつつ、拡大と拡張を進めてきた。また、長年に亘り、憲法裁判所、行政裁判所、総会計検査官事務所、公務員汚職防衛委員会（PACC）といった、国家汚職防止委員会の取り組みを補完、支援する他の代理機関の設立も進められてきた。しかし、そうした中、汚職に対する実感はなおOECD諸国及びASEAN諸国の平均を上回っており、国民を対象とした調査では、40％超が公共サービスを受ける際に、賄賂を要求された、贈与を強要された、好意を強要されたと回答している。

汚職防止への取り組みを強化する目的で、タイの国家汚職防止戦略（2017 - 2021年）の第3段階目では、汚職と闘い、汚職のリスクを緩和するための大胆な戦略が扱われている。この文脈において、タイ政府は、近年採用した政府の誠実性に対するOECD推奨措置に基づき、深い分析を実施するために、タイの誠実性に対する検証をOECDに対し願い出ている（OECD, 2018）。この検証によって、タイでは、誠実性及び汚職防止政策の収斂に向け、国家汚職防止委員会と公務員汚職防衛委員会に代表される様々な機関での汚職防止指令の合理化の検討が示唆されている。また、タイでは、公務員における倫理義務と倫理訓練との一層の徹底によっても、汚職防止を図れると思われる。高い倫理基準を設定することで、公共部門そして公的資金の適切な利用における信頼回復につながるだろう。アカウンタビリティを強化し公務員において生じ得る利害対立を管理することを目的に、上級公務員等リスクを担う公務員にまで資産開示対象を拡張することと併せ、国家汚職防止委員会のオンライン監査能力を強化

していくことが考えられる。さらに、タイでは、告発、不正行為、報復の概念を明確に定義し、法律により献身的な告発者に保護を与えることも考えられるが、これにより、公的機関での誠実性問題についてオープンに議論する文化が醸成され、倫理規定違反に対する効果的な告発につながっていくものと思われる。

第5節　タイにおける開発と求められる移行に対する重大な制約要因

したがって、本書における多角的分析を通して、タイの経済、社会、政府、環境における開発上の数多くの制約要因が明らかにされる（図12）。

こうした制約要因を全分野に亘り対応付けると、次の四つの分野横断的開発課題が明らかとなる（図13）。すなわち、高度に構造的な格差、自然災害を伴う資源集約的成長、非公式性と高齢化の中での分断的社会的保護制度、そして公共サービスの管理、提供面での分断した体制である。

タイは、構造的な格差を抱えたままの成長路線から、全国民に質の高い職を保証した成長路線へと移行する必要がある。一人当たりGDP水準を前提とし

図12　持続可能な開発における主要制約要因

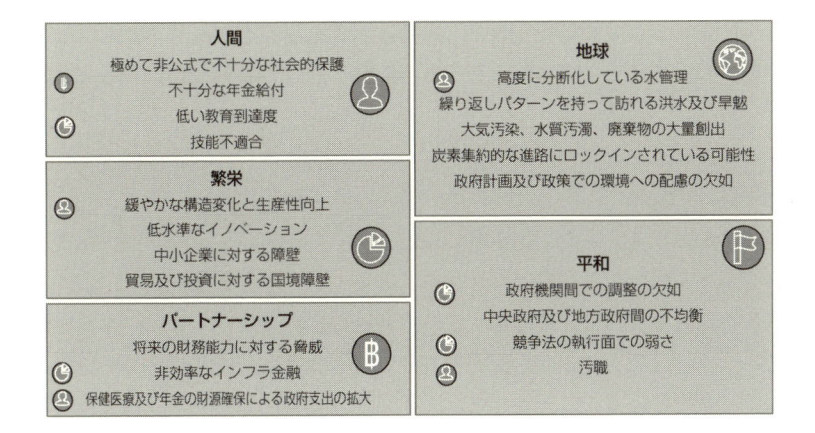

図13　タイの直面する4横断的開発課題

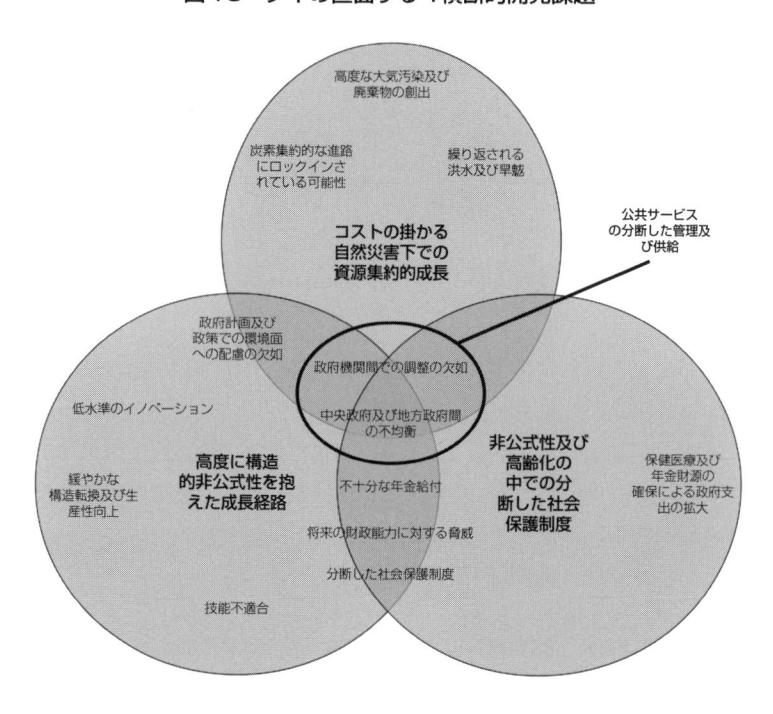

たときに、基礎的な農業部門の雇用割合と不安定な都市における雇用割合には高い不均一性が存在する。非公式性は生産性向上を妨げ、格差を固定し、税基盤を弱体化させる要因となる。国土全体に及ぶ、特に教育、社会基盤、事業支援分野での公共サービスの改善が、経済転換を再活性化し全国民に所得と安全をもたらす新規活動創出の鍵を握るものと思われる。次のOECD国家プログラムでは、タイの成長路線における構造的格差要因との闘いを支援するために、数多くのテーマを挙げ、個々に検証作業を行うものと思われる。

　高齢化が進み非公式性が高水準に維持されるタイでは、より利便性が高く資金的にも恵まれた社会保護制度が重要である。タイの年齢構成は、マレーシアやベトナム等の域内比較対象国よりも、韓国やシンガポールといった高所得国に近い。そのためタイでは、保健医療分野での政策では成功できても、普遍的な社会的保護の確立には苦心してきた。急速に進む高齢化は、長期持続的な財

政と社会的保護の強化の両立を困難にする。タイは、社会的保護の拡張と併せ、労働力縮小を補うために生産性向上に向けた技能の高度化を進める必要があるだろう。

　タイは支出を伴う自然災害に対応しつつ資源集約的成長からの転換を図り、天然資源管理の適切化と災害リスク管理能力の向上、汚染の縮小を実現し、より持続可能な開発へと移行する必要がある。急速に進む都市化、工業化、集約農業化は、水資源及び水質に対する圧力となっている。したがって、政府は、水資源管理を強化し、自然災害への負の影響を制限する必要がある。また大気の質の改善とごみの発生抑制にも関心を示す必要がある。

　最後に、政府機関及び公共サービス提供に関する課題は、先に示した三つの開発課題の交差する部分に存在する。タイの各政府レベルに対し、調整課題の克服とともに、より効果的な統合が求められる状況にある。現行の体制下では、組織的に複合的な状況にあるとともに、中央政府機関及び地方自治体の間で権限及び資源の集権、分権管理の均衡がとれていないことにより、調整問題が増幅され、制度的能力が低下してしまっている。したがって、政治的参加及びアカウンタビリティと併せ、地方の市町自治体における歳入拡大能力及び支出決定能力を確保し政府間での地方財政平衡交付金における透明性と公平性を保証する等、市町自治体への財政面でのエンパワーメントに向けた改革を進めるべきである。

参考文献・資料

Asia Productivity Organization (2017), "Productivity database 2017 Version 1" (database), *www.apo-tokyo.org/wedo/measurement.*

Boarini, R., A. Kolev and A. McGregor (2014), "Measuring well-being and progress in countries at different stages of development: Towards a more universal conceptual framework", *OECD Development Centre Working Papers*, No. 325, OECD Publishing, Paris, *http://dx.doi.org/10.1787/5jxss4hv2d8n-en.*

CEPII (2016), *Institutional Profiles Database 2016*, Centre d'Etudes Prospectives et d'Informations Internationales, AFD and Directorate General of the Treasury (DG Tresor) of the Ministry of Finance, Paris, *www.cepii.fr/institutions/en/*

ipd.asp.

Charoenrat, T. and C. Harvie (2017), "Thailand's SME participation in ASEAN and East Asian regional economic integration", *Journal of Southeast Asian Economies*, Vol. 34/1, pp. 148-174, *http://dx.doi.org/10.1355/ae34-1f.*

Conference Board (2017), "Total Economy Database" (database), May 2017, *www. conference-board.org/data/economydatabase.*

Estospace, E. (5 September 2016), "Thailand's Public Health Ministry beefs up eHealth strategy", *Enterprise Innovation, www.enterpriseinnovation.net/article/ thailands-public-health-ministry-beefs-ehealthstrategy-1541740486.*

Gallup (2017), "Gallup World Poll", *www.gallup.com/services/170945/world-poll.aspx.*

Lee, C., D. Narjoko and S. Oum (2017), "Southeast Asian SMEs and regional economic integration", *Journal of Southeast Asian Economies*, Vol. 34/1, pp. 148-174.

MOE (2017), *Education Development Plan 2017-2021* (in Thai), Ministry of Education, Bangkok, *http://waa.inter.nstda.or.th/stks/pub/2017/20170313-Education-Development-Plan-12.pdf.*

NESDB (2017), *Thailand Human Achievement Index 2017*, Office of the National Economic and Social Development Board, Bangkok, *www.nesdb.go.th/nesdb_en/ download/article/social2-2560-eng.pdf.*

NESDB (2016a), *The Twelfth National Economic and Social Development Plan*, Office of the National Economic and Social Development Board, the Office of the Prime Minister, Bangkok, *www.nesdb.go.th/nesdb_en/download/article/Social %20Press_Eng_Q4-2559.pdf.*

NESDB (2016b), *Public Consultation Guidelines*, Office of National Economic and Social Development Board, Bangkok, *www.nesdb.go.th/download/RIA/public ConsultationEN.pdf.*

NSO (2016), *The Skills Development Survey*, National Statistical Office of Thailand, Bangkok, *http://web.nso.go.th/en/survey/desire/data/Full_Report2016.pdf.*

OECD (2018), *OECD Integrity Review of Thailand: Towards Coherent and Effective Integrity Policies*, OECD Publishing, Paris, *http://dx.doi.org/10.1787/9789264 291928-en.*

OECD (2017a), *Opportunities and Policy Challenges of Digitalisation in Southeast Asia*, OECD Publishing, Paris, *www.oecd.org/southeast-asia/events/regional/ forum/Forum_Note_Digital_Transformation_STI.pdf.*

OECD (2017b), *Services Trade Policies and the Global Economy*, OECD Publishing,

Paris, *http://dx.doi.org/10.1787/9789264275232-en.*

OECD（2017c）, *OECD Guidelines on Measuring Trust*, OECD Publishing, Paris, *http://dx.doi.org/10.1787/9789264278219-en.*

OECD（2017d）, "National Accounts"（database）, *http://dx.doi.org/10.1787/na-data-en.*

OECD（2017e）, "Revenue Statistics"（database）, *http://dx.doi.org/10.1787/19963726.*

OECD（2017f）, "FDI Regulatory Restrictiveness Index"（database）, *www.oecd.org/investment/fdiindex.htm.*

OECD（2017g）, "Measuring Distance to the SDGs Targets. An assessment of where OECD countries stand", *http://www.oecd.org/sdd/OECD-Measuring-Distance-to-SDG-Targets.pdf.*

OECD（2016）, *Trafficking in Persons and Corruption: Breaking the Chain*, OECD Publishing, Paris. *http://dx.doi.org/10.1787/9789264253728-en.*

OECD（2015）, "PISA Database"（database）, *www.oecd.org/pisa/data/2015database.*

OECD（2014）, *Southeast Asian Economic Outlook 2013 – with Perspectives on China and India*, OECD Publishing, Paris, *http://dx.doi.org/10.1787/saeo-2013-en.*

OECD（2013）, *Design and Delivery of Defined Contribution（DC）Pension Schemes. Policy challenges and recommendations*, Cass Business School, London, *www.oecd.org/daf/fin/private-pensions/DCPensionDesignHighlights.pdf.*

OECD（2012）, *The Recommendation of the OECD Council on Regulatory Policy and Governance*, OECD Publishing, Paris, *www.oecd.org/governance/regulatory-policy/49990817.pdf.*

OECD（2011）, *How's Life? Measuring Well-being*, OECD Publishing, Paris, *http://dx.doi.org/10.1787/9789264121164-en.*（『OECD幸福度白書：より良い暮らし指標：生活向上と社会進歩の国際比較』OECD編著、徳永優子, 来田誠一郎, 西村美由起, 矢倉美登里訳、明石書店、2012年）

OECD and UNESCO（2016）, *Education in Thailand: An OECD-UNESCO Perspective*, Review of National Policies for Education, OECD Publishing, Paris, *http://dx.doi.org/10.1787/9789264259119-en.*

Transparency International（2016）, *2016 Corruption Perceptions Index*, Transparency International, Berlin, *www.transparency.org/cpi2016.*

Vimolsiri, P.（2017）, "Thailand 20 Year National Strategic Plan and reforms", Presentation at the Thailand Focus 2017 Conference, Stock Exchange of Thailand, Bangkok, *www.set.or.th/thailandfocus/files/20170829_Dr_Porametee.*

pdf.

World Bank (2017a), "World Development Indicators" (database), Washington, DC, *https://data.worldbank.org/data-catalog/world-development-indicators.*

World Bank (2017b), "Deforestation and biodiversity", *World Development Indicators, http://wdi.worldbank.org/table/3.4#.*

World Economic Forum (2016), "Network Readiness Index" (database), *http://reports.weforum.org/network-readiness-index.*

第1章

人間
── 全ての人間のより良い生活に向けて

　持続可能な開発のための2030アジェンダにおける人間分野では、その全ての側面における生活の質に焦点を当て、全ての人間が尊厳と平等に基づき、そして健康的に、その有する能力を発揮できる環境の確保に向けた国際社会の決意を強調している。

　この数十年におけるタイの低所得国から上位中所得国への成長の過程は、開発面でのサクセス・ストーリーとして広く称賛の下に受け入れられている。貧困は感銘的なまでに低減し格差も低減傾向にあるが、未だ広くみられる非公式性の低減と遅々として進まない大きな地域間格差縮小に向けた取り組みが一層求められるとともに、非公式労働者を中心として生活水準の一層の改善が求められている。こうした目的の実現に向け、政府は、1）公式化の促進に向けた租税及び規制の検討、2）社会的保護制度に対する非公式労働者の参加率向上、3）貧困世帯及び高齢者に対する適切な社会的セーフティネットの拡張、4）高齢化と近代化の進む社会に対する保健医療制度の整備、5）特に地方での教育制度の改善、を進める必要がある。また、女性の政治への参加とジェンダーに起因した暴力の低減を確実に進めていくためにも、なお改善に向けた努力が必要である。

はじめに

　社会的進歩は、経済システムの機能化を踏まえ、多様な経験と生活条件を有する人間を取り巻く福祉的環境の改善において観察されてきた。この数十年間にみられたタイの「開発における奇跡」は、国民に対する多くの福祉的環境の改善の形で現れている。貧困と格差は劇的に縮小し国民皆保険が実現するとともに、持続可能な開発目標（SDGs）の前身であるミレニアム開発目標（MDGs）の一連の時限目標では、初等教育の完全普及、栄養障害の縮減、清潔な飲料水及び公衆衛生の保障等が実現している。SDGsの人間分野での一層の進展を図るには、未だ残される地域間格差を縮小し、大規模に存在する非公式労働者を中心に、全国民の現在及び将来における福祉の継続的改善を進めるための政策活動が必要となる。

　本章では、タイにおける生活水準及び格差面での進展について検証する。また、包摂的成長の推進における優先分野、すなわち市場労働、社会的保護、教育制度の成果についても評価を行う。

第1節　一層の包摂的な成長に向けて

　タイでのこの数十年間に亘る貧困と格差における改善には目を見張るものがあったが、第12次国家経済社会開発計画（2017 - 2021年）（以降、第12次計画）ではなお優先度の高い課題として扱われている（NESDB, 2017b）。成長の持続化によって生活水準の向上がもたらされ、1990年以降、世帯支出額は一人当たりGDPの上昇と歩調を合わせ、2倍を上回る水準にまで上昇している（図1.1A）。同期間に貧困ラインを下回る国民の割合は、60％から7％へと急速に低下している（図1.1B）。1日3.1米ドル未満で生活している国民の割合が1％にも満たない中、極度の貧困はほとんど解消されている（World Bank, 2017a）。他の多くの新興経済諸国とは対照的に、世帯の可処分所得に関するジ

図1.1　拡大する家計支出と縮小する貧困と格差

A　GDPと家計支出

B　貧困

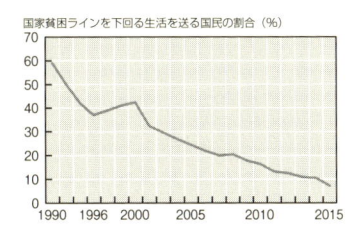

C　所得格差

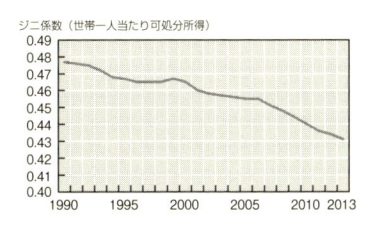

D　所得格差の国家間比較
ジニ係数；世帯一人当たり可処分所得
2016年（入手不能な場合は最近年）

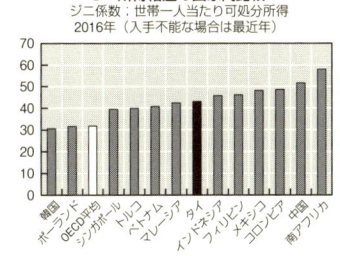

StatLink：http://dx.doi.org/10.1787/8889336

注：A：世帯一人当たり消費支出は2010年PPPに基づき算出されている。一人当たりGDPは2011年PPPで換算し
　　た米ドルで評価されている。D：中国（2014年）、インドネシア（2015年）、マレーシア（2014年）、OECD平
　　均（2014年）、フィリピン（2015年）、ポーランド（2015年）、南アフリカ（2015年）、タイ（2013年）、ベト
　　ナム（2014年）を除いた全諸国のデータは2016年データを参照している。
出典：A・B：World Bank（2017a）, World Development Indicators, *https://data.worldbank.org/data-catalog/world-
　　development-indicators*; C・D：Solt（2016）, "The Standardized World Income Inequality Database", *Social
　　Science Quarterly*, Vol. 97（5）, pp. 1267-1281; OECD（2017a）, Income Distribution Database, *www.oecd.
　　org/social/income-distribution-database.htm.*

ニ係数でみた格差水準は低下傾向にある（図1.1C）。世帯の可処分所得におけ
る格差は、インドネシア、コロンビア、中国、南アフリカといった比較対象国
よりは低水準にあるが、OECD平均をかなり上回る水準にある（図1.1D）。他
方で、2017年における上位10％の世帯が富を占める割合は概算で約79％と富
の格差は明白であり、データ入手可能ないずれの比較対象国をも上回る水準に
ある（Credit Suisse, 2017）。

1.1　大半の比較対象国と比べ急速な改善のみられない生活水準

　タイにおける現在の全世帯の消費水準は他の比較対象国に対し低水準にあり、2010年代前半の消費水準及びGDP水準は、急速な成長をみせる他の域内比較対象国に対し後れを取っている（図1.2）。経済状況に関する調査では、現在の所得水準で快適な生活を送れているとするタイ人は11％のみである（図1.3）。さらに、タイにおける貧困削減の経緯は感銘的なものであったが、国家貧困ラインを20％程しか上回らない国民は670万人と全体の10％近く存在し、そうした国民は貧困生活に後戻りしかねない状況にある。国民の過半数は地方に住み、農業に従事している。タイの貧困者の4分の1近くが子供であり、75歳を上回る国民の15％が国家貧困ラインを下回る生活を余儀なくされている（United Nation, 2017; World Bank, 2016a）。

　今後も引き続き観察されることの予想される近年の経済成長は（第2章）、タイにおける貧困削減と格差解消をさらに進めるものと思われる。仕事の質の改善と雇用機会の拡大、社会的セーフティネットの拡充、教育到達度の改善に向けた政策を、特に後れた地域を中心に進めていくことが政策上優先されることになるが、こうした政策を通して成長が確実に全国民の福祉の向上に結実していくものと思われる。

**図1.2　大半の比較対象国を下回り、近年成長率を低下させている
タイの世帯消費支出**

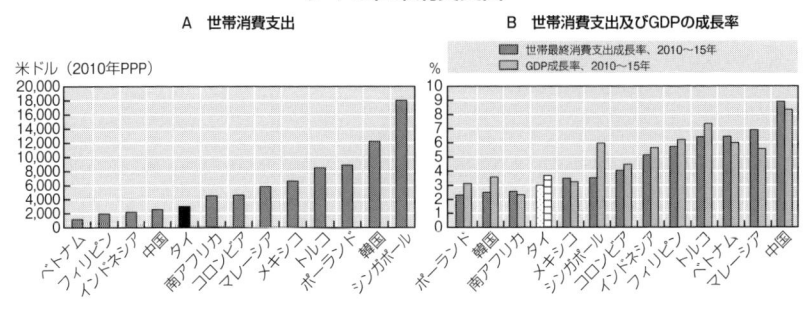

StatLink : http://dx.doi.org/10.1787/888933691439

出典：World Bank（2017a）, World Development Indicators, *https://data.worldbank.org/data-catalog/world-development-indicators.*

図1.3　現在の所得に全く満足を示さないタイ国民
現在の所得下で快適に生活していると回答した者の割合、2016年

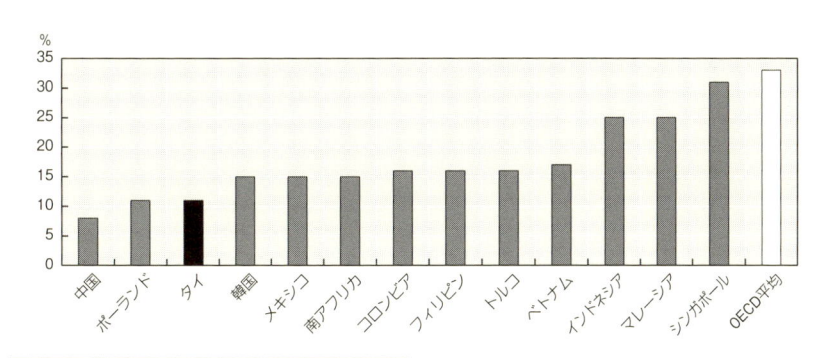

出典：Gallup（2017）, Gallup World Poll, *www.gallup.com/services/170945/world-poll.aspx.*

1.2　北部、北東部、南部における後れ

　タイの所得格差は地域的側面が強く、北部、北東部、南部地域は、繁栄したバンコク及び中央部に対し後れを取る状況にある。タイの豊かな地域と貧しい地域との一人当たりGDPにおける格差はこの20年間に半分にまで縮小したが、バンコク首都圏（BMR）居住者は北部の居住者と比べて6倍近く豊かである（しかし、価格水準は貧しい地域程低い傾向があるので、生活水準における格差はこれ程までは大きくないと思われる）。この格差は、経済成長の停滞した2014年に再度拡大に向かっている（図1.4）。また貧困率も、北東部、北部、南部奥地では、国家平均を上回る水準で推移している（World Bank, 2016a）。

　地域間格差は、他の福祉面でも観察される。2017年の人間到達度指数をみると、バンコク首都圏は相対的に貧しい他の地域と比べ、雇用条件、教育到達度、保健、運輸・通信インフラで高いスコアとなっている（図1.5）。大都市では居住及び汚染コストが高いため、他の地域の方が住居及び生活環境では高いスコアとなっている。政府の意思決定権限、予算配分のどちらも集中するバンコク中心の体制と併せ、質の高い医療や教育、雇用も、地域間格差の背景要因となっている（第3章・第5章）。第12次計画でも指摘されるように、タイで

図1.4 縮小してもなお明確に存在する域内格差

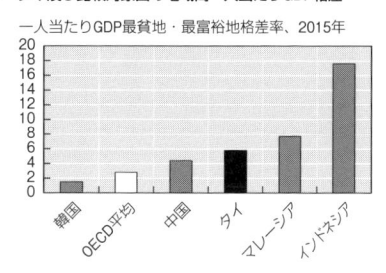

A タイの地域間一人当たりGDP格差の推移

一人当たりGDP最貧地・最富裕地格差率

B タイ及び比較対象国の地域間一人当たりGDP格差

一人当たりGDP最貧地・最富裕地格差率、2015年

StatLink：http://dx.doi.org/10.1787/888933691477

注：一人当たりGDPの地域間格差は、常に最富裕地をバンコク、最貧地を北東地域とする地域間比率を表している。そこに暗示される生活水準面での地域間格差は、貧しい地域程価格水準が低くなる傾向のあることを考えると誇張されている可能性がある。B：韓国（2013年）、中国（2013年）、インドネシア（2012年）を除き、全ての諸国で2014年のデータが用いられている。

出典：A：NESDB（2015）, Gross Regional and Provincial Product Chain Volume Measures, *www.nesdb.go.th/ nesdb_th/main.php?filename=gross_regional*; B：執筆者算定。データ源：OECD（2013a）, OECD Regional Database, *http://stats.oecd.org/Index.aspx?DataSetCode=REGION_DEMOGR*; national statistical office data from Indonesia, Malaysia and Thailand.

図1.5 ほとんどの福祉分野で他の地域を凌駕しているバンコク首都圏
到達度：0（最低）～1（最高）、2017年

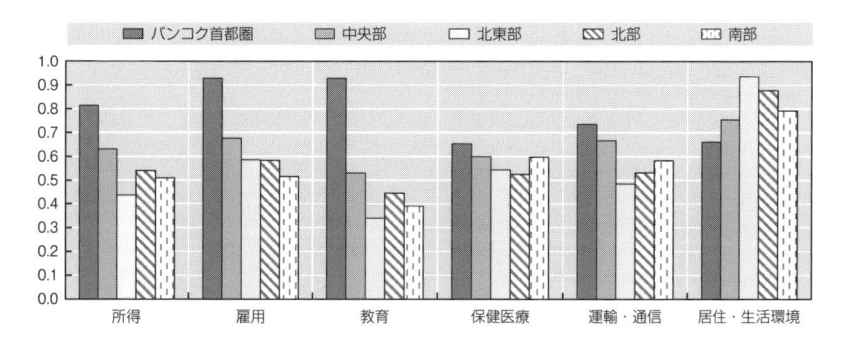

StatLink：http://dx.doi.org/10.1787/888933691496

注：人間到達度指数は、県の中で観察される最低値から最高値までの成果を使い地域間での到達度の成果を比較する総合指数である。ここでのスコアは関連準指数（雇用に関する準指数であれば、社会保障の対象となっている雇用者、労災、失業、不完全就業率等）に関する一連の指数により計算される。本書の目的に合わせ、準指数が持続可能な開発目標（SDGs）に密接に関連している、所得、雇用、教育、保健医療、運輸・通信、居住・生活条件に関してのみ準指数に基づきスコアが示されている。ここでは、中央部からバンコク首都圏は切り離して別に示してある。

出典：NESDB（2017a）, Thailand Human Achievement Index 2017, *www.nesdb.go.th/nesdb_en/download/ article/social2-2560-eng.pdf.*

は地域間格差の縮小が社会的結束の向上につながる傾向にある。

第2節　政策上優先される質の高い雇用機会の創出

　経済成長が福祉の改善及び貧困削減にどのようにつながるかは、労働市場の調整に大きく左右される。1990年以降、タイの労働力は3,200万人から3,900万人近い水準にまで拡大をみせたが、他方、アジア金融危機直後でさえも失業率は低水準で推移していた。現在、労働参加率は、OECD平均よりも高い水準にあるが（図1.6）、失業率は低いものの、労働力の多くが非公式部門で働いている。

　失業率は労働力の約1％と例外的に低い水準にはあるが、雇用状態の不安定な非公式雇用が幅を利かせている。その割合は近年低下傾向にはあるが、56％となお高い水準にある（図1.7）。また国際的にみても、タイは非公式雇用が広く普及している（図1.8）。そうした非公式労働力とその扶養家族は全人口の76％にも及んでおり、大半が社会的安全保障の対象から外されている（ILO,

図1.6　OECD平均を上回る労働参加率
年齢層ごとの労働参加率、2016年

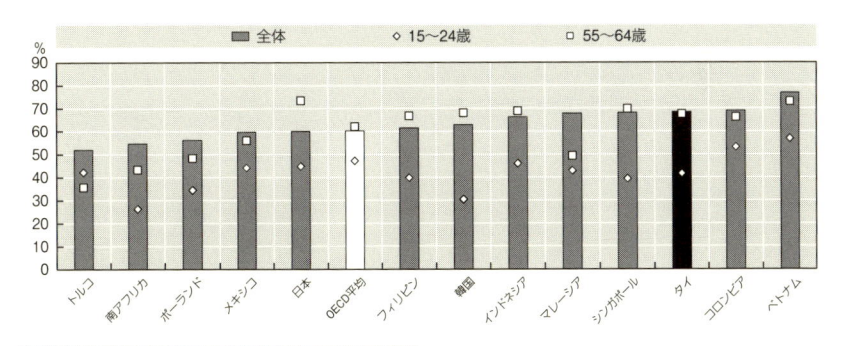

StatLink : http://dx.doi.org/10.1787/888933691515

出典：ILO（2017a), Key Indicators of the Labour Market, *www.ilo.org/global/statistics-and-databases/research-and-databases/kilm/lang--en/index.htm*; OECD（2017b）, OECD Labour Force Statistics, *www.oecd.org/std/labour-stats*.

図1.7 高い割合で存在し農業及びサービス分野に集中している非公式労働者

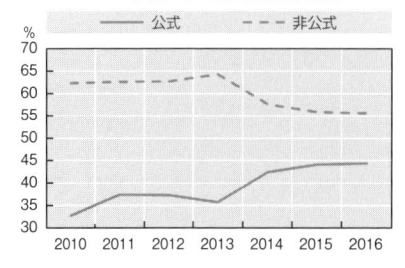

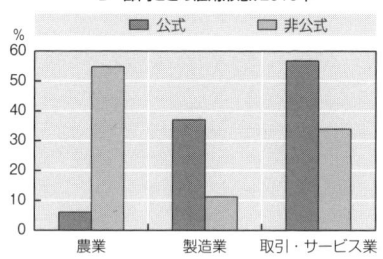

注：労働関連の社会保障制度により保護されない労働者は、非公式雇用労働者として分類されている。
出典：NSO（2016a）, Informal Employment Survey 2016, *http://web.nso.go.th/en/survey/lfs/imp/imp09.htm.*

図1.8　国際水準よりも高い割合にある非公式雇用

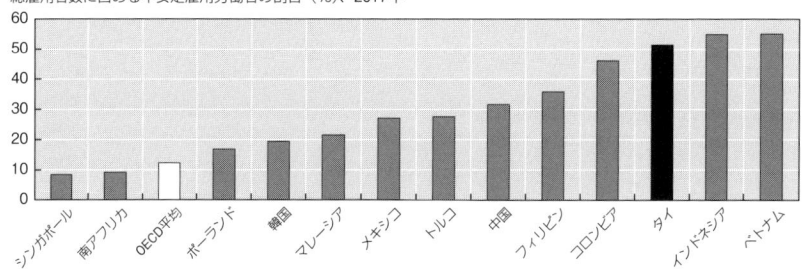

注：給付を得ている家族労働者及び自己採算労働者は、不安定雇用労働者として分類されている。
出典：World Bank（2017a）, World Development Indicators, *https://data.worldbank.org/data-catalog/world-development-indicators.*

2017b）。また、タイにおける非公式性は、地方の現象というだけではない。農業及び漁業で非公式労働力の55％を占めるが、サービス部門でも非公式労働力の3分の1が従事している（特に、卸売業及び小売業、ホテル・レストラン業等の分野）。また、ASEAN近隣諸国からの移民の大半が、非公式労働力として雇用されている（コラム1.1）。

コラム 1.1　タイにおける移民労働

　タイは、特にカンボジア、ラオス、ミャンマーといったASEAN諸国からの移民労働者の集中する立地である。2016年には、タイの労働力の9％を構成する350万人以上の移民が（主に非公式に）労働者として従事している。農業、漁業、建設業、屋内サービス業、製造業、小売業といった多くの分野で未熟練労働力に依存する状況にあるが、移民労働者は相対的に若く、高齢化の進むタイでは活力ある労働力としてみられている。また近年発刊された、移民のタイ経済への貢献についてまとめたOECD報告書において、外国人労働者の存在がタイ人雇用を圧迫してはいないことが明らかにされたことは重要である。

　移民の約3分の1が国内貧困ラインを下回る生活を余儀なくされ、過半数が不法入国者である状況は、彼らを人身売買に対し脆弱な状態においている。タイ移住者の管理、移民労働者の権利保護、国民への統合促進を目的とした効果的な法執行体制が欠如する中、これまで移民労働者に対する統治は場当たり的に行われてきた。近年、行政府によって不法移民労働者の雇用に対し厳しい懲罰が下されて以降、大半をミャンマー人移民とする何万という不法入国労働者の国外退去が報じられている。

出典：ILO（2016a）；IOM（2017）；OECD（2017c）；UNDP（2014）；World Bank（2016a）.

2.1　対象の明確な改革パッケージによる非公式性の低減

　非公式性には、労働力を公式化するための租税面、社会保障面でのインセンティブ／ディスインセンティブ、厳正な賃金体系、労働者の低生産性、全体的経済構造といった数多くの助長要因が存在する。さらに、大規模な非公式経済を抱える国家では、厳格な事実上の雇用規制を備える傾向にある（OECD, 2004）。実際、タイの雇用保護法制は、OECD諸国の平均的な水準よりも厳格であり、特に常勤労働者の普通解雇からの保護、臨時雇用に関する規制は、OECD加盟国及び中国とインドネシアを除いたほとんどの域内諸国と比べ厳格なものとなっている（図1.9）。したがって、労働市場政策における柔軟性の向上が、非公式性の低減につながると考えられる。他の国では、これまでも、こ

図1.9 相対的に厳格なタイの雇用保護政策

0（ほぼ制限なし）〜6（極めて制限的）、2014年

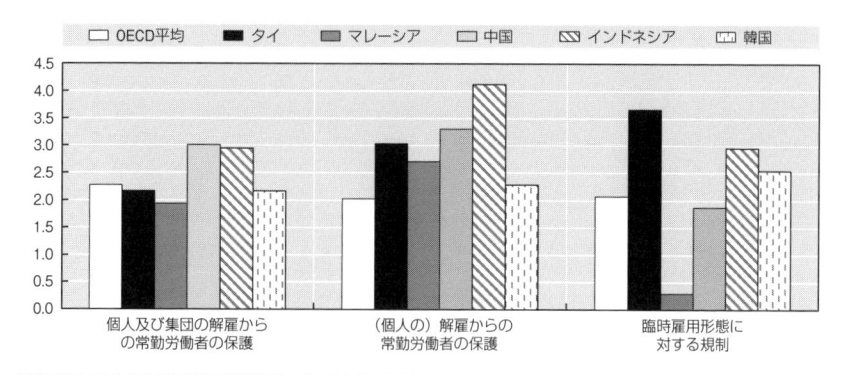

StatLink：http://dx.doi.org/10.1787/888933691572

注：タイ（2014年）、中国（2012年）を除いた国については、2013年のデータを用いている。OECD雇用保護制度指数では、労働者を個人または集団的に解雇する際の手続及び費用を測るとともに、有期もしくは臨時での派遣労働契約による雇用手続を測っている。

出典：OECD（2017e）, Indicators of Employment Protection Legislation, *www.oecd.org/els/emp/oecdindicatorsof employmentprotection.htm.*

うした政策的介入が非公式性低減に寄与してきた。例えば、ブラジルでは、法律の執行力強化を狙い労働監督官に対するインセンティブ・システムの改善を図るとともに、規制緩和を進め税・保険料支払いシステムを通じた小企業及び零細企業を対象とした減税及び社会保障保険料減額とを組み合わせて実施している（OECD, 2017b）。また、コロンビアでも、保健医療費及び年金支払いを一元化することで公式化を推進している（Calderón-Mejía and Marinescu, 2012）。

2.2　部分的な労働者保護でしかない最低賃金法制

　タイでは、1970年代半ばに地域的最低賃金が導入されたが、バンコク地区と地方との最低賃金の整合化により2013年に国内最低賃金率は1日300バーツに移行している。これにより、地方では最低賃金での雇用が大規模に行われることとなった。これに対して政府は、中小企業に対する減税と政策融資により、関連する影響の緩和に乗り出している（OSMEP, 2013）。こうした経緯の中で、

2017年1月には各地域で異なる最低賃金が再導入されることとなり2018年4月より実施されることとなったが、308バーツから330バーツという狭い範囲での実施により生活費の違いは部分的にしか反映されていない。OECDでの経験からは、最低賃金には地域的経済条件の違いが考慮されるべきである。また、そこでの最低賃金水準における調整は、スケジュールに則り、低技能労働者及び生活条件に対する潜在的影響を目標に照らして評価しつつ、適宜、フィードバックしながら進めるべきであるとされている（OECD, 2015a）。現行の最低賃金は、インドネシア、フィリピン、マレーシア等のASEAN諸国よりも低く、製造業部門における単純労働者の平均賃金の63％の水準にある（JETRO, 2017）。

　しかし、実際には、タイで最低賃金率の確保が遵守されないケースが相当程度存在し、一般的にも労働者保護措置の執行面での改善が求められている。2013年には、民間部門労働者の3分の1、若年低技能労働者の半数超が最低賃金率を下回る賃金率で労働に従事している（Lathapipat and Poggi, 2016）。低生産性（第2章）と併せ、（以下に述べる）労働市場における労働者にとって不適切な教育・専門資格制度が低賃金の背景となっていることが考えられる。他方で、OECD加盟国との比較で、開発の進んでいない別の労働者保護措置には改善の余地が存在する。例えば、失業保険（非自発的失業者の場合、6か月で50％の欠員補充率）は公式部門の雇用者しか使用できない。2010年の労働組合組織率は総雇用者の3.6％と、2014年のOECD平均16.7％だけでなく、マレーシア（2013年、8％）、インドネシア（2009年、8.5％）のASEAN諸国と比較しても低い水準にある（ILO, 2015；OECD, 2016a）。

第3節　一層の社会的保護の改善

　包摂的な社会的保護制度では、児童手当、出産給付金から失業保険、労働災害保険を通じた労働者支援、さらには高齢者に対する年金の支給まで、一生涯に亘って支援される。またそこには、医療保障給付、障害手当による支援も含まれる。今後、数年間のタイの社会的保護制度での主だった課題としては、大規模に存在する非公式部門への一層の対象の拡大と低所得層の人々への社会的

セーフティネットの拡張、そして高齢化と疾患内容の変化を考慮に入れた年金及び保健医療制度の適用を挙げることができる。

3.1 非公式労働者及び極度の社会的弱者へのより良い支援の必要性

タイでの社会保障制度の進化は、結果として、相対的に包摂的だが分断した制度をもたらしている。最近の非公式部門の労働者を対象としたイニシアティブは、公式労働者及び公務員を対象とした既存のプログラムには組み入れられてこなかったが、独立した形で成立している（コラム1.2）。多くが別々の政府機関の管理下におかれるが、複数の制度が混在する状況は、非効率性と管理上の負担を増大させることになるとともに、必ずしも制度間での給付の移動が可能な訳ではない。

制度間での簡素化は、社会的に最も弱い立場の者への支援を改善するものと思われる。情報の欠如と規制のわかりにくさは、障害を抱えていたりHIV/AIDSを患っていたりする地方の貧しく脆弱な国民が、利用できるはずの支援を受けることを困難とする。中心地の届け出地までの距離、政府職員とのやり取りでの文化的抵抗も複雑性の要因である（ADB, 2012）。第12次計画で述べられているように、前進に向けて検討すべき重要な課題として、社会的弱者に対する給付の簡易化と対象者への適切な通知システムの確立がある。この点については、提出文書及び届出・請求地に柔軟性を持たせ、オンライン届け出システムを開発することにより、届け出手続を簡易化することが役立つだろう。

コラム 1.2　タイにおける社会保障制度の進化

タイの社会的保護制度は成長し進化を遂げてきたが、数多くの非常に多様な制度を備えており、包摂的ではあっても分断的な制度となっている。社会保険料に基づく制度、税金を財源とする制度、また部分的に任意ベースの社会保険制度に基づく制度も存在する。受給資格は、公務員、公式労働者、大半を占める非公式労働者を対象とした多様なプログラムを基に、雇用状況と明確に関連付けられている（表1.1）。

表1.1　各集団での社会保障の概観

制度形態	給付の種類	制度	機関	加入形態	創設	財源
政府職員						
老齢給付	老齢年金もしくは一時金	政府職員の年金制度	財務省監査総局	強制	1951	租税収入
老齢給付	老齢一時金	政府年金基金	政府年金基金理事会	1998年以降に政府職員となった者については任意、それ以外は強制	1997	労働者及び政府職員からの保険料
保健医療	医療	公務員医療給付制度	財務省監査総局	強制	2010	租税収入
公式部門労働者						
労働年齢給付	業務災害及び業務上の疾病給付	労働者災害補償基金	労働省社会保障事務局	強制	1994	雇用主からの保険料
労働年齢及び老齢給付	非職業災害もしくは疾病給付、出産手当、就業不能給付、死亡給付、失業手当、老齢給付、児童扶養手当	社会保障基金（SSF）（社会保障法第33条）	労働省社会保障事務局	強制	1990	雇用主、労働者、政府職員からの保険料
労働年齢及び老齢給付	非職業災害もしくは疾病給付、出産手当、就業不能給付、死亡給付、失業手当、老齢給付、児童扶養手当	社会保障基金（SSF）（社会保障法第39条）	労働省社会保障事務局	以前、社会保障法第33条に基づく保険加入者であった者については任意	1990	労働者、政府職員からの保険料
老齢給付	退職金もしくは雇用終了時一時金	退職金積立基金	証券取引委員会	任意	1987	雇用主、労働者からの保険料
非公式部門労働者						
労働年齢及び老齢給付	パッケージ1：疾病給付、就業不能給付、死亡給付／パッケージ2：パッケージ1＋老齢一時金	社会保障基金（SSF）（社会保障法第40条）	労働省社会保障事務局	任意	1990	政府職員からの保険料、2010年以降労働者からの保険料
保健医療給付	医療	普遍的医療制度（UCS）	保健省国民医療保障機構	普遍的	2002	租税収入
労働年齢給付	就業不能手当	就業不能者向け普遍的無負担給付制度	内務省傘下の地方自治行政機関	普遍的	2010	租税収入
労働年齢給付	HIV/AIDS手当	HIV/AIDS感染者向け普遍的無負担給付制度	内務省傘下の地方自治行政機関	普遍的	2003	租税収入
老齢給付	老齢給付	老齢者向け普遍的無負担給付制度	内務省傘下の地方自治行政機関	老齢年金の非受給者については任意	2009	租税収入
老齢給付	老齢年金もしくは一時金	国民貯蓄基金	財務省財政政策局		2015	労働者、政府職員からの保険料

制度形態	給付の種類	制度	機関	加入形態	創設	財源
		貧困生活者				
出産手当	児童養育手当	新生児を抱えた貧困家庭向け児童扶養手当	社会開発人間安全保障局	普遍的	2015	租税収入
労働給付	生活・通勤手当	低所得者向け福祉カード	財務省財政政策局	普遍的	2017	租税収入

出典：CEIC; NESDB; Bank of Thailand; Public Debt Management Office.

　2002年以降、非公式労働者は社会的保護制度を漸次的に利用できるようになってきている。国民医療保障制度（UCS）は、普遍的で基礎的な保健医療制度に向けた動きを象徴するものである。2009年には、タイで高齢者を対象に普遍的な月次の老齢給付制度が創設された。2010年にもタイ政府は、病気や就労不能状態、死亡時の一括払い老齢年金を扱う社会保障基金（SSF）への任意申し込みにおいて、一部、補助金を支給することで、非公式労働者及び自営業者にまで社会保障制度を拡張している。また、任意申し込みの非公式労働者の利用できる適合ベースでの運営による国民貯蓄基金も、2015年に創設されている。

注：表1.1には、SEPモデルで扱っている村、教育ローン、学校給食及び学校教材補助プログラム、ホームレスを対象とした住居プロジェクト、共同体社会支援センター、あるいは移民を対象とした社会的保護制度は含まれていない。多くの制度では登録を求められるため、法的参加権があっても実際の受給対象者となる訳ではない。

出典：Compilation based on EIU（2015a）；Schmitt, Sakunphanit and Prasitsiriphon（2013）；United Nations（2017）；UNICEF（2016）；World Bank（2012）.

　特に、近年、貧困世帯を対象に資力調査に基づく給付が新規創設されたことは、格差縮小に向けての励みとなる。域内他国同様、タイでも公式雇用と結び付けられ大規模普遍的とされる社会保障制度は、非貧困者に偏って給付されている（図1.10）。また同様に、タイにおける社会的保護プログラムの再分配効果は、OECD平均に対して低い水準にある。世帯可処分所得のジニ係数における両者間の相違は、社会移転前には0.9％ポイント、社会移転後には15.2％ポイントである（Solt, 2016）。この点に関して、政府は2015年に新生児を抱える貧困家庭を対象に、児童支援助成制度を創設している。もっと最近には、生活給付を備えたデジタル福祉カードや指定された店舗での消費財の入手、そして低所得者向けの交通費の支給が導入されている。第12次計画の下、年間所得

図1.10　非貧困者に偏った社会的保護制度
社会保護指数、2013年

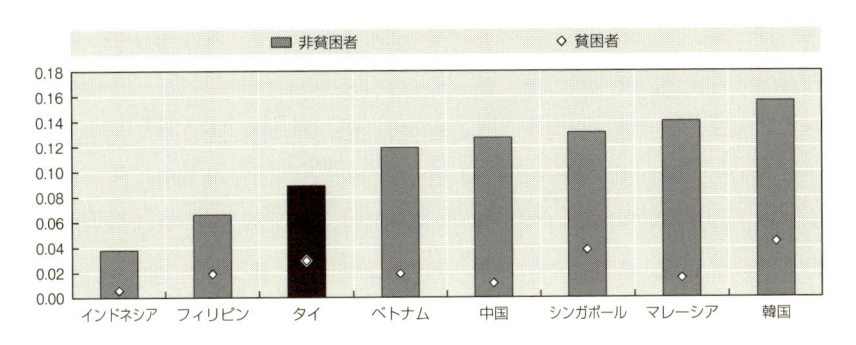

StatLink : http://dx.doi.org/10.1787/888933691591

注：社会保護指数（SPI）は、社会保護に関する総支出額を全社会保護プログラムの意図された給付受取人の総数で
　　除した値を貧困ライン支出額（国家間で比較可能なように、一律、一人当たりGDPの25％としてある）により
　　正規化したものである。したがって、SPIが0.10の場合、これは一人当たりGDPの2.5％に相当する。SPI値が
　　高ければ、より良い社会的保護が与えられていることを意味している。
出典：ADB（2013）, The Social Protection Index Assessing Results for Asia and the Pacific, Mandaluyong.

が10万バーツ（3,000米ドル）に満たない国民の1,200万人まで、この基幹プロ
ジェクトを利用する資格が与えられる。サービス提供開始以降、報告のあった
カード読み取り機の技術的問題が解決されるのであれば、福祉カードの導入が
公共サービスのデジタル化の成功を象徴するものとなろう。

3.2　非公式部門の労働者を中心に改善の求められる年金制度

　強制的年金プログラムを利用する労働者は一部に留まるが、現在、給付面で
の高齢者の年齢問題に対し十分な対応が取られていない。社会保障基金（SSF
第33条及び第39条）に基づく公式部門労働者の年金の所得代替率は50％近く
比較的高い水準にあるが（図1.11）、この制度の対象とされるのは現役労働者
全体の3分の1だけである。60歳から74歳の国民の13％、75歳を超える国民
の14.6％が国家貧困ラインを下回る生活を送る状況で、現在、既に高齢者貧困
率は国民平均よりも高い状態にある（World Bank, 2016a）。さらに、タイ人の
42％が退職後、生活水準を維持できず、3分の1は貯蓄のない生活を余儀なく
されている（EIU, 2015a）。

図1.11 公式部門で50％に近いタイの年金補充率
公式部門平均稼得額に対する純年金補充率、2013年

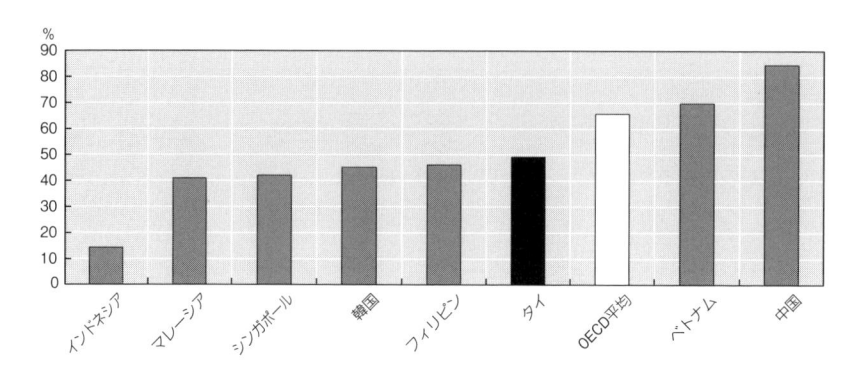

StatLink：http://dx.doi.org/10.1787/888933691610

出典：OECD（2013b）, *Pensions at a Glance Asia/Pacific, www.oecd-ilibrary.org/finance-and-investment/*
pensions-at-a-glance-asia-pacific-2013/netreplacement-rates_pension_asia-2013-6-en.

近年、非公式労働者は退職後に備え、任意の年金・貯蓄制度を奨励されるようになったが、参加率、保険料率にはさらに改善努力が求められる。SSF第40条の下では、非公式労働者は年金プログラムを選択することが考えられるが、2016年の全体的申し込み率は10.4％と低い水準にある（SSO, 2017）。労働者側の100バーツの保険料と併せ、2010年に特別に月額50バーツの政府補助金が導入されたことで参加率は上昇しているが、現役労働者の54％しか規定の保険料を支払っていない（Schmitt et al., 2013）。この解決策を模索するうえで、これまでの国際的な行動科学の応用例に倣うことができるだろう（コラム1.3）。

コラム 1.3　退職後の備えの増大への行動科学の活用

年金及び貯蓄制度の参加率と保険料率の上昇をいかに実現するか、有益な教訓を求めて、世界中の政策立案者の間で計画策定及び執行の改善に向けて、新興分野で取り入れられている行動科学分野での知見の活用が進められている。行動科学分野では、人間の行動をより的確に理解するために、組織行動及び集団行動の

分野に学ぶとともに、心理学、認知・神経科学、デザイン思考分野での洞察から示唆を得てきた。人間の意思決定に関する伝統モデルでは人間はあらゆる選択肢を連続的に検討し自分にとって最善の選択を行うとされる一方で、退職後の蓄えのような複雑な意思決定に伴う現実的な事象については予測不能な場合が多いとされる。

　特定の国家及び政策文脈への制度適用が適切な検証の下に行われていることを仮定し、幾つかの成功例を通して、政策立案での認知バイアスを考慮し、どのように低コストでの制度適用が可能となるのか明らかにしてくれている。

- ケニアでは、週ごとに預金額の確認ができるように金額の刻印される金色のコインを配布するようになってから、任意貯蓄制度での非公式労働者の保険料は2倍に増えている。コインを使い視認性を高めたことで貯金意識が高まり、分担金拠出形式制度よりも良い結果を生んでいる。
- イギリスでは、雇用者が積極的に年金制度への申し込みを選択しなくてはならないもの（加入）から、雇用者が職場の年金制度に自動的に加入させられるが希望により脱退可能な中途解約制度（脱退）へと転換することで、雇用者の年金貯蓄率の上昇に成功し、脱退率は大幅に低減している。
- フィリピン、ペルー、ボリビアでは、貧困者で目標達成型貯蓄口座に最近申し込みを行った銀行のクライアントに対し、目標貯蓄額を達成できるように、特定対象者へのテキスト・メッセージによる支援が進められている。このメッセージでは、貯蓄目標と併せ、金銭的インセンティブに言及することで効果を高められる。

出典：Akbas et al.（2016）；Fertig, Lefkowitz and Fishbane（2015）；Halpern and King（2016）；Karlan et al.（2016）；OECD（2017f）.

　国民貯蓄基金は、退職後の備えを増やしSSF下での長期高齢者保護条項の不備を補完する目的で2015年に創設された（Knodel et al., 2015）。SSFと国民貯蓄基金ではそれぞれ管轄する省庁が異なり、個々に市場を通して個別プログラムを提供しているため、両制度の条項及び条件に関する情報を直接入手できるようにし、非公式労働者がよく理解したうえで意思決定できるよう読みやすい形で情報を提供することが重要である。

普遍的老齢給付は、年金で補償されない非公式労働者を支援するものであるが、給付を十分なものとするうえで一層の改善の余地が存在する。2009年に政府は、年金制度に参加していない者全てを対象に非拠出型給付の受給資格拡張を図っているが、これにより補償対象者は大きく拡大することとなった。60歳超で給付を受けている者の割合は、2017年には25％を下回っていたが、2016年には82％にまで上昇している（Department of Provincial Administration, 2017）。2011年には、600バーツ（60〜69歳）、700バーツ（70〜79歳）、800バーツ（80〜89歳）、1,000バーツ（90歳以上）の月額給付オプションにより年齢に合わせた給付に向けて同制度は拡張されている。しかしなお、給付額は1か月に最低限必要な基礎的食費水準、国家貧困ラインの1,300バーツを下回る水準にある。実際に、それぞれの経済状況の自己評価では、老齢給付に大きく依存する高齢タイ人の場合、よく見積もっても最低水準の評価にしかない（Knodel et al., 2015）。同制度により高齢者の所得を十分に補償できるものとするためにも給付額の一層の引き上げが考えられるが、その場合、最低生活必要額を指標とすることが考えられる。財政の持続可能性を確保するためにも、改革財源により、この社会的給付の拡張を補塡する必要があるだろう（第3章）。

3.3　近代化、高齢化社会への適応を求められる普遍的保健医療制度

　2002年に普遍的保健医療制度を確立したタイは国際的に称賛されている。国民医療保障制度（UCS）は、既存の公式部門の制度では対象外とされてきた国民の大半（76％）を保障するサービスという点で、包摂的かつ無料で受けられる保健医療サービスとなっている（ILO, 2016b）。他方、村落の保健医療ボランティア・ネットワークは全土に及ぶ感銘的なもので、1960年代以降のタイの保健医療制度で一定の役割を果たしてきたが、特に地方での資格を持った医師及び看護師となると不足しているのが現状である。さらに、保健医療施設から遠く離れた場所に暮らす者に対する、通院費等の非医療費用への追加的な支援もない（World Bank, 2006b）。

　客観的にも主観的にも、タイの保健医療体制は、保健医療制度を堅実に機能させている。平均余命75歳は、タイの開発水準からすれば高いと言える。2016年にタイは、アジアで初めて母親から子供へのHIV及び梅毒の感染の撲

図1.12　1990年以降半分以下にまで低下した産婦及び乳幼児死亡率

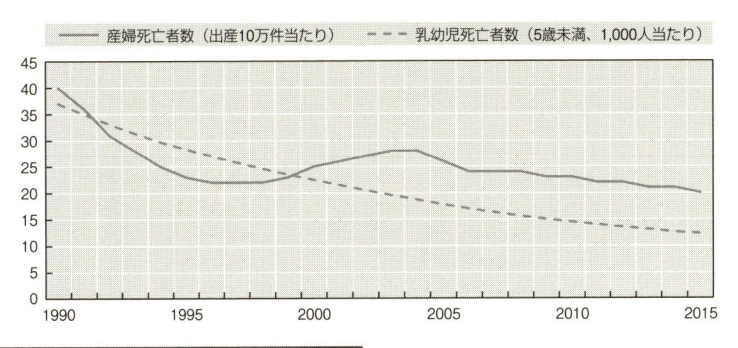

StatLink：http://dx.doi.org/10.1787/888933691629

出典：World Bank（2017a）, World Development Indicators（database）, *https://data.worldbank.org/data-catalog/world-development-indicators.*

図1.13　国民の大半が満足しているとされるタイの保健医療制度

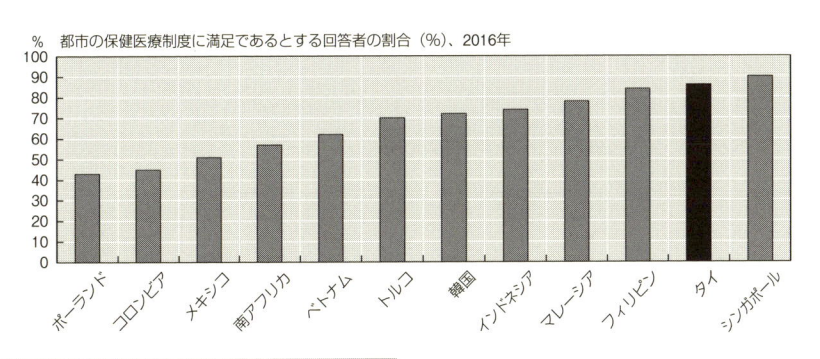

StatLink：http://dx.doi.org/10.1787/888933691648

出典：Gallup（2017）, Gallup World Poll, *www.gallup.com/services/170945/world-poll.aspx.*

減に成功している（United Nation, 2017）。妊産婦及び乳幼児死亡率は1990年以降大幅に低下し（図1.12）、2006年には就学前児童で標準体重に達していない児童は10％を下回っている（Chavasit et al., 2013）。さらに、大半の国民が、そのそれぞれに生活する地域の保健医療制度に満足しているとされる点は、シンガポールを別にすれば、どの比較対象国をも上回っている（図1.13）。

図1.14　大半の比較対象国よりも高いタイの肥満率

成人の肥満率、2016年

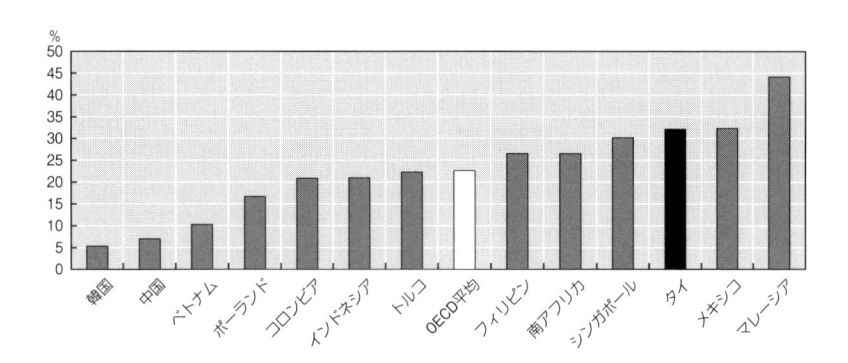

注：WHOの基準に基づき、東南アジア諸国ではBMIの値が25超、他国ではBMIの値が30超を「肥満」と定義している。

出典：東南アジア諸国：World Health Organisation（2016）, Global Health Observatory, *www.who.int/gho/ncd/risk_factors/overweight/en*; OECD諸国・中国・南アフリカ・コロンビア：OECD（2017g）, OECD Health Statistics Database, *http://stats.oecd.org/index.aspx?DataSetCode=HEALTH_STAT*.

　多くの開発途上・中所得国と同様、ライフスタイルの変化に合わせて、疾患内容も変化してきた。非感染性の慢性疾患による死亡率は、2000年の64％から上昇し、現在78％を占めるまでになっている（World Bank, 2017a）。特に肥満が懸念され、成人の3人に1人、また児童の10人に1人が標準体重を上回り、糖尿病や循環器病、また何らかの癌につながるリスクを抱えている（図1.14）。こうした傾向の背景には、都市型のライフスタイルが増え、座って行う作業が増大し、現在どこでも外食でカロリーの高い食事を取ることができるようになったことがあるとされるが、肥満の影響は地方にも広がりをみせつつある（Teerawattananon, 2017）。肥満は都市の子供に多いが（13％）、地方の子供の方が増加速度は速い（Mohsuwan et al., 2011）。タイ健康的ライフスタイル戦略計画（2011－2020年）同様、第12次計画でも肥満を取り組むべき課題に挙げている。栄養物摂取ガイドラインの作成、気づき促進キャンペーン、有機食品の生産及び消費に対する助成、バンコクの公務員での週単位での運動の義務化といった、より健康的なダイエット、活動的ライフスタイルを支援す

る一連のイニシアティブが実施もしくは計画されている。2017年9月には、政府は糖類を多く含む飲料及びアルコール飲料に対する課税を導入している。

　今後、タイの保健医療制度では、高齢者割合の上昇に鑑み、長期介護（LTC）制度を採り入れる必要がある。第12次計画では、こうした制度の開発の必要性は認識されているが、民間部門及び政府による長期介護サービスはなお未発達段階にあり、また長期介護制度の中に家庭医療、地域医療の組み入れを狙った適切な政策を実現できるかどうかも定かではない（Knodel et al., 2016）。さらに、長期介護と非感染性の疾患に対する医療費の高騰は、将来的に保健医療予算を逼迫化させる可能性が高い。このように、当分野での財政の持続可能性を確保するには、対象を絞る供給側の改革と財源改革とを組み合わせて実施すること（第3章）が必要である。

3.4　総合医療、予防的健康増進、ICT資源の拡大によるコスト削減と品質の改善

　保健医療は総合医療によって効果性、効率性を高められる場合が多いが、また多くみられる慢性疾患も予防的健康増進によって大幅に減らすことができる。現在、患者は、事前に非効率あるいは不要な診断や治療を伴う一般医や家庭医による診察を受けることなしに、専門医の診察を直接受けることができる。しかし、総合医療を行う医師の不足により実現されないケースも増加している。医学部の卒業生で総合医療医となる者は概算で約5％しかなく、概算で約5,600人の医師が不足しているとされる（Feige and Tiavongsuvon, 2015；Leavitt, 2015）。他方、地方を中心に家庭医及び一般医の数は増大しており、専門医に対する圧力の緩和が進み、病院での過度の負担の緩和につながっている。さらに、予防的かつ国民本位の健康増進を考えることが、将来の高額医療の必要性を低減させる鍵となると考えられる（OECD, 2015b）。予防的健康増進プログラムは、タイ健康増進基金（Thai Health）を通じて医療保障制度（UCS）の中で進められ、政府が当初割り当てた公的健康予算の20％の支給は行われていない。

　タイの基幹的デジタル戦略の一環としてICTの利用拡大が進むことにより、遠隔地を中心に、デジタル技術を使った総合医療診察による効率化が進むもの

と思われる。これは、臨床医と管理者のワークフローを最適化し、患者の保健医療情報の管理を改善することで実現される。タイの保健医療分野のICTユニットは1万を超えるが、保健医療のICT基盤の統合化により情報交換の迅速性を高めることができるだろう。この点に関連して、保健省は、経営管理を改善し成果を高めるとともに、業務面での支出削減と節約推進のために、ICT基盤の統合計画を発表している。またICTは、タイ政府の支出する3健康保健制度における行政システム改善の役割も担っている。受給資格、サービスの利用、予算支出、実績評価に関する健康保険データの調和によって、行政上の効率性を高めるとともに、政策立案に資するものと考えられる。

第4節　教育の質の改善

　教育成果の改善には、格差への取り組みとともに、人的資本の開発を通して経済成長を推進することが重要である（第2章）。実際、政府は、タイランド4.0実現の手段として、教育制度の改善の必要性を明確にしてきた（序章）。

4.1　完全普及に近い基礎教育における品質上の課題

　タイでは、早期教育で遅れがみられるものの、全課程で就学率は向上し、教育の普及改善の面でかなりの進歩があった。現在、初等教育、前期中等教育、後期中等教育は、完全普及に近い状態にある。この点に関連して、非公式教育が、遠隔地あるいは少数派社会の不利な境遇にある生徒にまで教育を普及させるのに重要な役割を果たしている。2014年には生徒の20％が非公式教育制度下で就学している。就学前教育の在籍者数も政府の無償教育拡大政策により、かなりの増大をみせている。しかし、3歳から5歳の児童の4分の1が登録されない状況で、なお改善への取り組みが求められている（NESDB, 2017b）。さらに、就学前教育段階で最も改善効果の高いのは不利な境遇にある生徒達で、未登録者の大半を占めている。就学前教育は子供達の学校教育前の準備段階であるとともに、生涯教育における成果改善において重要である。実際、2015年のOECD生徒の学習到達度調査（PISA）では、タイにおいて2〜3年間の就学

図1.15 低水準かつ低下の進んでいる生徒の学習到達度

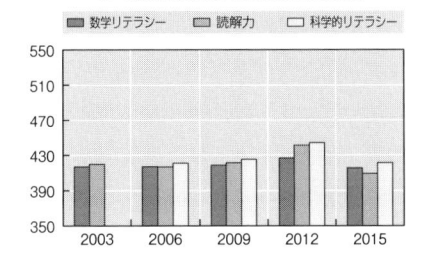

A 時系列でみたタイの生徒のPISA得点

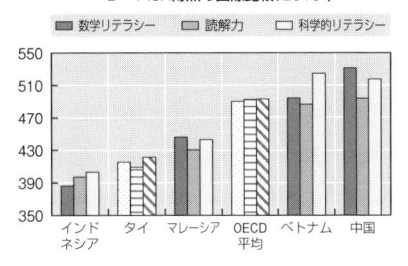

B PISA得点の国際比較、2015年

StatLink : http://dx.doi.org/10.1787/888933691686

注：中国については、PISAに参加した北京、広東省、江蘇省、上海の4地域の結果を表している。PISA2015年調査
　　では、マレーシアの学校がPISAの基準となる回答率に達しておらず、国際的な比較要件を満たしていない。
出典：OECD (2016c), PISA: Programme for International Student Assessment; OECD Education Statistics
　　(database).

前教育に在籍していた生徒は、当教育段階に在籍していなかった生徒と比べ、平均してスコアが30点上回ることが示されている（OECD, 2016b）。また在籍の有無とは別に、児童に対する早期教育の質が問題とされる（UNICEF, 2017）。政府は、全ての早期児童開発センターを対象に、教育の質の向上、カリキュラムの改善、標準的評価システムの開発を進めることで、就学前教育の質の向上に努めている。

　タイでの教育に対する政府支出額は、GDPの約4％と域内で最も高い水準にある。しかし、非効率で不公平な資源配分は投資効果を削ぎ、学習成果を低減させる結果となる（OECD and UNESCO, 2016）。PISA2015年調査のデータからは、タイの生徒の学習到達度は、比較対象国の大半の諸国と同じ足跡を辿っており、OECD平均よりはかなり低い水準にあることがわかる。調査対象となった69か国・地域中、タイは数学リテラシーで52位、読解力で56位、科学的リテラシーで53位となっている。

　さらに、PISA2012年調査での成果と比較し、タイのスコアは科学的リテラシーと読解力で著しい落ち込みをみせており、2015年の学習到達度はこれまでで最も低いスコアとなっている（図1.15）。読解力の到達度が特に低かったのがタイの15歳の生徒で、情報を抽出しテキストに書かれている主たる考え

図1.16 学習到達度での低い生徒の割合増加と高い生徒の割合減少

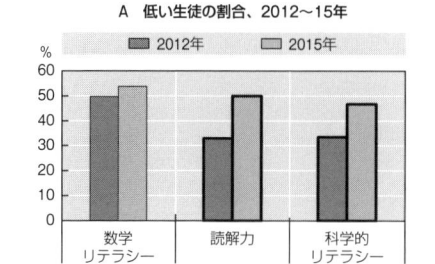

A 低い生徒の割合、2012〜15年

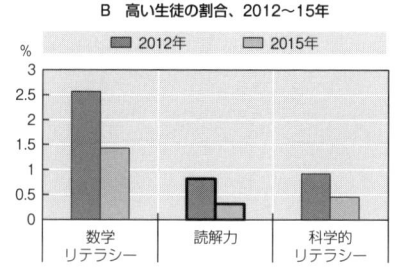

B 高い生徒の割合、2012〜15年

StatLink：http://dx.doi.org/10.1787/888933691705

注：太線は、2012年から2015年にかけての到達度における割合の変化が統計学的に有意であることを示している。
出典：OECD（2016b）, *PISA 2015 Results（Volume II）: Policies and Practices for Successful Schools*, OECD Publishing, Paris, *http://dx.doi.org/10.1787/9789264267510-en.*

を理解できる機能的リテラシーを備える読解力を持った生徒と評価されたのは、約半数のみであった。さらに、最も高い習熟度に到達している生徒は極めて少ない。PISA2015年調査では、3分野のいずれにおいても、最上位の習熟度（すなわち、PISAレベル5及び6）に分類された生徒は僅か0.1％であった。基礎的技能で有意な改善のみられない中、タイの労働力は知識ベース経済に向けて苦闘しつつも懸命に取り組むことになるだろう。

　PISA2015年調査によると、タイは教育の公平性（例えば、ジェンダー、社会経済的状況の違いが学習到達度に影響する度合い、社会的に不利な境遇にある生徒程、留年する傾向が高いか否か等）については多くの諸国より高いスコアにあるが、低スコアで推移してきた社会的に不利な境遇にある生徒に対する近年のスコア改善の取り組みには失敗している。また、教育の公平性が改善されたのに対し、科学的リテラシー及び読解力で到達度の低い生徒の割合が上昇する一方で、読解力で高い到達度にある生徒の割合が大きく落ち込んだ結果、総合的にはタイの若者間でのスコアは低下してしまっている（図1.16）。

　こうした状況の下、なお格差は存在している。地方に偏って分布する貧しい家庭の生徒は、質の高い教員のいる質の高い学校に通えない傾向にある。国家教育基準質評価局による評価では、タイの学校の約5分の1が最低品質基準を

満たしておらず、そうした学校の大半が地方にあることが判明している（OECD, 2014a）。その一つの要因として、地方での熟練教員の不足がある。例えば、バンコクの教員の20％が学士を有するが、遠隔地にある北部のメーホーンソーンではその割合は9％でしかない（Sondergaad and Lathapipat, 2017）。都市と地方の教育格差は大きく、またタイの教育制度にはコミュニティ、社会集団、教育潮流（例えば、公式教育対非公式教育）の間にも、格差が根深く存在している（OECD, 2017h）。

　タイ政府は、教育制度の欠陥を認識しており、第12次教育開発5か年計画により支援される、20年に亘る教育マスタープラン（2017-2036年）を新しく導入している（MOE, 2017）。これら計画では、20年に亘る国家戦略計画（2017-2036年）とタイランド4.0に示されるタイの基本的改革目標に即し、長期改革ビジョンに照らして、現在の制度を徹底的に見直そうとしている。またタイ政府は、学習を指揮し、内閣府に対しても子供の開発、教員の開発、教育管理、教育関連機関の再編、そして教育格差の縮小について提案を行う独立教育改革委員会を設立している。

　将来的な政策の詳細はなお未定であるが、近年、政府は優先される基本的改革の概要を幾つか用意している。教育専門家に関しては、政府は専門人材開発政策の改革により質の向上を図っており、現在、教育省が学校調査データに基づき、そうした政策の改革に当たっている。これまでの政策は、教員養成プログラムを非効率で効果の低いものとしてきた（OECD and UNESCO, 2016）。そこで、政府は、中央集権的でトップダウン式の統治構造を改め、教員に直接、1万バーツ（約300米ドル）のクーポンを支給することを決定している。このクーポンを使い、教員はそれぞれの必要に最も合ったコースに参加することになるだろう。また政府は、近年、教育上のインセンティブ改善のための改革案を実行している。今や教員の給料及び奨励策は、研究活動よりも教育時間に連動する形になっている。こうした改革により、最低教育時間が定義され、追加的な教育時間に対してはボーナスが支給されることとなった。さらに、政府は、市場での教育のプロが教員として参画できるよう、教育分野においてライセンシング協定の拡大により特定教科（例えば、数学、科学、外国語等）での教員不足問題に対する対策を検討すべきである。

また教育省は、都市と地方との格差是正に向け、2020年までに地方の小規模校1万1,000近くに上る学校の統廃合を計画している。大規模校から6キロメートル以内に位置する学生数120人に満たない学校が併合の対象とされるものと思われる。実際、村落の極めて小規模な学校の数が非常に多いことが、必要な教育及び金融資源を増大させ、学校実績の低迷につながっている（OECD and UNESCO, 2016）。そして、こうした変革により通学に支障をきたさないようにするためにも、運輸面での学生への手頃な通学手段の提供が重要であると考えられる。

　これらのイニシアティブとは別に、第12次計画では、オンライン学校制度に向けた、改善策実施のための一層の改革が求められている。OECD及びUNESCOの最近行った政策検討では、タイにおいて以下に述べる優先4分野での高品質な教育制度開発支援のための拡張的な推奨政策措置が提示されている。しかし、こうした改革を効果的に進めていくためには、特に地方及び中央レベルにおける学校間での調整を進め責任の配置改善を進めることにより、教育統治体制の改善に同時並行的に取り組んでいくことが求められる。実際に、制度間での調整に欠けていたことが、2008年のカリキュラム実施を形式ばったものとしてしまった重大要因の一つであったと言われている（OECD and UNESCO, 2016）。

1) **カリキュラム**：タイでは、コンテンツ・ベースのカリキュラムから、学生が各教科で何を学び何を習得すべきかを記述する近代的な標準ベースのアプローチへと転換を図ってきた。しかし、新カリキュラムにおける一貫性の欠如、教員及び学校間での実施能力の欠如と併せ、カリキュラムの目標達成度に対する評価能力が限られていることにより、実行が妨げられてきた。

2) **学生の評価**：タイでは、標準テストに過度に依存している一方で、能力的な制約、比較可能性の欠如、そして学生の全分野での技能習得に対する対応面での失敗により、評価システムの有効性が損なわれている。タイでは、テスト開発過程の厳密化と評価の多角化を図るべきである。また、全教育レベルで、評価手続の効果的な設計と実施に対し支援能力の構築が図られるべきである。

3) **教育及びスクールリーダー**：高品質な教員及びスクールリーダーが教育成果に

おいて鍵となる。この数十年間、取り組みを拡大してきたにもかかわらず、不適切な教員養成プログラムや、専門教員開発に対する戦略性の欠如、行政上の負担、スクールリーダー開発支援枠組みの欠如、教員不足解消を困難とする分断化した教員配置体制によって、未だ教員開発の進まない状態にある。タイ政府は、教員、スクールリーダー、及び関連主体との協議を通して、教員間及びスクールリーダー間で包括的な能力構築戦略を展開すべきである。さらに、より多くの学生が、資格を持った質の高い教員による教育を受けられる体制を確保するためにも、教員に対する予算と配置は各教育現場でのニーズに合ったものとすべきである。

4) **情報通信技術**：経済活動に効果的に参画するうえで、優れたICTスキルの重要性が増している。この分野での投資は相当額に及ぶが、他のASEAN諸国の学生と比べタイの学生にはなお遅れがみられる。不均一なインフラ整備、限られる関連デジタル学習教材、教員のICT利活用能力面での制約、ICT政策における効果的モニタリングの欠如、ICT投資枠組みの一貫性の欠如、これらが相俟って当分野での実績を低迷させている。適切な学習教材の開発、地方でのインターネット利用環境の改善に向けた政策を含め、タイは、ICTの教育分野への拡張と組み入れに向けて国家戦略の開発を進めていくべきである（コラム1.4）。

■コラム 1.4　教育成果向上に向けたICTの活用

　タイでは遠隔地に勤める適切な専門技能を有する教員が不足する状況で、デジタル技術を整備することが、地方の学生における教育の質と教員の専門技能を高めることにつながると考えられる。実際、OECD加盟国での経験からは、教育に対する技術的支援によって、教員及び学生の教育と学習の機会が拡大することが示唆されている。例えば、オンライン研究所（遠隔の／バーチャルな）を例に考えると、技術的支援のない場合と比べ、幅広い実験とラーニング・バイ・ドゥーイングが可能となる。さらに、eラーニングは、教育の普及におけるフォーマットとしてだけでなく、デジタル・リテラシーが重視される中、ICTの利活用を学生に徹底させる手段となり得ると考えられている（OECD, 2016d）。これについては、学校でのコンピュータの利用が進まないと実現できないことが考えられるが、タ

イでは2012年以降、コンピュータ利用面での停滞がみられ、現在、一部の比較
対象国及びOECD平均に対し遅れた状態にある（図1.17）。

　特に不利な立場にある地方を中心に教育の質を改善していくためにも、タイの
教員及び学生がより質の高いデジタル学習教材を利用できるようにする必要があ
る。ICTの活用により、革新的教育慣行を支援できるとともに、問題解決、クリテ
ィカル・シンキング等、学生の能力開発を企図した学習環境の整備が促される。
ICTは、単なる学生への情報及びコンテンツ伝送のための手段というのではなく、
高次元での学習を支援する手段としての役割も持つのである（OECD and
UNESCO, 2016）。したがって、タイ語でのオープンな教育資源の利用拡大を図
るべきであると言えるが、こうした資源は、手頃な価格の教科書がない、教室の
利用が制限される、教員に対する専門的学習プログラムがない等の場合に特に有
益である。タイの高等教育部門では、タイ・サイバー大学プロジェクトの一環と
して、タイ・オープン・オンライン教育推進協議会（MOOCS）の推進により、
既に同様の技術の活用が進められている。タイMOOCSでは、高等教育機会及び
生涯学習機会の獲得に向けて改善が進められている。

図1.17　不十分な学校でのコンピュータ利用可能状況
生徒一人当たりコンピュータ数

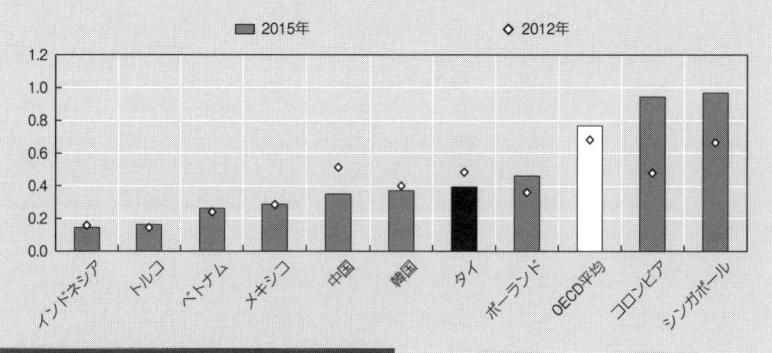

注：中国については、PISAに参加した北京、広東省、江蘇省、上海の4地域の結果を表している。2012年は上
　　海のみの数値を示している。
出　典：OECD（2015c）, PISA Database, www.oecd.org/pisa/data/2015database; OECD（2016d）,
　　Innovating Education and Educating for Innovation – The Power of Digital Technologies and Skills,
　　OECD Publishing, Paris, *http://dx.doi.org/10.1787/9789264265097-en*.

4.2 教育高度化と生涯学習を通した労働市場への適合

タイランド4.0の成功において、人的資本開発が決定的に重要である。労働力の技能と教育到達度の向上は、より高い付加価値活動に対する魅力を高め、生産性を改善し、より高給な職の創出につながる。卒業生数は増加傾向にあるが、技能不足問題は未だ解消されていない。この状況には主に二つの要因が関係している。一つは、産業界の求める技能を指導するコースにタイの学生たちが登録しない傾向であり、社会科学および人文科学分野の卒業生が増加する一方で、科学・技術・工学・数学（STEM）分野の卒業生はかなり少ない状況にある。そして、この問題は、STEM教育コースの不足によって助長されている（図1.18）。二つ目には、高等教育全般における質不足が挙げられる。QS世界大学ランキング2018によると、世界上位300校入りしている大学は1校しかない（チュラロンコン大学の245位）。これとは対照的に、隣国マレーシアでは世界上位300校に5校がランクインしている。

政府は、大学プログラムの質と妥当性の向上の必要性を認識しており、国際

図1.18 相対的に低いタイの科学・技術・工学・数学（STEM）コースで学ぶ 学生の割合
STEM分野での就学率、入手可能な最近年のデータ

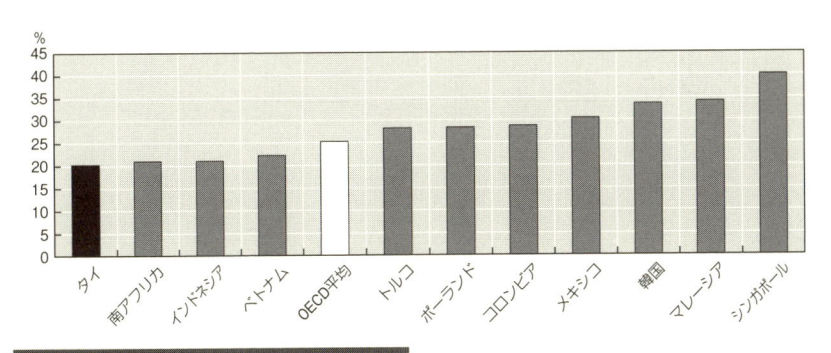

StatLink：http://dx.doi.org/10.1787/888933691743

注：STEMコースには自然科学・数学・統計学専攻、情報通信技術専攻、工学・製造・建築専攻がある。中国とフィリピンの就学率データは入手できていない。
出典：UNESCO-UIS（2017）, Education（dataset）, UIS Data Centre, *http://data.uis.unesco.org/*.

的ジャーナルに掲載される論文数の増大を図り、2036年までに世界上位200校に少なくとも7大学をランクインさせるとする野心的目標を概要として公表している。教育省は、協働教育プログラムを通して、大学での学生の学習と職務経験とを統合した就業ベースの学習システムの採用に向け、大学と将来の雇用企業とのパートナーシップを推進している。また同省は、大学での需要に即したコース提供を可能とするために、バウチャー制度を活用し、大学への分権化を進める改革戦略を推進している。これは、大学に対して産業界及び学生側の需要に即したプログラムの開発に柔軟性を与えるものと思われるが、コースの妥当性及び品質の改善には継続的に取り組む必要がある。さらに、タイでは、STEM教育改善政策の開発と併せ、東南アジアにおける地域的な情報共有学習ハブ機能の確保を目的に、STEM教育センターの招致を進めていくものと思われる。また近年、タイ政府は、海外教育機関による東部経済回廊でのサービス提供も承認している。

これまで長い間、政府は技術教育訓練・職業教育訓練（TVET）の重要性について認識し尽力してきたが、職業教育の魅力及び訓練の質の向上にはなお一層の改善努力が求められる。2015年に職業プログラムに登録されている上位中等学校の生徒の割合は、2011年の36％から低下し34％しかなかったが、これは、政府による45～55％目標を大きく下回る（MOE, 2017）（図1.19）。他方で、職業訓練を受けた被雇用者間での技能不足の方が、大学卒業生における技能不足よりもっと深刻であることが概算によって示されている。ある研究からは、職業訓練を受けた卒業生の場合、求人100に対し新規採用された者は77人のみと、23％の不足が指摘されている（EIU, 2015b）。

政府は、第12次教育開発計画を後ろ盾に活動を行っているが、産業界のニーズにより適合したコースを開発するために、職業機関、民間部門、大学との協力を拡大していくことが考えられる。また政府は、学生及び中規模職場に対するインセンティブ供与を通して、デュアル職業訓練への参加拡大を計画している（NESDB, 2017b）。さらにタイでは、農業部門及びサービス部門における労働需要への適合化の取り組みとして、地域の商業会議所と関連公共機関との双方向の職業教育制度を創設している。これには、ASEAN共同体のニーズ、また特別経済区内の産業からのニーズに対応した新規カリキュラムの開発が含

図1.19　職業プログラムより一般教育に進む傾向

後期中等教育での職業プログラムに登録する生徒の割合、入手可能な最近年のデータ

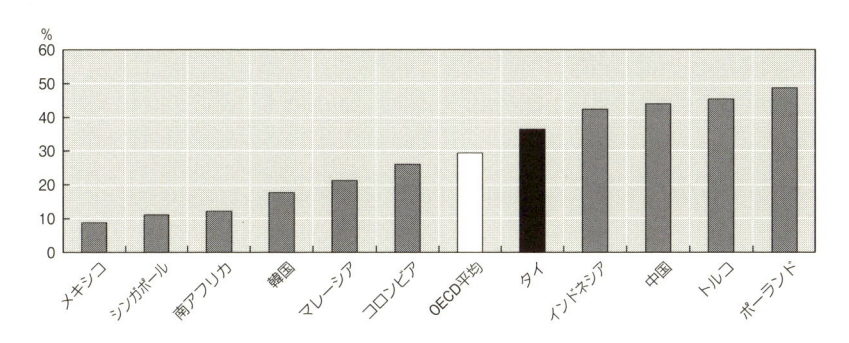

StatLink：http://dx.doi.org/10.1787/888933691762

注：タイは2015年のデータ、中国、コロンビア、インドネシア、マレーシア、南アフリカ、OECD平均は2014年の
　　データ、韓国、ポーランド、トルコは2013年のデータ、メキシコは2012年のデータ、シンガポールは2009年
　　のデータを用いている。
出典：World Bank（2017）, Education Statistics, *https://data.worldbank.org/data-catalog/ed-stats*; MOE（2017）.

　まれる（第2章）（United Nation, 2017）。政府プログラムからは一定の成果を
期待できるが、技術教育訓練・職業教育訓練を受けた学生には、特定のOJT
による一般的で移転可能な技能（特に読み書き・計算能力）の習得が求められ
る。これは、将来の職業面での流動性と生涯学習を支えていくうえで重要であ
る。

　既に雇用されている者への技能訓練については、2002年技能開発促進法に
おいて、100人以上の社員を抱える企業では、半数以上の社員に対し年1回の
訓練が義務付けられている。訓練費は、所得税の控除によって弁済される。ま
た技能高度化を求める労働者及び失業者を対象として、技能開発センターが地
域及び県レベルで開設されている（Wannagatesiri et al., 2015）。

　他方で、雇用者側の技能訓練への関心の低さに対する対策が、もう一つの課
題として存在する。2016年タイ技能開発調査への回答では、技能開発に興味
がわかないと回答した雇用者は、2012年の90％から上昇し92.7％となってい
る。どの国でも生涯学習には障害は存在するが、それには時間的余裕の欠如、
家族内での責任、訓練プログラム費、教育機会の遠隔性を挙げることができる。

多くの国で技能水準の低い成人を対象に一連の政策措置を実施することで、こうした課題への対応が試みられている。タイでは、2012年にタイ専門職資格制度を創設し、政府及び民間側の代表が共同で職業基準を開発し、公式資格取得のための能力検定試験を実施している。

第5節　女性を対象とした社会的包摂性の確保

　ジェンダー平等の重要性は、持続可能な開発目標（SDGs）にも反映され、実証的にも裏打ちされている。女性も男性も、同等の権利と機会の保証される国で暮らせるならば幸福である（Ferrant et al., 2017）。差別的な社会制度は、女性の教育水準及び労働参加率を低下させ、生産性だけでなく成長も阻害する（Ferrant and Kolev, 2016）。日本から示唆を得られるように、タイ等の高齢化の進む国では、教育のある女性の労働参加率の向上が特に重要である（Kawaguchi and Mori, 2017）。

　タイは近年、一連の制度的イニシアティブを通して、ジェンダー平等を推進している。その中には、画期的な2015年ジェンダー平等法と第12次計画で独立に設けられた女性開発計画がある。2001年以降、全省庁におけるジェンダー問題に中心となって取り組む上席ジェンダー平等専門官の任命が求められている。現在、現行の憲法下での要求に合わせ、各政府部門でジェンダー対応予算が試験的に導入されるとともに、国家統計システムではジェンダー間で分割したデータベース開発計画が進められている（United Nation, 2017）。また近年、ジェンダー平等法でもLGBTI反差別条項を盛り込む方向で拡張が進められてきたが、実際、LGBTI当事者から、財産権の購入に際し、また労働市場での職務上及び応募・昇進過程でのハラスメント被害を含め、差別を受けた経験があるとする報告が多く寄せられている（ILO, 2014；World Bank, 2017c）。

5.1　消極的な女性の政治への参加

　比較対象国ほどではないが他の多くの諸国同様、女性には労働参加と給与面でのジェンダー・ギャップが存在する。労働参加面でのジェンダー・ギャップ

図1.20　比較対象国と比べ小さなタイの労働力参加率のジェンダーギャップ
労働力参加率（%）、男女別、2016年

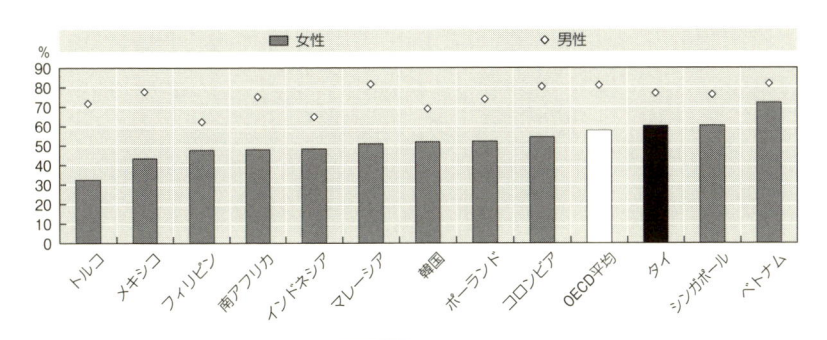

StatLink：http://dx.doi.org/10.1787/888933691781

注：労働力参加率とは、15歳から64歳までの生産年齢人口に占める労働力として参加する者の割合を意味している。
　　中国のデータは入手できていない。
出典：ILO（2017a）, Key Indicators of the Labour Market, www.ilo.org/global/statistics-and-databases/research-and-databases/kilm/lang--en/index.htm; OECD平均：OECD（2017i）, Gender Portal, www.oecd.org/gender/data/labour-force-participation-bysex-age.htm.

はOECD平均の23.2%よりも低く16.7%である（図1.20）。2015年のタイでの
女性の賃金は、OECD加盟国の賃金面でのジェンダー・ギャップが18%であ
ったのに対し、約15%の水準で男性よりも低賃金にあった（OECD, 2017）。

　また女性は、企業におけるリーダーシップでも重要な役割を担っている。実
際、タイは、女性の上級及び中級経営管理者での割合（30.5%）及び最高経営
者を女性とする企業の割合（2017年に65%）で、比較対象国の中では最も高
い位置付けにある（図1.21）。タイはまた、国内起業環境と併せ、女性の企業
における先進性、知識、金融資産を評価する総合指数、2017年マスターカー
ド女性企業化指数でも、上位10か国入りを果たしている（Mastercard, 2017）。

　これとは対照的に、政治面での地位には大きなジェンダー・ギャップが存在
している。2017年における女性の国会での議席割合は僅か6%と、どの比較対
象国に対してもかなり低い水準にある（図1.21）。県行政レベルでは、女性の
選挙事務所所有割合で僅かながら上回るものの、議席数では11.4%となお低い
水準にある（Department of Local Administration, 2017）。最近報告された
2017年グローバル・ジェンダー・ギャップ・レポートでは、政治への関与に

図1.21 民間部門と公共部門で違いの際立つ女性のリーダーシップ

女性のリーダーシップに関する割合、2017年

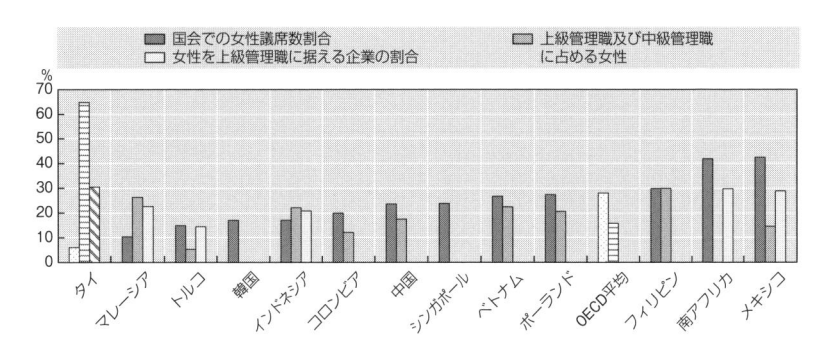

注：韓国、シンガポール、南アフリカに関する女性を上級管理職に据える企業の割合、あるいは中国、コロンビア、韓国、OECD平均、フィリピン、ポーランド、シンガポール、ベトナムに関する上級及び中級管理職に占める女性の割合については、データは入手できていない。

出典：公共部門：Inter-Parliamentary Union（2017）, Women in Parliament, *www.ipu.org/wmn-e/world.htm*; 民間部門：ILO（2017a）, ILOSTAT database, *www.ilo.org/ilostat*; World Bank（2017b）, Enterprise Surveys, *www.enterprisesurveys.org*.

表1.2 広く一般的な公共部門で影の薄い女性代表

機能	女性参加割合（%）、2015年
公共機関幹部	25.6
公務員上級管理職	17.8
国会議員	12.6
公共部門の法務部門長	17.3
警察官幹部	0

出典：NSO（2017）, Social Indicators 2017, *http://service.nso.go.th/nso/nsopublish/pubs/e-book/Indicators_Social_2560/index.htm*l.

おいてタイは144か国中127位となっている（World Economic Forum, 2017）。選挙事務所は例外としても、こうした民間部門と公共部門における女性のリーダーシップ面での開きは拡大しており、多様な市民サービスにおける女性上級管理者（例えば、行政官や国会議員）は少数派に留まる（表1.2）。

　政治生命を担う女性が少ない要因の一つとして、政治的リーダーシップは男性が担うものとする、深くしみついた文化的信念が考えられる。選挙事務所を

開設し立候補を望む女性は、「男性の領域」に踏み入ることに対する家族から
の反対、支援者ネットワークの欠如、暴力あるいはその恐れといった高いハー
ドルに直面する（OECD, 2014b に引用されている UN Convention on the
Elimination of all Forms of Discrimination Against Women）。1993年以降、全
村落での女性による議長席の一定割合の確保を各州政府に要求しているインド
の経験からは、政治的な割り当てが女性の政治的リーダーシップを高め、十代
少女に対する両親の期待及び彼女達のキャリア志向を高め、長期的にはジェン
ダーに起因する差別の減少に寄与することが示唆されている（Beaman et al.,
2012；Panda and Ford, 2011）。また、政治的な割り当ては、ベルギーやフラ
ンス、ギリシャ、スロバキアといった様々なOECD加盟国でも地方レベル、
国家レベルで存在している（OECD, 2014b）。

5.2　重大な女性への暴力問題

　タイの社会制度でのジェンダーに起因する差別は、全般的にみて相対的に少
ないが、現在でもなお女性は家庭内暴力に直面する状態にある。女性に対する
擁護及び福祉面での制限といった、公式的、非公式的な法律、社会規範、慣行
における女性への差別を測る指標、OECD社会制度ジェンダー指数において、
タイは極めて差別のない状態を示す0から極めて差別的な状態を示す1までの
スケールで、0.11と測定されている。したがって、タイの全体的なジェンダー
に起因する差別は、域内比較対象国、中国、インドネシア、フィリピン、ベト
ナムと比較して低水準にあると考えられる。タイで懸念として残される、また
国際的にも低評価であった分野として、女性への暴力の是認と蔓延する家庭内
暴力がある（図1.22）。女性に対する暴力、特に密接な関係にある配偶者から
の暴力は、女性の健康と福祉を害するだけでなく、女性の人的資本蓄積と職業
上の選択を妨げ、女性労働市場に多大な影響を及ぼす可能性がある（OECD,
2017j）。厚生省の報告では、成人女性が虐待を理由に政府のワンストップ・ク
ライシス・センター（OSCC）に擁護を求めてきた件数は、2007年から2015
年の期間に10万2,269件、2016年には約1万件とされている（NESDB, 2016）。
何らかの身体的虐待を理由にOSCCに通報し暴力から逃れられた女性のうち、
22％が身体的虐待、72％が性的虐待を理由に挙げているとされる（NSO,

図1.22　女性への暴力の懸念は残るが、全般的に少ないタイのジェンダーに基づく差別

OECD社会制度・ジェンダー指数、2014年

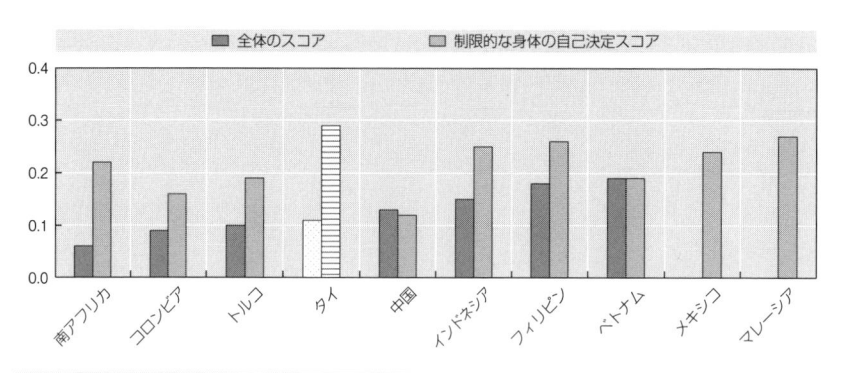

注：OECD社会制度・ジェンダー指数は、重み付けされない次の五つの準指数に関する二次関数の平均値として求められる。1）差別的な家族法（family code）、2）制限される身体の自己決定（physical integrity）、3）息子優位、4）制限的な資源及び資産、5）限られた市民の自由。全体的な指数も準指数も、女性に対する差別度合いが極めて低いことを示す0から極めて高いことを示す1までの範囲で示される。それぞれのスコアも、普及及び態度データを通して、制度枠組み、事実上の状況、慣行（慣習法及び慣行、法律の執行、等々）に関する定性的、定量的な情報が考慮されている。マレーシアとメキシコについては、社会制度・ジェンダー指数のスコアは得られていない。

出典：OECD（2014c）, "Social Institutions and Gender Index"（database）, *www.genderindex.org.*

2015）。密接な関係にある配偶者からの暴力を受けOSCCの女性向けホットラインを利用することとなった件数は、2017年には1,300件と家庭外暴力の4倍近い件数に上っている（Department of Social Development and Welfare, 2017）。2007年家庭内暴力回避解決法では、犯罪として裁くとはしているが、暴力の犠牲者に声を上げさせるよりも和解と家族の再統合を優先させる傾向がみられる（OECD, 2014c）。

　特に商業的性風俗業界及び屋内労働部門にみられる人身売買と強制労働は、タイ国民及び女性移民を被害者とする、もう一つのジェンダーに起因する暴力である。さらに、不法であっても報告の必要のない漁に対して政府は対策を講じてはきたが、近隣、東南アジア諸国からの男性移民に対するタイ漁業分野での強制労働問題はなお解消されない状況にある（EC, 2017）。タイの第12次計画では人身売買の撲滅を優先的課題として明示しており、政府も厳しい懲罰を

盛り込んだ強力な反人身売買法を国会で通過させている（NESDB, 2017b）。こ
れにより 2016 年には人身売買レポートの監視国リストでティア 2 に格上げされ
ている（US Department of State, 2017）。さらに、法律執行努力と政府の人身
売買での共謀縮減も求められている。また 2015 年には、人身売買との関連で、
汚職との闘いに対し OECD 指導原則の適用がタイで試験的に行われたが、同
原則でも人身売買過程での汚職の持つ基本的な役割が明確にされており、両課
題への一括した取り組みが重要であることが強調されている（OECD, 2016e）。

参考文献・資料

ADB（2013）, *The Social Protection Index Assessing Results for Asia and the Pacific*, Asian Development Bank, Mandaluyong City, *www.adb.org/publications/social-protection-index-assessing-results-asia-and-pacific*.

ADB（2012）, *Thailand: Updating and Improving the Social Protection Index*, Asian Development Bank, Mandaluyong City, *www.adb.org/projects/documents/thailand-updating-and-improving-social-protection-index-tacr*.

Akbas, M. et al.（2016）, "How to help poor informal workers to save a bit: Evidence from a field experiment in Kenya", *IZA Discussion Paper*, No. 10024, *http://ftp.iza.org/dp10024.pdf*.

Beaman, L. et al.（2012）, "Female leadership raises aspirations and educational attainment for girls: A policy experiment in India", *Science*, Vol. 335/6068, pp. 582-586, doi:10.1126/science.1212382.

Calderon-Mejia, V. and I. Marinescu（2012）, "The impact of Colombia's pension and health insurance systems on informality", *IZA Discussion Paper*, No. 6439, *http://ftp.iza.org/dp6439.pdf*.

Chavasit, V., V. Kasemsup and K. Tontisirin（2013）, "Thailand conquered under-nutrition very successfully but has not slowed obesity", *Obesity Reviews*, Vol. 14, pp. 96-105, doi:10.1111/obr.12091.

Credit Suisse（2017）, *Global Wealth Report 2017*, *https://www.credit-suisse.com/corporate/en/research/research-institute/global-wealth-report.html*.

Department of Local Administration（2017）, *Provincial Administrative Organization (PAO)*, Ministry of Interior, Bangkok, *www.dla.go.th/index.jsp*.

Department of Provincial Administration（2017）, *Non-contributory Allowance for Older People*, Ministry of Interior, Bangkok.

Department of Social Development and Welfare (2017), *Women Abuse Statistics,* Ministry of Social Development and Human Security, Bangkok.

EC (2017), *Question and Answers on the EU's fight against illegal, unreported and unregulated (IUU) fishing,* European Commission, *https://ec.europa.eu/ fisheries/question-and-answers-eus-fight-against-illegalunreported-and- unregulated-iuu-fishing-5_en.*

EIU (2015a), *National Savings Fund is Established in Thailand,* Economic Intelligence Unit, Siam Commercial Bank, Bangkok.

EIU (2015b), *Insight: Bridging Thailand's Labor Gap,* Economic Intelligence Unit, Siam Commercial Bank, Bangkok.

Feige, M., and W. Tiavongsuvon (2015), *The Future of Thailand's Healthcare Industries in Tier 2 Cities. Outlook for 2015-2020,* Solidiance, Bangkok, *www. solidiance.com/whitepaper/future-of-thailands-healthcareindustry-in-tier-2-cities. pdf.*

Ferrant, G. and A. Kolev (2016), "Does gender discrimination in social institutions matter for long-term growth? Cross-country evidence", *OECD Development Centre Working Papers,* No. 330, OECD Publishing, Paris, *http://dx.doi.org/10. 1787/5jm2hz8dgls6-en.*

Ferrant, G., A. Kolev and C. Tassot (2017), "The pursuit of happiness: Does gender parity in social institutions matter?", *OECD Development Centre Working Papers,* No. 337, OECD Publishing, Paris, *http://dx.doi.org/10.1787/f7e0c69c-en.*

Gallup (2017), "Gallup World Poll", *www.gallup.com/services/170945/world-poll.aspx.*

Halpern, D. and K. King (6 October 2016), "Setting smarter defaults for workplace pensions", Behavioural Insights Team blog, *www.behaviouralinsights.co.uk/ uncategorized/setting-smarter-defaults-forworkplace-pensions.*

Fertig, A., J. Lefkowitz and A. Fishbane (2015), *Using Behavioral Science to Increase Retirement Savings: A New Look at Voluntary Pension Contributions in Mexico,* Ideas42, New York, *www.ideas42.org/wp-content/uploads/2015/11/I42_571_ MexicoPensionsReport_ENG_final_digital.pdf.*

ILO (2017a), "Key indicators of the labour market" (database), *www.ilo.org/global/ statistics-and-databases/research-and-databases/kilm/lang--en/index.htm.*

ILO (2017b), "Thailand", ILO Social Protection Platform, *www.social-protection.org/ gimi/gess/ShowCountryProfile.action?id=404&lang=EN.*

ILO (2016a), "Thailand", *TRIANGLE II Quarterly Briefing Note* (January-March), ILO and Australian AID, Bangkok, *www.ilo.org/wcmsp5/groups/public/---asia/-*

--ro-bangkok/documents/briefingnote/wcms_469497.pdf.

ILO（2016b）, *Thailand: Universal Health-care Coverage Scheme*, ILO, Geneva, *www. social-protection.org/gimi/gess/RessourcePDF.action?ressource.ressourceId= 54059.*

ILO（2015）, "Industrial Relations Data（IRData）"（database）, *www.ilo.org/global/ docs/WCMS_408983/lang--en/index.htm.*

ILO（2014）, *Gender Identity and Sexual Orientation in Thailand*, ILO, Bangkok, *www.ilo.org/wcmsp5/groups/public/---asia/---ro-bangkok/---sro-bangkok/ documents/publication/wcms_356950.pdf.*

Inter-Parliamentary Union（2017）, "Women in Parliament"（database）, *www.ipu. org/wmn-e/world.htm.*

IOM（2017）, "Labour migration", *IOM Thailand*, International Organization for Migration, Bangkok, *https://thailand.iom.int/labour-migration.*

JETRO（2017）, "Investment cost comparison",（database）, Japan External Trade Organization, Tokyo, *www.jetro.go.jp/world/search/cost.html.*

Karlan, D. et al.（2016）, "Getting to the top of mind: How reminders increase saving", *Management Science*, Vol. 62/12, pp. 3393-3411, doi.org/10.1287/mnsc.2015.2296.

Kawaguchi, D. and H. Mori（2017）, "The labor market in Japan, 2000–2016", *IZA World of Labor, https://wol.iza.org/articles/the-labor-market-in-japan/long.*

Knodel, J., B. Teerawichitchainan and W. Pothisiri（2016）, "Caring for Thai older persons with long-term care needs", *Research Collection School of Social Sciences*, No. 1945, *http://ink.library.smu.edu.sg/cgi/viewcontent.cgi?article= 3202&context=soss_research.*

Knodel, J. et al.（2015）, "The situation of Thailand's older population: An update based on the 2014 Survey of Older Persons in Thailand", *Population Studies Center Research Reports*, 15-847, University of Michigan Institute for Social Research, Ann Arbor, MI, *www.psc.isr.umich.edu/pubs/pdf/rr15-847.pdf.*

Lathapipat, D. and C. Poggi（2016）, "From many to one: Minimum wage effects in Thailand", *PIER Discussion Papers*, No. 41, Puey Ungphakorn Institute for Economic Research, Bangkok, *www.pier.or.th/wp-content/uploads/2016/08/ pier_dp_041.pdf.*

Leavitt, N.（11 May 2015）, "Thailand seeks to address shortage of rural health care providers", *Harvard Chan School of Public Health, www.hsph.harvard.edu/ news/features/thailand-seeks-to-address-shortageof-rural-health-care-providers.*

Mastercard（2017）, *Mastercard Index of Women Entrepreneurs*, Mastercard, New

York, *https://newsroom.mastercard.com/wp-content/uploads/2017/03/Report-Mastercard-Index-of-Women-Entrepreneurs-2017-Mar-3.pdf.*

MOE (2017), *Education Development Plan 2017-2021* (in Thai), Ministry of Education, Bangkok, *http://waa.inter.nstda.or.th/stks/pub/2017/20170313-Education-Development-Plan-12.pdf.*

Mohsuwan, L. et al. (2011), *Report of Thai Health Survey 4th 2008-9: Child Health,* National Health Examination Survey Office, Ministry of Public Health, Nonthaburi.

NESDB (2017a), *Thailand Human Achievement Index 2017,* Office of the National Economic and Social Development Board, Bangkok, *www.nesdb.go.th/nesdb_en/download/article/social2-2560-eng.pdf.*

NESDB (2017b), *The Twelfth Economic and Social Development Plan (2017-2021),* Office of the National Economic and Social Development Board, Bangkok, *www.nesdb.go.th/nesdb_en/ewt_w3c/ewt_dl_link.php?nid=4345.*

NESDB (2016), *Thailand's Social Development in Q4/2016 and Overall Situations in 2016,* Office of the National Economic and Social Development Board, Bangkok, *www.nesdb.go.th/nesdb_en/download/article/Social%20Press_Eng_Q4-2559.pdf.*

NESDB (2015), *Gross Regional and Provincial Product Chain Volume Measures,* Office of the National Economic and Social Development Board, Bangkok, *www.nesdb.go.th/nesdb_th/main.php?filename=gross_regional.*

NSO (2016a), *The Informal Employment Survey 2016,* National Statistical Office of Thailand, Bangkok, *http://web.nso.go.th/en/survey/lfs/imp/imp09.htm.*

NSO (2016b), *The Skills Development Survey,* National Statistical Office of Thailand, Bangkok, *http://web.nso.go.th/en/survey/desire/data/Full_Report2016.pdf.*

NSO (2015), *Social Indicators 2015,* National Statistical Office of Thailand, Bangkok, *http://service.nso.go.th/nso/nsopublish/pubs/e-book/e070759/index.html.*

OECD (2017a), "OECD Income Distribution Database (IDD) : GINI, Poverty, Income, Methods and Concepts" (database), *www.oecd.org/social/income-distribution-database.htm.*

OECD (2017b), "OECD Labour Force Statistics" (database), *www.oecd.org/std/labour-stats.*

OECD (2017c), *How Immigrants Contribute to Thailand's Economy,* OECD Publishing, Paris, *http://dx.doi.org/10.1787/9789264287747-en.*

OECD (2017d), *OECD Economic Surveys: Mexico,* OECD Publishing, Paris, *http://dx.doi.org/10.1787/eco_surveys-mex-2017-en.*

OECD（2017e）, "Indicators of Employment Protection Legislation"（database）, *www.oecd.org/els/emp/oecdindicatorsofemploymentprotection.htm.*

OECD（2017f）, *Behavioural Insights and Public Policy: Lessons from Around the World*, OECD Publishing, Paris, *http://dx.doi.org/10.1787/9789264270480-en.*（『世界の行動インサイト：公共ナッジが導く政策実践』経済協力開発機構（OECD）編著、齋藤長行監訳、濱田久美子訳、明石書店、2018年）

OECD（2017g）, "OECD Health Statistics Database"（database）, *http://stats.oecd.org/index.aspx?DataSetCode=HEALTH_STAT.*

OECD（2017h）, *Economic Outlook for Southeast Asia, China and India: Addressing Energy Challenges*, OECD Publishing, Paris, *http://dx.doi.org/10.1787/saeo-2017-en.*

OECD（2017i）, "Gender Portal"（database）, *www.oecd.org/gender/data/labour-force-participation-by-sex-age.htm.*

OECD（2017j）, *Strengthening Women's Entrepreneurship in ASEAN: Towards Increasing Women's Participation in Economic Activity*, OECD Publishing, Paris, *www.oecd.org/southeast-asia/regional-programme/Strengthening_Womens_Entrepreneurship_ASEAN.pdf.*

OECD（2016a）, "OECD Employment and Labour Market Statistics"（database）, *www.oecd-ilibrary.org/employment/data/trade-unions/trade-unions-trade-union-density-edition-2016_fbf99961-en.*

OECD（2016b）, *PISA 2015 Results (Volume II): Policies and Practices for Successful Schools*, OECD Publishing, Paris. *http://dx.doi.org/10.1787/9789264267510-en.*

OECD（2016c）, *PISA 2015 Results (Volume I): Excellence and Equity in Education*, OECD Publishing, Paris, *http://dx.doi.org/10.1787/9789264266490-en.*

OECD（2016d）, *Innovating Education and Educating for Innovation: The Power of Digital Technologies and Skills*, OECD Publishing, Paris, *http://dx.doi.org/10.1787/9789264265097-en.*

OECD（2016e）, *Trafficking in Persons and Corruption: Breaking the Chain*, OECD Publishing, Paris, *http://dx.doi.org/10.1787/9789264253728-en.*

OECD（2015a）, *OECD Employment Outlook 2015*, OECD Publishing, Paris, *http://dx.doi.org/10.1787/empl_outlook-2015-en.*

OECD（2015b）, *Fiscal Sustainability of Health Systems: Bridging Health and Financing Perspectives*, OECD Publishing, Paris, *http://dx.doi.org/10.1787/9789264233386-en.*

OECD (2015c), "PISA Database" (database), *www.oecd.org/pisa/data/2015database.*

OECD (2014a), *Southeast Asian Economic Outlook 2013–With Perspectives on China and India,* OECD Publishing, Paris, *http://dx.doi.org/10.1787/saeo-2013-en.*

OECD (2014b), "Women in Politics" (database), *https://data.oecd.org/inequality/women-in-politics.htm.*

OECD (2014c), "Social Institutions and Gender Index" (database), *www.genderindex.org.*

OECD (2013a), "OECD Regional Database" (database), *http://stats.oecd.org/Index.aspx?DataSetCode=REGION_DEMOGR.*

OECD (2013b), *Pensions at a Glance Asia/Pacific 2013,* OECD Publishing, Paris, *http://dx.doi.org/10.1787/pension_asia-2013-en.*

OECD (2004), *OECD Employment Outlook,* OECD Publishing, Paris, *www.oecd.org/employment/emp/34846912.pdf.*

OECD and UNESCO (2016), *Education in Thailand: An OECD-UNESCO Perspective,* Review of National Policies for Education, OECD Publishing, Paris, *http://dx.doi.org/10.1787/9789264259119-en.*

OSMEP (2013), *White Paper on Small and Medium Enterprises of Thailand,* Office of Small and Medium Enterprise Promotion, Bangkok, *www.sme.go.th/upload/mod_download/Eng_04-20171018153410.pdf.*

Pande, R. and D. Ford (2011), "Gender quotas and female leadership: A review", Background Paper for the World Development Report on Gender Equality and Development, Washington, DC, *http://scholar.harvard.edu/files/rpande/files/gender_quotas_-_april_2011.pdf.*

QS (2018), "World University Rankings 2018" (database), QS TopUniversities, *www.topuniversities.com/university-rankings/world-university-rankings/2018.*

Rajatanavin, R. (2015), "Innovating Professional Education for Universal Health Coverage: Lessons from Thailand", *Dean's Distinguished Lecture Series,* April 28, Harvard School of Public Health, Boston. *www.hsph.harvard.edu/news/features/thailand-seeks-to-address-shortage-of-rural-health-care-providers.*

Schmitt, V., T. Sakunphanit and O. Prasitsiriphon (2013), *Social Protection Assessment Based National Dialogue: Towards a Nationally Defined Social Protection Floor in Thailand,* ILO, Bangkok, *www.ilo.org/wcmsp5/groups/public/---ed_protect/---soc_sec/documents/publication/wcms_213264.pdf.*

Solt, F. (2016), "The Standardized World Income Inequality Database", *Social Science Quarterly,* Vol. 97/5, pp. 1267-1281.

Sondergaard, L. and D. Lathapipat（2017）, *Providing Quality Education to One Million Students in Thailand's Small Schools*, Washington, DC, World Bank, *http://blogs.worldbank.org/eastasiapacific/providing-qualityeducation-to-one-million-students-in-thailand-small-schools*.

SSO（2017）, *Statistics for Social Fund*, Social Security Office, Bangkok, *www.sso.go.th/wpr/category.jsp?lang=th&cat=800*.

Teerawattananon, Y.（2017）, "Obesity in Thailand and Its Economic Cost Estimation", *ADBI Working Paper Series*, No. 703, *www.adb.org/sites/default/files/publication/236536/adbi-wp703.pdf*.

UNDP（2014）, *Advancing Human Development through the ASEAN Community, Thailand Human Development Report 2014*, Bangkok, United Nations Development Programme. *http://hdr.undp.org/sites/default/files/thailand_nhdr_2014_0.pdf*.

UNICEF（2017）, *Early Childhood Development*, Bangkok, United Nations Children's Fund, *www.unicef.org/thailand/education_14938.html*.

UNICEF（4 October 2016）, "Thailand's child support grant helps vulnerable families", *UNICEF Connect*, *https://blogs.unicef.org/east-asia-pacific/thailands-child-support-grant-helps-vulnerable-families*.

United Nations（2017）, *Thailand's Voluntary National Review of the Implementation of the 2030 Agenda for Sustainable Development*, New York, United Nations, *https://sustainabledevelopment.un.org/content/documents/16147Thailand.pdf*.

US Department of State（2017）, 2017 Trafficking in Persons Report Thailand, *https://www.state.gov/j/tip/rls/tiprpt/countries/2017/271297.htm*

Wannagatesiri, T., N. Kruea and A. Thongperm（2015）, "Situations and guidelines for enhancement of Thai labors' vocational rehabilitation and retraining", *Procedia – Social and Behavioural Science*, Vol. 197, pp. 1053-1058, *https://ac.els-cdn.com/S1877042815043189/1-s2.0-S1877042815043189-main.pdf?_tid=46390dda-fee2-11e7-8160-00000aab0f6c&acdnat=1516563525_e5158b43d83c2e9b4c8bce40a46d4ec6*.

World Bank（2017a）, *World Development Indicators*（database）, Washington, DC, *https://data.worldbank.org/data-catalog/world-development-indicators*.

World Bank（2017b）, *Enterprise Surveys*（database）, *www.enterprisesurveys.org*.

World Bank（2017c）, *Economic Inclusion of LGBTI Groups in Thailand*, World Bank, Washington, DC, *http://documents.worldbank.org/curated/en/197901494585972561/pdf/114995-REVISED-Economic-Inclusion-of-LGBTI-Groups-in-*

Thailand-English.pdf.

World Bank (2016a), *Getting Back on Track: Reviving Growth and Securing Prosperity for All, Thailand Systematic Country Diagnostic*, World Bank, Washington, DC, *http://documents.worldbank.org/curated/en/85516147973 6248522/pdf/110396-REVISED-v1-4-26-WB-TH-SCD-REPORT-BOOKLET-159PAGERevisedApr26.pdf.*

World Bank (2016b), *Closing the Health Gaps for the Elderly: Promoting Health Equity and Social Inclusion in Thailand, World Bank*, Washington, DC, *http://documents.worldbank.org/curated/en/148431468299339382/pdf/AUS13326-REVISED-TITLE-HAS-CHANGED-PUBLIC-Closing-the-Health-Gaps-for-the-Elderly-Englishfinal-for-IDU.pdf.*

World Bank (2012), *Reducing Elderly Poverty in Thailand: The Role of Thailand's Pension and Social Assistance Programs*, World Bank, Washington, DC, *http://documents.worldbank.org/curated/en/949741468120871479/pdf/805270WPO P14350Box0379805B00PUBLICO.pdf.*

World Economic Forum (2017), *The Global Gender Gap Report*, Cologny/Geneva, *www3.weforum.org/docs/WEF_GGGR_2017.pdf.*

World Health Organisation (2016), "Global Health Observatory" (database), *www. who.int/gho/ncd/risk_factors/overweight/en.*

第2章

繁栄 —— 生産性の向上

　持続可能な開発のための2030アジェンダにおける繁栄分野では、多角化を通じた生産性の向上、技術及びイノベーションの更新、そして雇用の拡大と企業家精神の向上に基づく統合的アプローチが求められている。タイは、2036年までの高所得国入りを果たすために、これら全ての課題に取り組む必要がある。構造改革と資本投資が限定的であったこの10年、生産性及び福祉の向上に後戻りがみられ、タイは域内比較対象国に対しその立場を失ってしまっている。しかし、より最近の輸出を支えてきた世界貿易の回復と相当規模の公共インフラ投資プログラムによって、経済成長の勢いを取り戻し始めている。今後、域内諸国との競争が熾烈化し、急速に高齢化の進むタイでは、生産能力の拡大が必須であると思われる。さらに、力強い成長を実現するには、一層の生産性の向上も必要であろう。政府による第12次計画及びタイランド4.0で強調されるように、重点分野として、人的資源開発の改善、クラスター開発を通した技術普及の促進、イノベーション及びデジタル化の推進、中小企業政策枠組みの改善、地域統合の拡大を挙げることができる。

はじめに

　タイは、1970年代に称賛に価するだけの社会経済的進歩を成し遂げたが、また2036年までに高所得国となるとする野心的目標を掲げている。その実現には、経済的潜在能力の向上と包摂性改善のための、段階的な構造改革が求められるだろう。タイでは、持続可能な開発目標（SDGs）の繁栄分野に対し持続的かつ包摂的成長を通した強力な経済基盤が求められており、人的資本の開発、イノベーションの推進、インフラ投資、中小企業への支援、世界貿易に対する開放性の維持に努めていく必要がある。

　本章では、タイのマクロ経済におけるファンダメンタル、近年の開発努力、今後の展望について検証していく。また、生産性の改善と経済成長を左右する構造的課題についても論じていく。そこでは、高生産性分野への労働力再配置を妨げている要因の除去、クラスター開発を通した技術普及の促進、イノベーション及びデジタル化の推進、中小企業政策枠組みの改善、地域統合の推進といった課題が扱われる（人的資本開発、競争、規制に関するさらに踏み込んだ議論については、第1章及び第5章を参照）。

第1節　タイの長期成長目標の実現を支える健全なマクロ経済におけるファンダメンタル

　タイが、野心的目標である2036年までの高所得国入りを果たすには、成長率の相当な向上が求められる。タイの1970年から2016年にかけての一人当たりGDP成長率は、購買力平価ベースで年間平均4.2％であり、2016年までに一人当たり所得水準はOECD平均の42％に達している（図2.1A）。この期間、タイは経済構造の大きな変革を実施し、第一次産業分野のGDPに占める割合は1970年には26％であったが、2016年には8％にまで低下している。またこれと同時に、製造業分野の割合は25％から36％に、サービス産業分野についても49％から56％に上昇するとともに、輸出割合は15％から69％にまで増大している。

図2.1　キャッチアップの中で速い成長の求められるタイ

A　一人当たりGDP、対OECD平均比（%）、2016年米ドルPPP

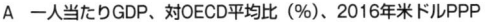

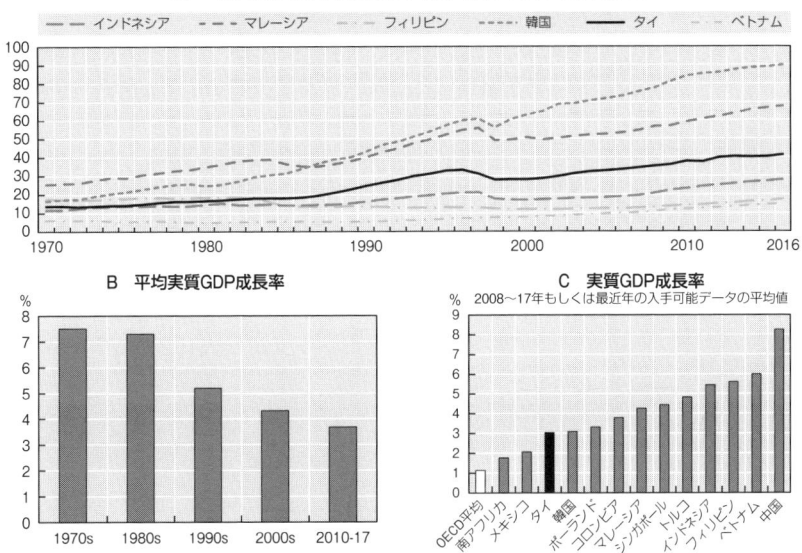

StatLink：http://dx.doi.org/10.1787/888933691838

注：2016年のタイの一人当たりGDP（米ドルPPP）は、OECD平均が4万1,776米ドルであったのに対し、1万7,359米ドルであった。
出典：Conference Board（2017）, Total Economy Database, May 2017, *www.conference-board.org/data/economydatabase*; Datastream and OECD calculations.

　貿易、投資の自由化とビジネス・フレンドリーな規制改革により、グローバル・バリューチェーン（GVC）への参画が促される中、こうした転換において、構造改革が重要な役割を果たしてきた。これら努力の結果として、タイは、自動車分野及び民生用電子機器分野を中心にアジア太平洋地域におけるGVCの一角を占めることとなった。この両分野は、1996年にはいずれも製造業産出総額の10％を占める程であったが、それぞれ約30％、約20％へと産出額を増大させている。タイが域内グローバル・バリューチェーンで重要な役割を果たしていることは、自動車分野、民生用電子機器分野の輸出面にも反映されており、両分野合計でタイの財輸出総額の30％を占めている。財輸出額の70％

超がアジア太平洋地域向けであり、財輸出総額の約4分の1が東南アジア諸国向けとなっている。世界でもトップクラスの観光地とされるタイでは、観光業がサービス分野で支配的地位にある。観光業は貴重な外貨獲得源であり、1996年にはGDPの4％から13％近くを占めるまでに拡大している。世界観光機関によると、2016年のタイでの観光客数3,260万人は、世界第9位に位置付けられるとされる。

1.1 近年の成長における回復傾向

1997年から1998年のアジア金融危機、2008年の世界金融危機といった予期せぬ経済的打撃によって、1970年代からのGDPの成長は漸次的な低下傾向にある。またそれ以降も、主要産業分野に壊滅的な打撃を与えた2011年の津波、そして投資家の自信を揺るがす政治不安の広まりも成長阻害要因として作用してきた。その結果、タイはその潜在成長力を発揮できないまま、東アジアの多くの比較対象国と比べ成長は低迷状態にある（図2.1B・C）。

近年、民生用電子機器分野での輸出の拡大、観光客の増大傾向、公共投資の拡大によって、成長の勢いは回復の方向に向かっている（図2.2A・C・D）。2018年には4.0％、2019年には4.1％にまで成長率が上昇することも予想されている（表2.1）。しかし、短期的な成長見通しには世界需要の循環的拡大傾向が大きく作用しているため、タイはなお経済の潜在力拡大に向け拡張的に構造改革を進めていく必要があると思われるが、ここでの予想に伴うリスクも広範囲に亘って分散されることになる。一方において、世界的成長傾向、特にASEAN諸国及び中国で速い速度で成長が進んでいるとすれば、輸出及び製造業分野での実績は予想よりも高くなる可能性がある。他方で、様々なインフラ・プロジェクト計画の実施の遅れ、先進経済での金融政策正常化加速化に伴う世界的不安定性の増大、輸出額の約11％を占める中国の成長率の急速な落ち込みといったことが生じた場合、成長にブレーキが掛かってしまうことが考えられる。

実際、2017年の輸出は加速的な成長をみせたものの、民間投資は誘発されず（図2.2B）、公共インフラ・プロジェクトの実施も進まず（図2.2E）、また世帯の負債水準が高い中では消費額の成長も頭打ちとなっており、工業生産額の

図2.2　成長率の上昇に対し不振の続いている投資

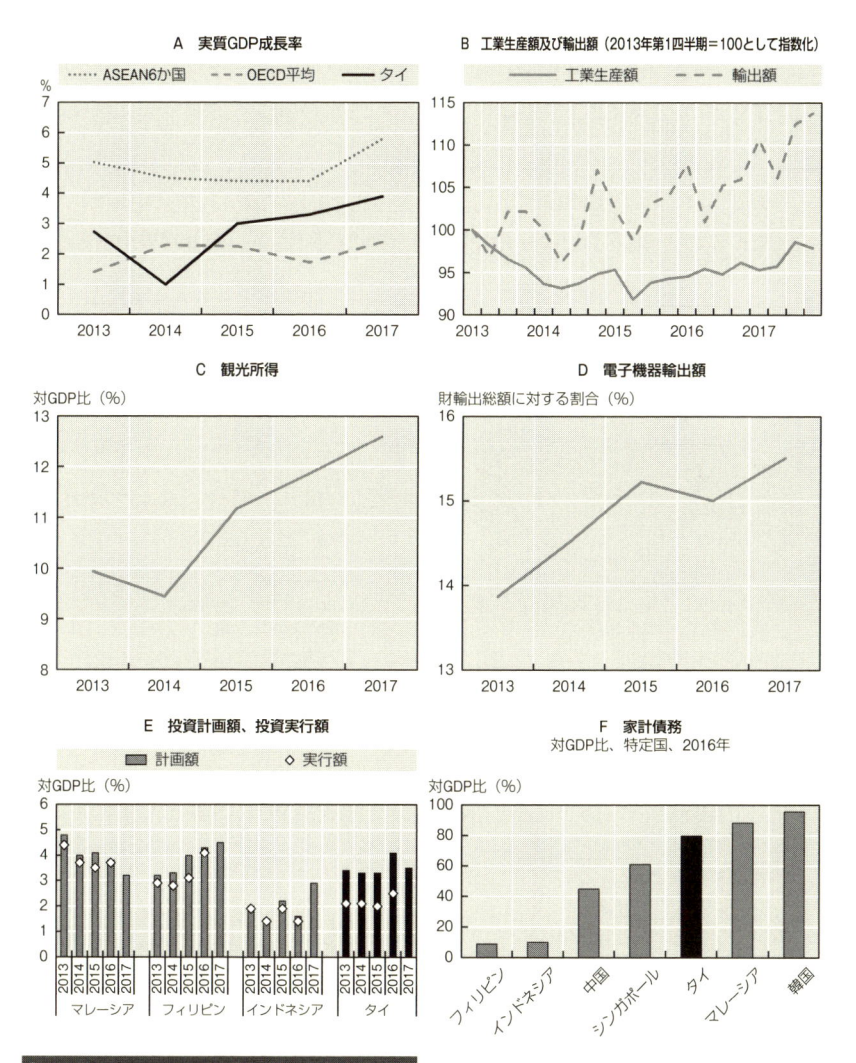

注：ASEAN6か国は、インドネシア、マレーシア、フィリピン、シンガポール、タイ、ベトナムの加重平均成長率を
　　表す。観光所得は、国際収支における旅行サービス輸出（グロス）を表す。

出典：OECD（2017d）, National Accounts database, *http://dx.doi.org/10.1787/na-data-en*; World Bank（2017）,
　　　World Development Indicators, *http://databank.worldbank.org/data/home.aspx*; CEIC; Bank of Thailand; and
　　　Ministry of Commerce.

表2.1 マクロ経済指数及び予測
制限がないとしたときの年間変化率

	2013	2014	2015	2016	2017	2018	2019
						予測	
実質GDP	2.7	1.0	3.0	3.3	3.9	4.0	4.1
民間消費	0.9	0.8	2.3	3.0	3.2	3.2	3.4
政府消費	1.5	2.8	2.5	2.2	0.5	3.5	2.5
総固定資本形成	-1.0	-2.2	4.3	2.8	0.9	4.2	4.7
・民間	-1.5	-0.9	-2.1	0.5	1.7	2.2	2.5
・政府	0.8	-6.6	28.4	9.5	-1.2	9.8	10.4
輸出等（財及びサービス）	2.7	0.3	1.6	2.8	5.5	5.3	5.9
輸入等（財及びサービス）	1.7	-5.3	0.0	-1.0	6.8	6.6	6.8
消費者物価	2.2	1.9	-0.9	0.2	0.7	1.2	1.5
政策金利（年末；%）	2.5	2.0	1.5	1.5	1.5	1.5	1.5
失業率（対労働力人口比；%）	0.7	0.8	0.9	1.0	1.2	1.2	1.2
経常収支（対GDP比；%）	-1.2	3.7	8.1	11.7	10.8	8.5	8.0
一般政府財政収支（対GDP比；%、会計年度）	0.5	-0.8	0.1	0.6	-1.7[1]	-1.8	-1.8
政府債務（対GDP比；%、会計年度）[2]	42.2	43.4	42.5	41.8	41.9	41.2	40.6
家計債務（対GDP比）	76.6	79.9	81.2	79.9	78.3[3]	-	-
外貨準備（グロス、年末、10億米ドル）	167.2	157.1	156.5	171.9	202.6	-	-
世界貿易成長	3.6	3.7	2.7	2.6	5.2	4.1	4.0
（ブレント原油スポット価格、1トン当たり米ドル）	108.6	99.0	52.4	43.7	51.7	65.0	65.0

1. 当数値は、予測値である。刊行時点での最新データは入手できなかった。
2. 会計年度末（9月）時点のデータに基づく。これには一般政府及び国有企業の債務が含まれる。
3. 2017年第3四半期末時点でのデータに基づく。
出典：OECD（2017k）, Economic Outlook 102 database; CEIC database; NESDB; Bank of Thailand and Public
　　　Debt Management Office（February 2019）.

　拡大も穏やかな中、国内需要は停滞した状態にある。したがって、経常収支の
黒字幅は極めて大きな水準にある（図2.3C）。タイ銀行（BoT）による予測で
は、今後、構造改革の欠如する状況で、（ドル・ベースでの）輸出額成長率は
2018年以降年率2〜3％と、過去10年間の平均10％水準から落ち込み、低水
準となることが示唆されている（BoT, 2017）。
　世界需要の循環的拡大傾向に対し、第12次計画の下、高所得国入りを果た
すとする野心的な目標を実現するには5〜6％の成長が必要となるが、それに

図2.3 低インフレ率、為替相場の下落と不良債権割合の上昇

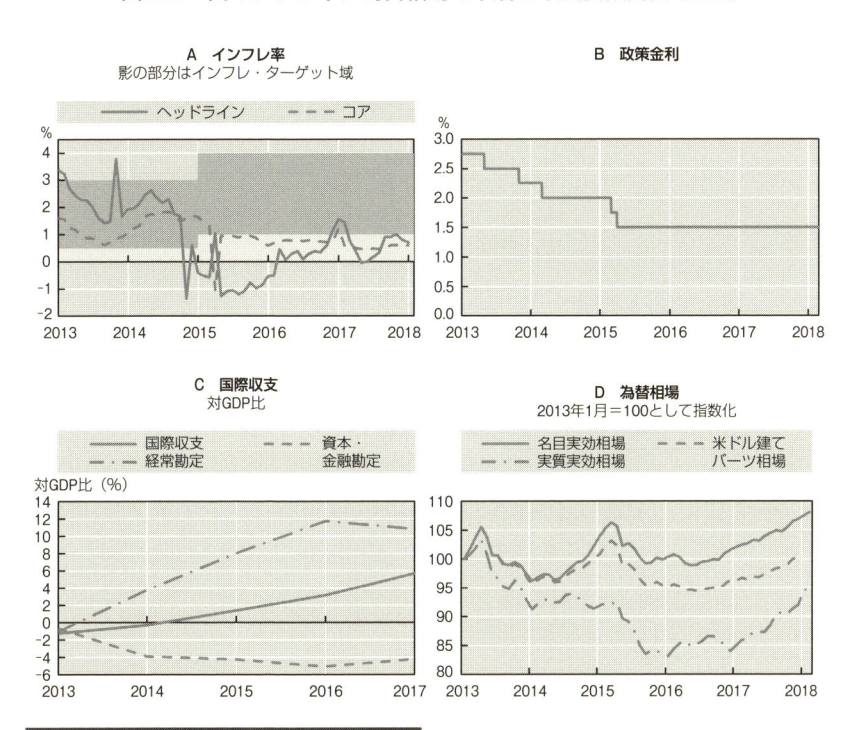

StatLink：http://dx.doi.org/10.1787/888933691876

注：A：インフレ・ターゲットは2015年に四半期平均コア・インフレ率から年平均ヘッドライン・インフレ率に転換している。

出典：CEIC; Bank of Thailand.

表2.2 主な脆弱性

考えられる被害	予想される経済への影響
自然災害の頻繁化	資産の喪失、農業生産の低下、価値連鎖の寸断
特に中国での新興経済としてのハードランディング	閉じた地域統合により拡大される実質部門及び金融部門を通した成長への負のスピルオーバー効果
保護主義の高まり	対GDP比100％を超える貿易収支黒字の場合の成長への影響
地政学的な緊張の高まり	予期せぬ金融市場の混乱と企業マインドの低下
国際金融市場の混乱	金融条件の厳格化と成長の停滞
サイバー攻撃の頻繁化／被害の拡大	経済・社会的崩壊

は投資の活性化が不可欠である。この目標の実現に向け、政府は、投資支出に優先順位を付ける必要がある。所得税の還付、地方補助金、低所得世帯への現金給付といった近年の消費関連措置に依存する状況は、短期刺激策同様、一部のグループには救済となっても、長期生産能力の拡大にはほとんど役立っていない。特にインフラ分野を対象に公共投資拡大計画を実施するのであれば、弱弱しい民間投資においてイニシアティブを引き出し得ると考えられる。タイにおいて財政面での堅実性を保持することは重要であるが、生産性改善に資するインフラ分野で対象を限定し公共投資を遂行することが、潜在的な経済成長力の拡大には不可欠である。政府により野心的インフラ投資プログラムが計画されているが、今後、政府負債はGDPの約41％の規模で推移することが予想される（以下参照）。この予測において評価を困難としている脆弱性の幾つかを表2.2にまとめてある。

　政府はこれまでも長期に亘って、包摂性と経済成長の促進におけるインフラ投資の重要性を認識してきた。この分野での計画策定は段階的に洗練されてきたが、実施面が伴っていない（図2.2E）。今後、お役所主義により不必要に新規インフラ・プロジェクトの承認及び実施に遅れが出ないようにするとともに、金融協定及び官民パートナーシップの改善を確保していくことが重要であると考えられる（第3章）。幾つかの大規模輸送プロジェクトでの土地問題が解決されれば、公共投資はすぐにでも拡大できるだろう。さらに、重要分野である東部経済回廊（EEC）法案が国会で承認されれば、当分野において海外からの直接投資（FDI）が誘発されるものと思われる。

1.2　インフレ率低減を狙った金融政策

　タイの独立中央銀行であるタイ銀行（BoT）は、金融政策、金融部門規制、決済制度と広範囲に責任を持つ。タイ銀行は、2000年以降、柔軟なインフレ・ターゲット政策を展開してきたが、多くのOECD加盟国と同様、金融政策枠組みの信頼性拡大に寄与してきた。2015年には、インフレ・ターゲットを四半期平均0.5〜3.0％の水準から、コア・インフレ率を2.5％とし±1.5％の幅を持たせた年間平均ヘッドライン・インフレ率へと変更している。年間4回の記者会見と併せ、年間8回開催される金融政策委員会の議事録は編集され各会議

後2週間で公表されており、金融政策の透明性は高い。当委員会のメンバーは多様であり、外部有識者4名とタイ銀行総裁、財務省幹部2名から構成されている。

　2015年4月以降、世界金融危機直後の2009年に記録した最低利率に対し、ちょうど25ベーシスポイント上回る1.5％水準に政策金利は維持されている。ヘッドライン・インフレ率は2015年にマイナスに転じターゲット水準を下回ることとなったが、2015年11月以降、コア・インフレ率を1％下回る水準に変更したことで、価格圧力はかなり緩和されることとなった。しかし、例えそうであるとしても、タイバーツの近年の一貫した切り上がりと家計部門における高水準の債務状況下では、政策金利の変更は実施されないことが予想される。

　ヘッドライン・インフレ率は漸次的に上昇し、2018年には政策目標レンジ内に復帰することが予想されている。特に、インフラ支出が予定通りに実施され国内総支出の拡大が予想されるが、多様な構造的要因を考慮に入れ、インフレ圧力を含めて算出されている。これらの背景には、規模の経済性と灌漑技術の改善を通じた農業分野での総支出額の減少、グローバル化の進展とグローバル・バリューチェーンの改善、そして急速に進むデジタル経済化における電子商取引の拡大がある（以下、参照）（BoT, 2017）。

1.3　タイの強大な緩衝力

　タイは長い期間、堅実な財政運営を行ってきたが、短期的な財政見通しでも健全性が保たれている。2013年以降、一般政府の財政収支は平均して僅かながら黒字を維持している。しかし、今後、政府による大規模公共インフラ投資プログラムが執行され、農業部門改革への追加投資が行われれば、相応の赤字額が予想されるとともに、2018年の補正予算における社会福祉部門への支出により赤字額はさらに膨らむことが予想される。GDPに対する政府債務額の割合は、経済成長の拡大が予想される中、ゆっくりと低下していくことが予想される。相続税及び土地・建物税の導入等、現在進められている財政改革は歳入増大に寄与することになろう。歳出面では、一般政府支出のGDPに対する割合は約21％と、OECD平均の半分でしかないが、マレーシア（22％）、メキシコ（22％）、フィリピン（17％）とは同等の水準にある。また、燃料補助金

改革を通した政府の非生産的補助金プログラムの合理化、そして米担保融資制度の対象を明確化した制度への代替を進める中で、相当額の補助金が削減されている。しかし、長期的には、高齢化が財政の持続可能性にとっての大きな課題となると考えられる（第3章）。

　対外的には、タイは相当の緩衝力を備えている。2017年の経常黒字は対GDP比で11％近い水準にあり、外貨準備高は輸入額の約13か月分、短期対外債務額の3倍に相当する水準にある（図2.3C）。大幅な旅行収支黒字と、2014年から2015年の原油価格落ち込みによる原油輸入額の減少と併せ、輸出額が拡大方向にあったことで、巨額な経常収支黒字により通貨高が下支えられる構図にあった（図2.3D）。今後、公共投資の拡大が予想される中、輸入を拡大させ、タイバーツ切り上げ圧力を部分的に緩和させる必要があると考えられる。

　また、タイの金融自由化に向けた速度及び様式が、為替相場変動の方向性に作用していくものと思われる。2010年以降、中央銀行は、特に資本勘定面での規制緩和等外国為替政策に的を絞った金融自由化戦略を発動している。また今後に向けて、金融機関のオフショア投資に対する外国為替ヘッジ要件の緩和、対外FDIの促進といった、追加的な政策措置が検討されている。

1.4　一部脆弱分野を抱えながらも健全性を保つタイの金融機関

　家計部門の大規模な債務と、不良債権の拡大、そしてシャドーバンキング部門拡大による脆弱性の高まりがリスク要因となる中で、金融部門は概して健全性を保っている。一部の銀行でバーゼルⅢ規制水準を上回る状況にはあるが、金融機関の自己資本比率は高水準にある（図2.4A）。さらに、中央銀行によって、2018年1月より全ての金融機関を対象に、既存の流動性カバレッジ比率の補完を目的とする、より厳しい安定調達比率が要求される予定である。また、2020年まで段階的に実施される自己資本比率の引き上げに対し、事前的対応として、国内金融システムにおける重要性に鑑みた主要銀行5行が指名されている。しかし、特に中小企業においては不良債権の割合が上昇傾向にある（2017年末には、中小企業が不良債権全体の過半数を占めていた）（図2.4B）。利子率が上昇する場合、将来的に問題の重要性が増すことになる。さらに世帯でも、規制が緩く高利回りで低利借り入れも可能なノンバンクに預金をシフト

図2.4　拡大を続ける不良債権

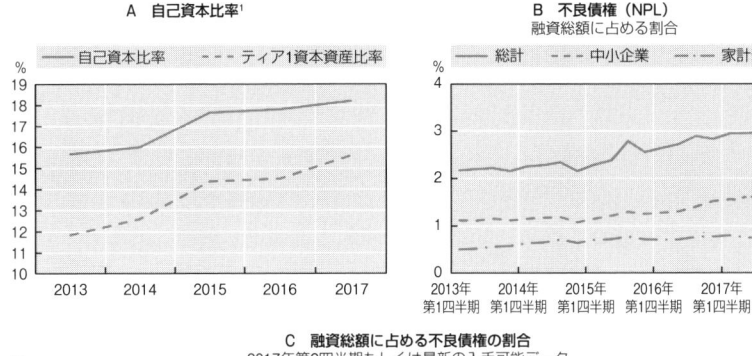

A　自己資本比率[1]

B　不良債権（NPL）
融資総額に占める割合

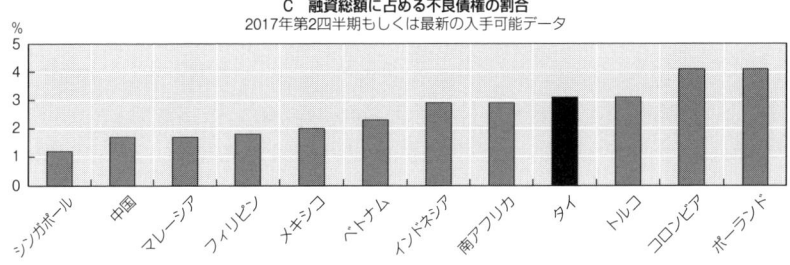

C　融資総額に占める不良債権の割合
2017年第2四半期もしくは最新の入手可能データ

StatLink：http://dx.doi.org/10.1787/888933691895

1. 国内で設立された商業銀行のデータ。
出典：CEIC; Bank of Thailand; IMF（2017）, Financial Soundness Indicators（database）.

させており、高格付け企業の発行する債券の人気が高い。多様な金融機関と流動性リスクに対する統合的監督において、全金融機関を対象とした規制の調和が金融安定性の確保につながるものと考えられる（IMF, 2017）。

第2節　タイランド4.0に向けた生産性の向上

2.1　タイランド4.0の鍵を握る労働生産性の改善

生産性が長期的な経済的繁栄と福祉を決定付ける。国による労働生産性の違いは、一人当たり所得の違いとなって現れる。他の東アジアの新興諸国と同様、

タイが初期の工業化段階で獲得した生産性は、資本蓄積とFDIに体化され輸入される技術に支えられる形で、農業部門から労働集約的製造業部門へと未利用の地方の労働力を再配置することによってもたらされている。タイが高所得国入りを果たすには、資本及び労働の投入により急速に生産要素蓄積を増やすのではなく、生産性の向上を通して成長を一段と高めていく必要がある。

　タイの第12次計画で想定される労働生産性及び全要素生産性（TFP）での年間2.5％を超える成長目標は、タイランド4.0でも重要視されているが、イノベーション、人的資本開発、規制改革、インフラ開発を前提とするものである。またこれは、2011年から2015年に経験した平均1.1％のTFP成長率と比較される。タイランド4.0では、より高い生産性と技術主導型経済への転換が企図されており、そこには「タイランド1.0」での農業部門、「タイランド2.0」での軽工業（例えば、食品加工業、繊維産業）、「タイランド3.0」での重工業（例えば、化学産業、鉄鋼業）により主導される資本・労働蓄積からの進歩が示されている。輸入技術の生産性向上への貢献度が低減する中、高度技術及び知識集約的活動、国内イノベーション、知識ベース資本に対する投資、そして人的資源開発がさらに重視されるようになってきている。

　2000年代前半以降、労働生産性の成長率は平均3％である。しかし近年、また多くのOECD加盟国と同様、世界貿易の衰えによる需要の冷え込みを一つの理由として、労働生産性成長率を世界金融危機前の水準（図2.5）にまで回復できず、資本形成及び資本生産性の向上も遅滞させる結果となった。中国、フィリピン、ベトナムからのFDIによる競争の激化も、国内政治の不安定性、公共投資プロジェクトの遅れ、技能格差の拡大と合わさり、投資の遅滞を招く結果となっている（図2.6）（第1章）。

　タイのこれまでの労働集約的製造業分野での競争優位は、インドネシア、フィリピン、ベトナムといった域内諸国に対する賃金高騰によって浸食されている。これは一部、人口動態的側面を反映するものでもあるが、タイでは、国内労働供給を重視している他の東南アジア諸国と比べ、高齢化が進んでいる。実際、1990年代にはGDP成長に対する労働投入の寄与度はかなり高かったが、その後、漸次的に低減し、2011年から2015年にかけてはマイナスに転じている（図2.7）。

図2.5　タイでさらに必要とされる労働生産性の成長拡大
雇用者一人当たり年平均労働生産性成長率

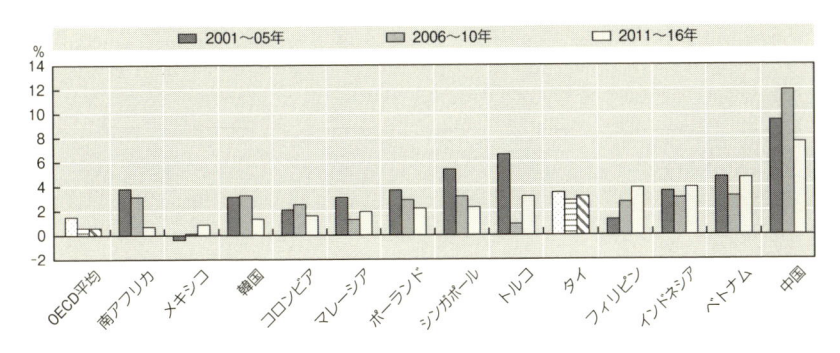

StatLink：http://dx.doi.org/10.1787/888933691914

出典：OECD事務局算定。データ源：National Statistical Office; Datastream; OECD（2017e）, Productivity Statistics database, *www.oecd.org/std/productivity-stats.*

図2.6　活気のない資本形成により抑制される成長及び生産性の向上

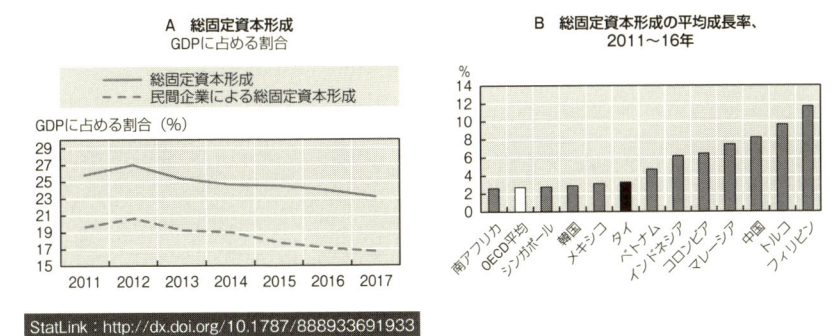

StatLink：http://dx.doi.org/10.1787/888933691933

出典：NESDB; World Bank（2017）, World Development Indicators（database）, *http://databank.worldbank.org/data/home.aspx.*

　地方の生産性の低い農業部門から都市の生産性の高い部門への労働の再配置は、キャッチアップを進める成長局面と構造転換における重要な特徴である。タイの2016年の第1次産業分野のGDPに占める割合は8％であり、上位中所得国平均をそれ程上回ってはいないものの、雇用に占める第1次産業分野の割

図2.7　労働投入からはもたらされないタイの近年の成長

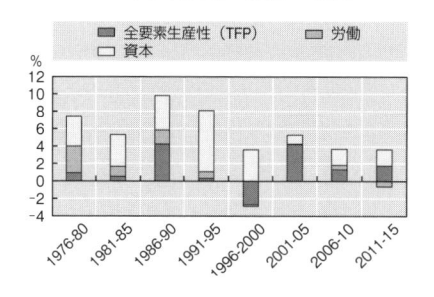

A　タイでの実質GDP成長率への寄与

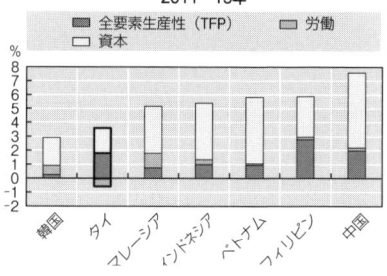

B　東アジア諸国での実質GDP成長率への寄与 2011〜15年

出典：Asia Productivity Organization（2017），Productivity database 2017 Version 1, *www.apo-tokyo.org/wedo/measurement.*

図2.8　第１次産業部門での高水準な雇用に対し低い生産性

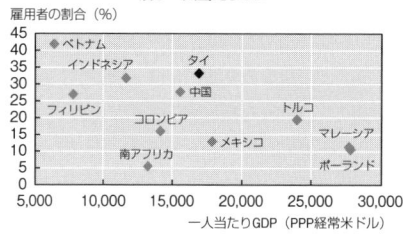

A　2016年における第1次産業部門雇用者割合及び一人当たりGDP

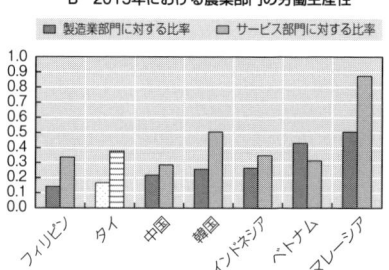

B　2015年における農業部門の労働生産性

出典：World Bank（2017），World Development Indicators database, *http://databank.worldbank.org/data/home.aspx*; ILO（2017），ILO Stat（database），*www.ilo.org/global/statistics-and-databases/lang--en/index.htm*; Asia Productivity Organization（2017），Productivity database 2017 Version 1, *www.apo-tokyo.org/wedo/measurement.*

合（33％）は未だ高く、インドネシア、フィリピンといった低位中所得国に近い水準にある。タイでは、他の域内諸国と比較し、製造業及びサービス業部門に対し農業部門での労働生産性に改善の余地が残されている（図2.8B）。

過去30年間、労働の再配置による労働生産性向上への寄与度は低下してき

図2.9 持続可能な生産性の向上に結びついていないタイにおける労働の再配置

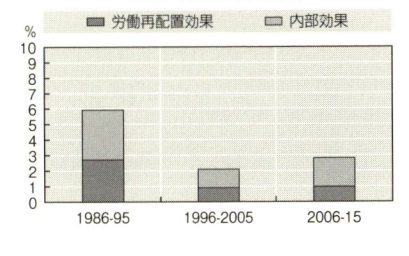

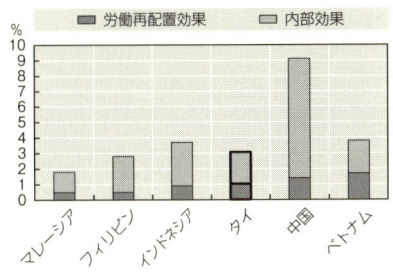

StatLink：http://dx.doi.org/10.1787/888933691990

注：「内部効果」とは、部門内部での生産性の成長を通して総労働生産性の成長に寄与する効果を言う。「労働再配置効果」とは、生産性の低い部門から高い部門への労働の移動が寄与する効果を言うが、そこでの産業部門は、1）第1次産業、2）鉱業、3）製造業、4）建設業、5）電気、ガス、給水業、6）卸売及び小売業、ホテル・レストラン業、7）運輸及び通信業、8）金融仲介業、不動産業、及びビジネス・サービス、9）コミュニティ、社会、個人向けサービス業の九つに分類されている。
出典：OECD事務局算定。データ源：Asia Productivity Organization（2017）, Productivity database 2017 Version 1, *www.apo-tokyo.org/wedo/measurement.*

た（図2.9A）。2001年から2015年には、世界市場での農産品コモディティ価格の上昇と地方からの移民労働者における技能不適合問題の拡大を受けて、中国及びベトナムよりも低水準であった。さらに、2011年10月に発動され2014年に廃止となった米担保金融制度（当制度下では、政府は市場価格よりもかなり高い価格で米を購入する）に代表される2010年代前半の地方開発政策によって、期待収益が歪められ、労働再配置が抑制されることも考えられる（Egawa, 2015）。

　政府は、こうした事態を打開するために、生涯学習と技能訓練によって技能不適合問題を解消し、労働の再配置を促進すべきである。さらに、政府は、伝統的な家族ベースの低技術モデルからの転換を促し、農業部門の生産性改善を推進すべきである。この点について、第12次計画では、より高度な技能及び技術の導入を促進し規模の経済性を獲得するために、分断された農地の統合化計画を掲げている。またタイでは、特にスマート農業プログラムを通したICT活用拡大による、イノベーションの促進を考えている。後者では、特殊的立地

にある農家と特殊的農産品を扱う農家に対し有益なデータを提供することを目的に、データベースとナレッジマネジメント・システムの開発を進めている。OECDの経験からは、農家による多様で複雑なニーズに適合したイノベーションを可能とする農業部門のR&Dに対し公的支出を行う方が、灌漑や肥料に対する補助金といった別の形の公的支出よりもより効果的、持続的、かつ確実に農業生産性を向上させ得ることが示唆される（OECD, 2015, 2017j）。また、米の生産を支援している現状に対し、家畜や園芸品といったより高付加価値な生産物の生産を支援する方向で、農業政策の多様化を進めるべきである。またその過程で、一部の地方の集団を置き去りにしてしまうようなインセンティブの導入は回避できるようにすることが重要である。

第一次産業分野である農業部門での資本集約化、知識集約化が進み、労働集約性が低減するのに伴い、地方を中心に食品加工と食品関連サービスの重要性が高まるだろう。国内農産品価格引き上げ政策は逆効果となる可能性が高いことに留意し、第一次産業分野における農産品の付加価値向上につながる食品産業の競争力強化を図るべきである。OECDの付加価値貿易指標からは、タイの食品及び農産品輸出に占めるサービス部門の割合は低いことがわかる（OECD-WTO, 2017）。タイは、技術サービス及び農機具サービス、地方の専門サービスのeコマースを通した流通等、農業関連サービス産業の開発を含め、食品生産の高付加価値化に向けたアグリフード部門とサービス部門の結びつきの拡大を進めていくべきである。またもう一つ関心を集める政策分野に規制環境がある。食品の安全基準の強化と食品表示制度が、何よりも高品質食品の公正な市場価値の確保に寄与するものと思われる。

生産性の改善において、製造業部門及びサービス産業部門での先端企業と追随企業との生産性格差縮小がまた鍵を握る。追随企業の大部分が、熟練度の低い企業家によって経営され、未熟練労働者を雇い、非公式あるいは準非公式市場で活動する小企業である場合が多い。OECDの経験からは、人的資本開発、技術の普及促進、デジタル化の推進、中小企業政策枠組みの改善、地域統合の推進を通して、高生産性企業へのキャッチアップを促進し得ることが示唆される（OECD, 2016）。これらの政策は第12次計画でも高い優先度が与えられており、後の節で議論していく。

2.2　全体論的観点の求められるクラスター開発

　タイランド4.0の下、2015年11月に政府は「第一次S字カーブ」及び「新S字カーブ」産業を構成する、既存の産業基盤とは切り離された優先度の高い産業群を選定した（MOE, 2015）。「S字カーブ」の概念は、産業成長の初期段階には市場規模は限られ成長は相対的に緩やかであるのに対し、一旦、規模の経済性が働き市場の拡大が進むと、生産量が急速に増大し最終的には需要が飽和して成長が定常状態に移行するといった過程に基づいている。第一次S字カーブ産業は、成長維持の観点から短・中期的に既存産業の高度化を目指すもので、そこには農産品加工、自動車、エレクトロニクス、ツーリズムといった業種が含まれる。またそこでは、次世代自動車（例えば、電気自動車）、スマート・エレクトロニクス（例えば、高付加価値IC製品）、医療・健康ツーリズム、農業・バイオテクノロジー、未来食品（例えば、機能性食品）が対象とされている。新S字カーブ産業は、さらに洗練された技術に基づく、長期成長の原動力と見なし得る分野であるが、そこでは、ロボット産業、航空・ロジスティックス、バイオ燃料及びバイオ化学、デジタル産業、医療ハブ産業が対象とされる。

　政府は、これら優先分野の開発への支援を目的に、特殊的目的の指定される多様な特別経済区（SEZ）に対し投資促進措置を発動している（表2.3）。特別経済区は、立地内の企業、研究・大学機関、政府機関間の関係強化を通して、

表2.3　タイの特別経済区

国境地帯の特別経済区（SEZ）	ASEAN近隣諸国との国境に近接する10県では、国境を越えた貿易及び雇用を拡大させることを目的に設置している（2016年始動）。
スーパークラスター等対象の定められたクラスター	スーパークラスター特別経済圏は総計32県（重複含む）に設置されているが、主に中部及び東部地域に立地される。対象分野として、自動車・自動車部品、電気・電子機器、環境にやさしい石油化学製品、デジタルサービス、食品、航空・宇宙、自動化・ロボット、医療サービスが挙げられる。他の対象を特定したクラスターは地方に立地しているが、農産加工品及び繊維分野を対象としている（2016年に始動）。
東武経済回廊（EEC）	東部沿岸地域の3県（チャチュンサオ、チョンブリー、ラヨーン）が、S字カーブ10産業の推進を目的として設置している。EEC開発区法案が2018年2月に国会を通過している。租税インセンティブ、インフラ開発、経済区に特殊的な規制改革（外国人労働者へのビザ規制の緩和等）を通してEECへの投資が促進されるものと思われる。

出典：Board of Investment, Thailand（2017）.

産業分野のバリューチェーン改善を目的とするクラスター概念に基づき設計されている。政府は、特定の特別経済区に対し、非金融刺激策（例えば、外国人熟練労働者へのビザ発給手続の簡素化、外国人の株式及び土地所有規制の緩和）と併せ、金融インセンティブ（例えば、企業によるイノベーション及び人的資源開発に対する減税及び補助金）を供与している。2016年6月には、政府は東部沿岸地域の三県を東部経済回廊（EEC）として指定している。こうした最重要特別経済区の構築は、既存の製造業及びエネルギー産業分野を基盤に進められるが、政府は、2017年から2021年の期間に、東部経済回廊に対し1.5兆バーツ（2016年の名目GDPの10％程度）規模の政府及び民間投資を実現するという野心的目標を掲げている。

タイでは、2000年代前半以降、産業クラスター政策が実施されてきたが、高付加価値産業基盤の創出における成功は限られている。さらに、政策措置は、減税等、投資に対する金融インセンティブの供与に集中して実施されてきたが、クラスターでの集積効果の十分な促進にはつながっていない。特に政府、企業、研究・大学機関間の多様なレベルでの協働と協調が脆弱であったことが、クラスターでのステイクホルダー間の水平的、垂直的統合を阻害する結果となってきた（Fukuoka et al., 2016）。

OECDの経験からは、成功しているクラスターでは、産業界からのニーズに適切に対応しクラスター内労働力への技能訓練を強化するとともに、革新的中小企業の参入に対する支援能力を備えた、政府の優れたガバナンスによる下支えが存在する（OECD, 2009）。こうした知見に基づき、政府は首相を議長とする東部経済回廊政策委員会を立ち上げている。ステイクホルダー間の効果的な協働とコミュニケーションの確保を狙い、同委員会は関連省庁と民間部門からの代表によって構成されている。同政策委員会は、重複の多い官僚的な作業を合理化し、現在、20か月掛かる官民パートナーシップ・インフラ・プロジェクトの承認課程を半分の期間に短縮する等、一連のイニシアティブを推進している。

特別経済区における研究・大学機関と企業との協働を強化することを目的に、政府は一部の特別経済区を対象に投資インセンティブの活用を可能としているが、人材流動性プログラムへの参加や、オン・ザ・ジョブ・トレーニングと学

校教育とを組み合わせたインターンシップ及びデュアル・システムを推進する人的資源開発プログラムへの参加といった多様な協働形態への参加を条件としている東部経済回廊のケースは、特筆に価する（以下参照）。

　政府は、外国人投資家を対象に高いレベルで投資誘致を進めているが、特に東部経済回廊における特別経済区での外国企業と国内企業との連携拡大には、明確かつ詳細な計画と政策措置が必要である。こうしたことが技術の普及を後押しし、地域産業クラスター政策からの恩恵を確実に共有させ、国家レベルの福祉の推進と地域格差解消につながるものと思われる。またこれと関連して、国内の革新的中小企業の参入を促し水平的、垂直的産業集積への参画を促進することが重要となる。

2.3　タイにおける付加価値高度化に資するイノベーションの促進

　タイランド4.0を実現し、付加価値水準を高度化させるには、国内でのイノベーションをより一層推進していく必要がある。産業及び企業におけるイノベーションによって、国際市場での競争力、グローバルバリューチェーン（GVC）への参画、そして製品の品質は改善される。高品質かつ高付加価値な製品の効率的な生産は、実質所得及び生活水準の持続可能な向上につながる。急速に技術が進歩し、自動化費用の低下する世界では、これらはいずれもより重要性を増すことになる。しかし、グローバル・イノベーション・インデックスに示されるように、タイのイノベーション実績は、東アジアの一部比較対象国に対し遅れているもしくは後退が進んでいる。

　イノベーションの高度化においては、海外直接投資（FDI）に伴って輸入される技術がイノベーションの主たる源泉となってきた。後方連関効果の働かない場合、こうした外国から持ち込まれた技術の国内産業へのスピルオーバー効果はもたらされない。実際、タイの自動車やハードディスクドライブの輸出において、その生産に使用される国内生産される投入財価格は安価で、高価格の投入財は一般に輸入されている（ADB, 2015）。

　政府は、イノベーション推進の重要性を認識し、科学、技術、イノベーションの利用拡大に基づく社会、経済、環境目標を定めた、10年間の国家科学技術イノベーション・マスタープラン2012 – 2021（STI計画）を推進している。

図2.10　拡大は続いているがなお比較対象国の多くを下回る
タイの研究開発（R&D）支出

R&D総支出の割合、2015年

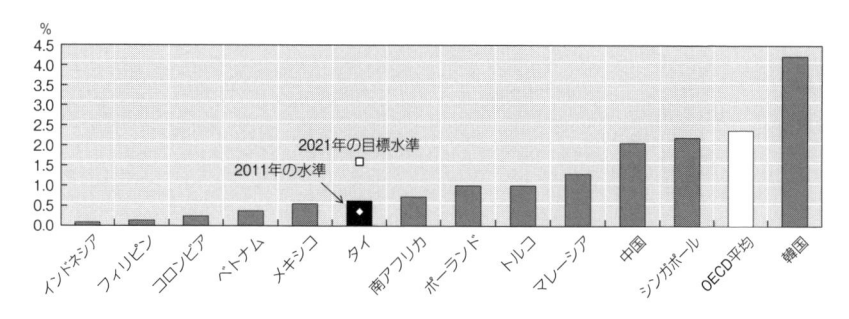

注：科学技術イノベーション・マスタープラン（STI計画）に盛り込まれたR&D支出2％目標は、第12次計画では
　　1.5％と大幅に下方修正されている。インドネシア、フィリピン、ベトナム、南アフリカに関するデータは、
　　2013年、トルコとシンガポールは2014年のR&D支出割合を表している。
出　典：UNESCO-UIS（2017）, Science, Technology and Innovation（dataset）, UIS Data Centre, *http://data.uis.
　　unesco.org*; OECD（2017f）, Gross domestic spending on R&D, *https://data.oecd.org/rd/gross-domestic-
　　spending-on-r-d.htm.*

　政府は、研究開発（R&D）を量と質の両面で拡大し、支援制度の改善と人的資
本を含めたインフラ整備を進めることによりイノベーションの推進を図ってい
る。現時点では、応用研究を主体としたR&D投資には消極的であり、イノベー
ションを滞らせる結果となっている（NESDB, 2017）。また、制約的な規制環境
と人的資本の欠如によって、イノベーションが阻害された状態にある（第1章）。

　STI計画及び第12次計画の一環として、政府は2021年までに対GDP比1.5
％水準までR&D支出額を増大させ、70％を民間部門から引き出す計画である。
また政府は、R&D人材を常勤従業員の0.25％にまで増加させることも計画し
ている（NESDB, 2017；NSTIPO, 2014）。こうした計画を受けて、状況はかな
り複雑化している。近年、R&Dに対する総支出額の増大により2015年には対
GDP比0.6％にまで達したが、なお目標の水準には達しておらず、OECD平均
（2.4％）と併せ、マレーシア（1.3％）、中国（2.1％）、シンガポール（2.2％）
といった他の域内諸国よりも低い水準にある（図2.10）。しかし、そうではあ
っても、企業のイノベーションに対する支出割合は、2011年の52％から2015

年には66％と割合的には改善が進んでいる（UNESCO-UIS, 2017）。また、過去2年間の目標を定めた政策措置が功を奏している。R&D支出に対する減税額は既に200～300％と高水準にあるが、その引き上げを行うとともに、政府はR&Dプロジェクトと技術移転や買収プロジェクトに対し定率補助金（matching grants）で支援する競争力基金を創設している。さらに、研究開発人材の割合は、2011年の0.079％から2015年には0.132％へと上昇している（UNESCO-UIS, 2017）。

しかし、協力面での脆弱さと制度的役割及び責任における明確性の欠如といった統治面での課題によって、イノベーションの推進が妨げられてきた。このことは、プロジェクト間での資金分散を招き、クリティカル・マスに達しないケースを多く発生させている。さらに、産業界の政府のR&D活動への関与が限られることが、技術移転を遅滞させ、商業化の途を閉ざす結果となっている（UNCTAD, 2015）。（政策の開発、資金配分、研究面での優先順位付けを含め）政府によるR&D活動のいずれの段階でも、戦略性に欠けることで利害関係にある組織間での重複を生み、技術及びイノベーションの開発に遅れが生み出されているのである（NESDB, 2017）。

これらの課題に対応するために、政府は研究・イノベーション政策の方向性を明確化するための国家研究イノベーション政策評議会を2016年後半に創設している。当評議会は、首相を議長とし、関連省庁、独立専門家、国有企業、産業界、大学からの代表によって構成される。現在、タイの研究・イノベーション体制の検証とS字カーブ産業の拡大による競争力強化を目的に、20年間に亘る国家研究イノベーション政策枠組みの新規開発を進めている（上記参照）。

また、特に企業でのイノベーションに対するもう一つの大きな障壁が、人材の活用にある。大学と産業界の協働関係が脆弱なことで、両部門間の研究者の流動性は限られた状態にある。流動性の拡大に向けて、政府は産業界や政府部門から人材が大学へ戻ることを可能とするとともに、大学側はキャリア上のハンディなしに学者が大学を出た後、帰任することを認める人材流動性プログラムを創設している（Durongkaveroj, 2015）。人的資本の欠如に対する一層の改善を目的に、政府は企業のASEAN諸国の人材の活用を可能とするワン・ストップ・ショップを開設し、産業界での海外人材の活用を支援している。また、

このプログラムを通して、ビザ発給協定の合理化が促進されるものと思われる。さらに政府は、重点分野である東部経済回廊（EEC）開発計画の一環として、東部経済回廊イノベーション（EECi）プロジェクトを始動させている。このプロジェクトは国際的人材を誘致し、政府部門、民間部門、学界、現地コミュニティでのR&Dを促進する、地域イノベーション・ハブの創設を目的とするものである。2016年には、政府は資金援助プログラム（例えば、研究ギャップ・ファンド、技術イノベーション企業開発ファンド）を通して、また企業家教育プログラムの拡大、イノベーション地区の創設、新規開業企業（start-ups）の事業円滑化に向けた商法改正により、企業家及び新規開業企業支援キャンペーンも実施している。多くのOECD加盟諸国同様、タイでは、サプライ・サイドのイノベーション政策ではなく、政府の市場メカニズム補完における支出を最小化したディマンド・サイドの政策の活用を拡大させる方向にある。例えば、政府調達を通した国内イノベーション製品の急速な発展と併せ、国内企業への技術のスピルオーバー効果の向上を目的に、2016年には国内イノベーション支援政府調達プログラムが導入されている。対象を定めた調達プログラムの場合、企業側のイノベーションの誘発には役立っても、大企業優遇の可能性とともに、技術的ロックイン状態で「費用に見合った価値」を求めてしまい、必ずリスクが付きまとうことになる（OECD, 2016c）。したがって、効率的で公正な国内市場条件の整備に向けた取り組みが、タイのディマンド・サイドのイノベーション政策の中心に据えられることが、極めて重要となる。この点に関して、タイにおいて、競争法、消費者保護法を改正し汚職を厳重に取り締まる必要があるとともに（第5章）、国有企業が民間企業に対し、また国外の適正な価格や規制に対して、対等な立場で活動できる環境を確保すべきである。

2.4 生産性の向上と社会経済開発促進につながるデジタル経済の推進

デジタル化は、基幹的な機能を有する社会経済開発だけでなく、生産性と効率性の向上にもつながる。デジタル化によって、より良い統治調整が可能となり、保健、教育、銀行業務等の重要サービスの享受、品質面での改善を通して、より包摂的な社会が実現される。また、イノベーションを支援することで、国家のバリューチェーン上の位置付けを向上させることにもつながる（OECD,

2017a）。他方、クロスボーダーでのデジタル情報のフローが拡大を続ける中、グローバルなデジタル経済への参画手段を持つことが重要となる（Chakravorti and Chaturvedi, 2017）。政府は、デジタル技術の活用を拡大させることの利益を認識しており、第12次計画の一環として、手頃なデジタル・サービスの普及拡大を推進している。デジタル化の進展は、多大な機会をもたらしてくれる一方で、極めて破壊的な側面も持ち、国民の仕事のやり方やライフ・スタイルを一変させてしまう。したがって、タイ社会が確実にデジタル革命を受け容れられる体制を整えられるよう、適切な計画が実行に移されていく必要がある。

　デジタル経済からの利益を均等に普及させるには、全ての国民、企業、政府機関が信頼できる手頃な形でデジタル・ネットワークに接続し、デジタル・サービスを利用できるようにならなければならない。タイは、この分野では進んではいるが、なお改善の余地を残している。2016年ネットワーク化準備度指標によると、タイの情報通信技術（ICT）基盤は、比較対象国の中では真中の位置にあるが、韓国とシンガポールを除けば、どの域内比較対象国よりも上位にある（図2.11A）。しかし、インターネットを利用している国民の割合は、2016年には47.5％と、ほとんどの比較対象国よりも低い状況にある。一方、デジタル経済の普及に向けた努力にもかかわらず、都市と地方とではICTの利用面での格差は大きいままであり、2016年の都市部国民のインターネット利用者割合が57％であったのに対して、地方部国民の割合は40％であった（NSO, 2016）。しかし、タイは2016年の6歳以上の国民で電話を利用している国民のうち、携帯電話を利用している者が81％超、また100人当たりの回線接続数では176と比較対象国中最も高い水準にあり、高い実績を上げている（NSO, 2016；ITU, 2016）。

　ICT基盤をデジタル経済実現のための手段とすれば、ICTリテラシーは駆動力であると言える。ネットワーク化準備度指標によると、数学及び科学の科目の質を含め、タイの教育制度の下で効果的なICT利用に必要とされる技能をタイ人学生が身に付けていないことが示唆される。実際、タイのデジタル技能に関する準備度は、大半の比較対象国を下回っている（図2.11B）。全ての国民がデジタル経済に参加し利益を享受できるようになるには、デジタル知識不足

図2.11 改善の余地のあるタイのデジタル基盤及び技能
準備度指数：1（最低）〜7（最高）、2016年

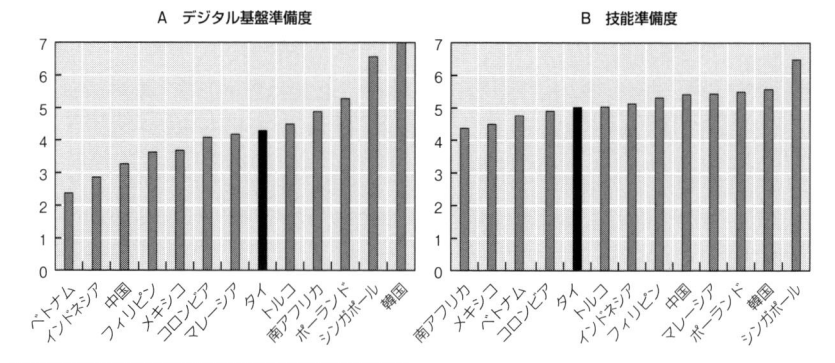

出典：WEF（2016）, Network Readiness *Index, http://reports.weforum.org/global-information-technology-report-2016/networked-readiness-index.*

問題に対する一層の取り組みが必要とされる。

　タイは、サイバー・セキュリティに関わる課題にも直面している。2017年第1四半期のタイにおけるマルウェア対策率（マルウェアもしくは望まれないソフトウェアの脅威から守られているコンピュータの割合）は、20％と比較対象国の中でも最高位の水準にあった（Microsoft, 2017）。他方で、タイは、データ漏洩報告数及びボット感染コンピュータの平均寿命で、それぞれ世界全体で10位と7位に位置付けられている（Symantec, 2017）。個人及び企業のデジタル技術の利用における信頼性を高めるには、デジタル・セキュリティの推進が重要である。

　タイでは、こうした障害の克服を支援する目的で、多くのイニシアティブを遂行している。2016年には、デジタル経済社会省が、20年間の4段階から構成されるタイ・デジタル経済社会開発計画を開発している。その第1段階の一環として、まず政府はデジタル・インフラ整備に取り掛かっている（表2.4）。実際、2017年には、10Mbps以上の伝送速度でのブロードバンド・インターネット接続数で拡大がみられた（Akamai, 2017）。また政府は、国内及び国際企業のデータセンター設立促進に向け、税の優遇措置を与え、ICT基盤の整備での

表2.4　タイのデジタル基盤目標

目標	期間
全村でのブロードバンド環境の整備	2年以内
全市町自治体及び経済区の90％の利用者に対する通信速度10Mbps以上のブロードバンド環境の整備	3年以内
学校、行政区保健医療推進病院、地方自治体、デジタル・コミュニティ・センターの95％への通信速度30Mbps以上のブロードバンド環境の整備	5年以内

出典：MEDS（2016）, Thailand Digital Economy and Society Development Plan, 1st edition.

民間投資の活用を試験的に進めている。さらに、デジタル経済社会省は、デジタル事業を支援するデジタル・パークの創設と併せ、租税及び非租税面での一連のインセンティブの提供（例えば、ビザ及び労働許可証発給手続の簡素化）を進めている。

　必要分野でのインフラ投資が進展する一方で、タイではICTリテラシー及び技能の改善に焦点を当てる必要がある。コミュニティ学習センターの設立は、ICTに精通し知識を構築するのに役立つ。また同時に、適切な学習教材の開発を含め、授業でのICTの活用を進め、学校でのICT教育を改善していく必要がある（第1章）。

　デジタル技術は、質の高い教育の普及を促し新たな技能開発機会を提供し保健医療の普及を促すことにより、またより一般的には、自由で低コストでの情報、知識、データ利用を進めることにより、社会的包摂性を高めるものと思われる。特に携帯電話は、開発途上国の低所得で社会的に疎外された集団の福祉の改善を目的に、多くのイニシアティブで集約的に利用されてきた（OECD, 2017a）。

2.5　金融、デジタル化、インセンティブの改善を求められる中小企業

　サービス業分野及び製造業分野を中心に、中小企業（SME）はタイのGDPの約42％を占めている。2015年時点において、中小企業は国内総企業数の99.7％、雇用者数では80％、また輸出総額に占める割合では約4分の1を占めている。中小企業の直面する障害問題への対応を通して革新的なSMEの参入を推進することが、国家全体の成長と地域間、個々人間の格差縮小にとって重

要である（Lee et al., 2017）。タイの一部の中小企業は、自動車産業、民生用電子機器産業を主体に、重要製造業セグメントでグローバル・バリューチェーンに直接組み込まれることにより恩恵を得ているが、大半の中小企業はグローバル・バリューチェーンから除外されている。

　中小企業は、特に非公式に活動している場合が多く、多くの相互関連的問題に直面している（Lathapipat and Poggi, 2016）。そこでは、地域統合の不十分性と併せ、金融面での不適切性、資本蓄積の更新の不十分性、技術的採用の遅さといった問題が指摘される（Charoennat and Harvie, 2017）。政府は、2021年までの中小企業の対GDP比50％以上までの拡大を目標とする、中小企業促進マスタープラン（2017–2021年）を開発している。この目標に向け、ライセンシング手続の合理化、フィンテック企業を対象とした実験的規制制度の開始、ICTに重点をおいた技能訓練の促進、企業家教育と資金面での支援を通じた新規開業促進による規制改革に優先的に取り組んでいく計画を策定している（第5章）。こうした横断的課題に適切に対処していくためにも、中小企業への金融及び非金融的支援に責任を持つ既存機関間での調整の改善を進めていくことが必要である。

　タイでは、域内諸国同様、中小企業が資金調達に苦慮している場合が多く、この点での改善が重要である。中小企業向け融資は、付帯条件がかなり厳格な場合でも、不良債権割合は上昇している（上記参照）。中小企業向け融資の大半が、特定の金融機関を通して拠出されており、部門間、地域間での信用の利用可能性に影響していることが考えられる。政府は小規模企業信用保証公社（SBCGC）を通した信用保証制度の導入により、2008年にこの問題の軽減を試みているが、新規開業率は低い状態にある（OECD, 2016a）。こうした問題の解決をさらに進めるための対策として、SBCGC向け政府金融の増大と利率及び手数料の引き下げを伴った、より対象を限定した中小企業向け信用保証関連商品の提供が考えられる。さらに、タイ証券取引所での特に低コストでの取引を進めることで、中小企業の資本市場の利用を促進し、銀行による融資への依存を減らすことができると考えられる。2017年6月には、マレーシアでも中小企業の資本市場の利用を支援する類似の措置として、リーディング・アントレプレナー・アクセレーター・プラットフォームが開設されている（Bursa

Malaysia, 2017）。

　中小企業もまた、電子商取引と電子決済の急速な発展を利用することで、デジタル経済を受け容れていく必要がある。この点については、中央銀行はプロンプトペイ及び標準化されたクイック・レスポンス（QR）コードによる決済システムを導入している（コラム2.1）。

コラム 2.1　コスト低減と金融取引の緩和改善

　「プロントペイ」は、政府による国家電子決済マスタープランの下に割り当てられた最初のプロジェクトである。2017年前半以降、これにより、登録を行った個人及び企業は、銀行口座の直接利用に代えて、携帯電話番号か国民IDナンバーを使い、銀行口座と電子ワレット間での送金を効率的に行うことが可能となった。プロンプトペイは、送金手数料が世界で最も低い部類に入り、5,000バーツ（150米ドル）までは無料、10万バーツ（3,000米ドル）を超える取引でも最大10バーツ（0.30米ドル）となっている。2017年末時点で3,700万人以上がプロンプロ・ペイに登録している。

　タイではまた、決済サービスとして標準化されているQRコードの導入にも、プロンプトペイを利用している。これにより、消費者はスマートフォンのアプリを使いQRコードを読み取ることでその場で財やサービスの支払いを済ませることを可能とする、効率的でコスト効果的なもう一つの電子決済手段を手に入れたことになる。タイでは、この分野のベスト・プラクティスに即した取り組みが行われており、売り手側はQRコードを一つだけ表示すればよく、消費者は複数の支払いに複数のQRコードを読み取る必要はない。QRコード決済の拡大は、迅速性、利便性と併せ、中小企業の金融データの集計にも資するもので、信用の利用面での支援にも役立てられる。2017年末までに、タイ銀行はタイの銀行8行に対してQRコード決済サービスの提供を許可している。今後、QRコード決済サービスが拡大していくことで、クレジット・カード、デビット・カードに並ぶもう一つの決済手段が普及することになろう。

　プロンプトペイとQRコード決済の低コスト性と利便性は、それらが全国に急速に普及したことからも窺える（図2.12）。これら決済制度の普及拡大は、一層の効率化を主導するとともに、中小企業の公式経済への参加を促し、革新的金融サービスの基盤を支えることにつながるだろう。

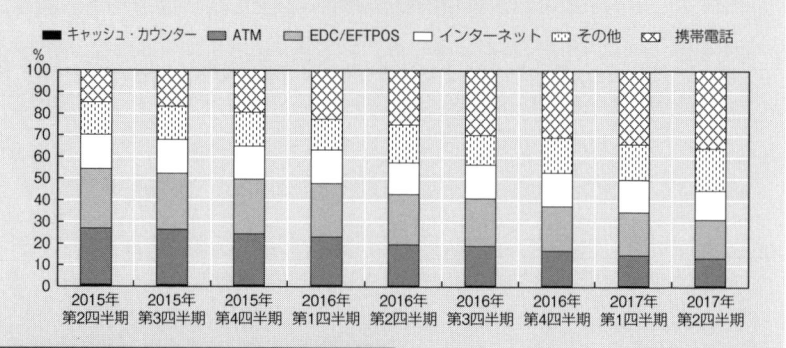

図2.12　急速に拡大する携帯電話での金融取引

電子決済の割合

出典：Banchongduang（2017）；Bank of Thailand（2017）, Payment transactions statistics, *https://www. bot.or.th/English/Statistics/PaymentSystems/Pages/StatPaymentTransactions.aspx*; Santiprabhob （2017a, b）.

　幾分、長期的にみたときに、電子商取引は中小企業に多くの機会を与えてくれる。政府は、地方でのICT利用改善とより安価かつ簡単な取引に向け、電子決済サービスの改善を盛り込んだ国家電子商取引マスタープラン（2017–2021年）を推進している。マレーシアやシンガポールといった域内諸国では、マレーシアのデジタル自由貿易区にみられるように、中小企業の電子商取引の拡大支援を狙い、特殊的インセンティブの開拓やコスト低減を図りクラスターの創設を進めてきた。タイでも、特に北東部、北部、南部の支援の十分に行き届かない経済地域で、タイの中小企業を対象にこうしたクラスターを構想することになるだろう。これは、インフラ開発を通して地域経済不均衡の解消に資するとともに、バンコク首都圏及び東部地域との比較でこれら地域の低コスト性が活用されることになると考えられる。政府は、タイランド4.0に即して、これら地域の高速ブロードバンド・ネットワーク・インフラ開発を進めるべきであるが、当面、4Gモバイル・ブロードバンド環境の整備に着手し（バンコクでは、2018年から2019年にかけて5Gモバイル・ブロードバンドに移行することが予想される）、これと並行して、時間を掛けて必須の基盤として固定ブロードバンド・ネットワーク環境の構築を進めていくことが望まれる。

　最後になるが、重要な点として、中小企業は租税面での課題に直面することになる。現行の税制下では、払込資本金額300万バーツ未満、年間所得3,000万バーツ未満の中小企業に対し、法人実効税率20％差し引き後の純利益に基づき、法人税率の0％、15％、20％減免の資格が与えられている。2015年、2016年には、景気後退の中、この法人税率も0％から10％の範囲に低減されている。2017年も引き続き、中小企業の法人税に対する遵法意識向上を促進し大規模な非公式部門の縮減に努めることとなったが、2018年には通常の減免措置に戻すこととなっている。こうした措置により、中小企業の法人税納税主体としての登録拡大にはつながってきたが、より安定した所得税率構造にすることで安定性を向上させることが重要である。一つの解決策として、中小企業の法人税率を永続的に10％に引き下げることが考えられる。また閾値効果を緩和し沈滞ムードの拡大を回避するためにも、マレーシアの場合と同様、限界税率の引き下げが中小企業の事業成功に資するものと思われる。例えば、10％を超える所得の伸びをみせる中小企業であれば、その所得漸増に鑑みて、5％ポイントの税率低減措置を受けられるようにするのが有効であると考えられる。

2.6　グローバル・バリューチェーンへの参加拡大と地域統合

　1970年代前半以降、貿易及び海外投資がタイの工業化の主な牽引役であった。グローバル・バリューチェーン（GVC）への積極的な参加を背景に、2017年の海外貿易はOECD平均の2倍を上回る、対GDP比123％を計上している。総輸出額に占める海外付加価値額の割合（すなわち、総輸出額に占める中間財輸入額の割合）は、2001年に24％であったものが、2014年には37％まで上昇し、OECD平均26％をかなり上回る水準にある（図2.13）。タイのグローバル・バリューチェーンへの参加も、国際的な技術及び知識の移転を通して相当な生産性の向上をもたらしてきた。グローバル・バリューチェーンへの参加は、より技術進歩の速い部門へ輸出を多角化し、海外直接投資（FDI）を惹きつける機会を与えてくれている（OECD, 2013）。

　グローバル・バリューチェーンへの参加を通して最善の機会を創出していくには、輸入される中間財及び資本財の効率的かつ安価な使用が求められる。タイは、この点についてはかなりの前進をみせており、2007年から2015年まで

図2.13　グローバル・バリューチェーン参加における改善

財・サービスの総輸出額（グロス）に占める海外付加価値額の割合

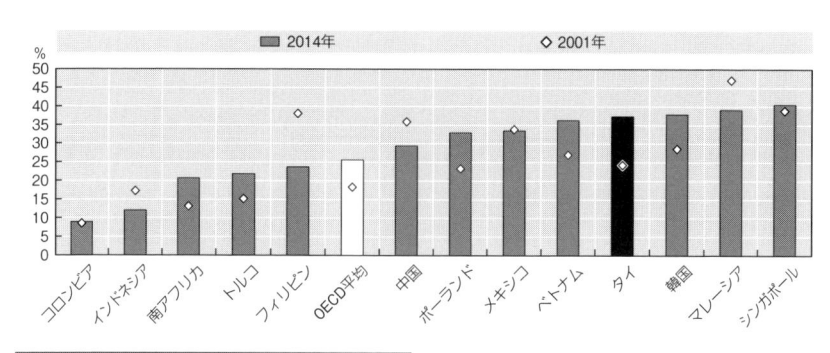

StatLink：http://dx.doi.org/10.1787/888933692066

出典：OECD-WTO（2017）, Trade in Value-added database, *https://stats.oecd.org/index.aspx?queryid=75537.*

図2.14　過去10年間に下落したタイの平均関税率

製造業における財の加重平均関税率

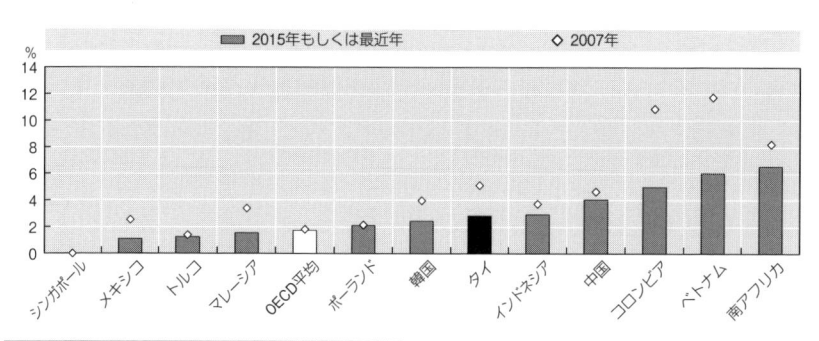

StatLink：http://dx.doi.org/10.1787/888933692085

出典：UNCTAD（2017）, Trade Analysis and Information System database, *http://unctad.org/en/Pages/DITC/ Trade-Analysis/Non-Tariff-Measures/NTMs-trains.aspx*; World Bank（2017）, World Development Indicators database, *http://databank.worldbank.org/data/home.aspx.*

の期間、生産財の加重平均関税率に近い水準にある（図2.14）。同期間には、一連の自由貿易協定（FTA）を、ASEAN域内そしてオーストラリア、中国、インド、韓国、日本、ニュージーランドの主要貿易パートナーとの間で、二国間あるいは地域レベルで締結している。ASEAN自由貿易地域推進の成果とし

て、2010年までにASEAN加盟国（カンボジア、ラオス、ミャンマー、ベトナ
ムを除く）との域内貿易での関税をほぼ完全に撤廃している。2015年12月の
ASEAN経済共同体（AEC）の発効以降、現在でも関税の残される4か国では、
引き続き関税撤廃に向けた取り組みが進められている。さらに、FTAにより、
特に、標準の調和とコンプライアンス・コスト縮小のための当初ルールの合理
化を通して、非関税障壁の低減にもつながっている。2016年には、タイの貿
易額の60％（FTAカバー率）がFTA発効済み国・地域との間で創出されて
いる（JETRO, 2017）。ヨーロッパ、日本、アメリカの伝統的な中間財サプラ
イヤーの一部がASEAN域内のサプライヤーによって代替される中で、こうし
た進展により、タイを含めたASEAN域内での連携が強化されてきている
（Lopez Gonzales, 2016）。

　貿易費用は、貿易関連手続の合理化と関連インフラ及びサービスの質の向上
によって削減することができる。OECD貿易円滑化指標によると、タイは、こ
の点についてはアジア諸国平均もしくは上位中所得国平均よりも良好な状態に
あることがわかる。事実、タイでは、貿易共同体、訴訟手続、形式的手続（書
類作成、自動処理、手続）は、グローバルなベスト・プラクティスに則って進
められている（図2.15）。また特に、カンボジア、ラオス、ミャンマー、ベト
ナムといったタイが貿易上の結び付きを強める近隣ASEAN加盟国との間で、
このアジェンダでの多角的取り組みを推進することにより、一層の貿易円滑化
を実現できるものと思われる。

　サービス部門での貿易の自由化、円滑化は幾分遅れ気味であるが、生産性と
競争力の鍵を握る部分である。開放的で統制の行き届いたサービス市場がグロ
ーバル・バリューチェーンのゲートウェーとなり、情報、人材、技術の活用を
支援するとともに、コスト削減、サービス品質の改善を促すものとなる
（OECD, 2017c）。これは特に、高付加価値活動でのデジタル・サービス、ロジ
スティックス・サービス、専門サービスについて当てはまる。しかし、タイに
は、特に通信サービス、輸送サービス、専門サービスで、サービス貿易に対す
る大きな制約が残されている（World Bank, 2016）。タイを含めたASEAN諸
国では、（ビジネス・サービス、専門サービス、建設、保健医療、及び金融と
いった）多様な分野に亘り外国人による株式所有の拡大を認めることでサービ

図2.15　タイの貿易円滑化における大きな前進
指数値：0（最低）〜2（最高）、2017年

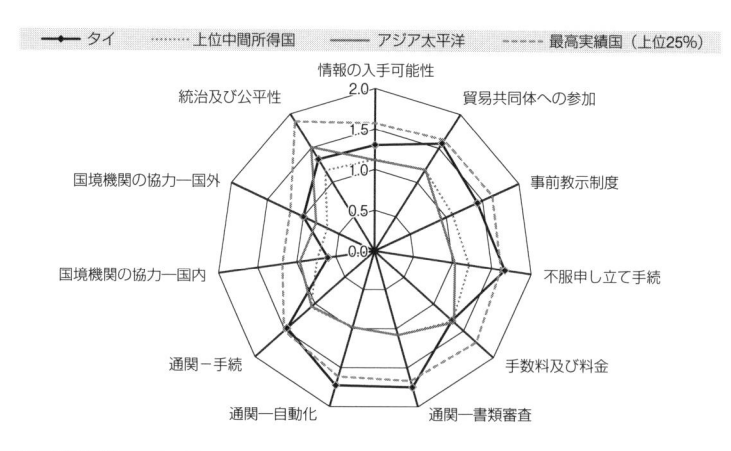

StatLink：http://dx.doi.org/10.1787/888933692104

出典：OECD（2017g）, Trade Facilitation Indicators database, *www.oecd.org/trade/facilitation/indicators.htm*.

ス貿易の自由化に取り組んできたが、各国の規制改革の遅れにより、未だ十分な進展はみられていない（OECD, 2017b）。

　OECDサービス貿易制限指標（STRI）は、サービス貿易に対する障壁を定量化し、規制面でのボトルネックと「十分に実現されていない」規制改革を明確化するのに役立つ。タイを対象とした初めてのSTRIを使った定量化では、2014年から2017年の期間、建設と建築の二つのサービス部門に焦点が当てられている。これらサービス部門は、製造業等の産業部門にインプットを提供するインフラとして機能しており、2016年にはGDPの3％、全雇用者数の6％を占める。

　STRIの結果からは、タイの規制枠組みが、建設・建築サービス部門での国際貿易上の障害となっていることが示唆される（図2.16）。またそうした障害は、経済全般的規制、部門特殊的規制の両者からもたらされている。経済全般的規制には、取締役の居住要件、外国人による土地取得制限、外国企業に経営上の支配権を与えない株式所有比率49％の上限がある。外国企業として営業許可を得るには、投資に際し政府による審査を受け最低資本金額要件を満たす必要がある。政府調達市場では、現地サプライヤーが選好される。また、経済

図2.16　サービス貿易上の制限の高い建設及び建築部門

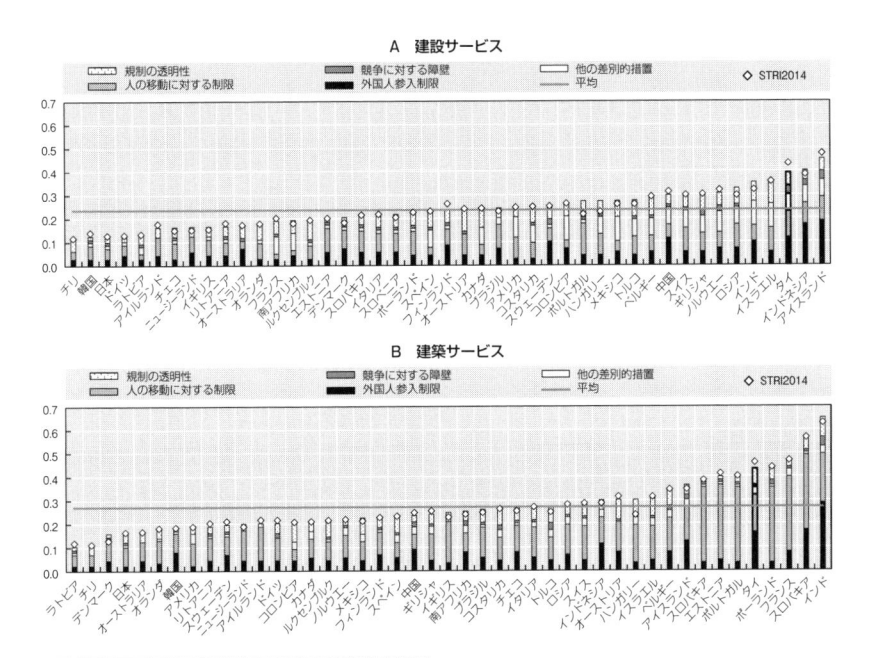

StatLink：http://dx.doi.org/10.1787/888933692123

注：OECDサービス貿易制限指標（STRI）は22のサービス部門に関し44か国の貿易制限について概括する独自の診断ツールであり、各国は、グローバルなベスト・プラクティスとの比較で自国のサービス規制を評価し、概略的に規制を明らかにすることで、優先順位を付けて改革への取り組みを進めることが可能となる。構成指標を使い、5政策分野に亘りサービス規制を0から1の範囲で定量化する。サービス貿易に対して完全に開放的であればスコア0、逆に外国のサービス提供主体に対して完全に閉鎖的であればスコア1となる。2014年以降、STRIデータベースを用い、サービス貿易政策上の変化を年次ベースでモニターしている。そこでは、最恵国待遇ベースで各政策措置を記録し、特恵的な貿易協定は考慮されない仕組みになっている。

出典：OECD（2017h）, Services Trade Restrictiveness index database, *www.oecd.org/tad/services-trade/services-trade-restrictiveness-index.htm.*

　全般的規制とは別に、建設サービスが政府のインフラ開発需要において重要であり、建設部門の労働者においても障害が存在する。タイでの外国人労働者については、雇用者側から最初の段階で労働市場テストを課されることと併せ、タイ人が優先的に雇用される。また外国人労働許可証が発行された場合には、12か月間を限度に雇用が認められる。さらに、企業側は外国人労働者1名に対しタイ人4名以上の割合で雇用しなくてはならない。このように要件が複数組

み合わされることで、外国人によるタイでのサービス提供意欲は大きく削がれることになる。

　他方、建設及び建築サービス部門における国際貿易は、部門特殊的規制にも左右される。建設サービスの場合、土木作業員等の専門人材全てが国内において労働許可を得なくてはならない。外国人に対する資格承認手続は適切に行われていても、許認可には国内居住要件を満たすことと併せ、特定技術専門能力の検証が求められる。また、この検定で求められる土木作業員の専門能力、建設作業に対する監督及び助言については、タイ人側に留保されている。建築サービスに従事する企業の場合、タイで営業許可を取得しているとともに、取締役会の過半数がタイで労働許可証を取得していなくてはならない。さらに、外資系建築会社は単独での活動は認められず、現地建築会社との合弁事業形態を取らなくてはならない。外資系建築会社はまた、居住要件を満たすとともに、労働市場テストにも合格しておく必要がある。

　外資系サービス業者に対する条件緩和政策の改定が2017年に実施されている。改革案としては、新法制の中で政府調達手続への参加を外資系サービス業者にも認めること、そして政府活動として外資系サービス業者を含めたステークホルダーとの協議を憲法上の業務とすることが挙げられる。建設サービスに関しては、これまでも集権的な免許制度が創設されてきたが、これにより認可手続がより透明で効率的なものとなっている。

　先に指摘したように、資本、技術、経営スキルの提供を通して、海外直接投資（FDI）はタイの工業化と輸出の拡大、延いては生産性の大幅な上昇に重要な役割を果たしてきた。タイは、1970年代製造業部門の投資の自由化に着手し、1990年代前半にはサービス部門の自由化を進めている。近年、タイは、カンボジア、ラオス、ミャンマーを中心に他の東南アジア諸国へのFDIで主要な役割を果たしているが、またこれにより地域統合にも寄与してきた。しかし対内FDIに対する統治規則はなお相対的に限定的な状態にある（図2.17）。

　タイにおけるグロスでの対内FDIフローの対GDP比は過去15年間に亘り比較的高い水準にあったが、インドネシア、マレーシア、フィリピンとの比較では相対的に遅滞する状況にある（図2.18A）。FDIを巡る地域的競争が強まる中、タイは、生産性向上の期待される特定分野（知識に基づく活動、人的資源

図2.17 なおかなりの制限の掛かる海外直接投資（FDI）

指数値：0（開放的）〜1（閉鎖的）、2016年

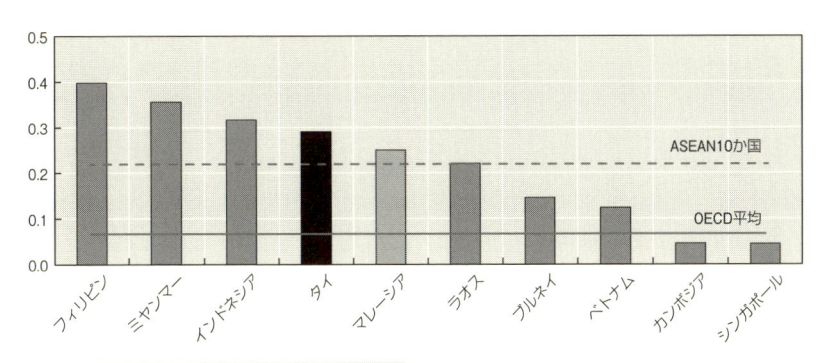

StatLink：http://dx.doi.org/10.1787/888933692142

注：OECD海外直接投資制限指数では、外国投資に対する差別的な法制度（外国人出資比率制限、審査・承認手続、外国人キーパーソネルに対する制限等の制度）のみを対象としている。他の重要な投資環境の側面（取り締まりや国家による独占行為等）については考慮に入れられていない。ブルネイ、タイ、シンガポールのデータは予測値である。
ASEAN10か国は、ブルネイ、カンボジア、インドネシア、ラオス、マレーシア、ミャンマー、フィリピン、シンガポール、タイ、ベトナムの10か国を指す。
出典：OECD（2017i）, FDI Regulatory Restrictiveness Index database, *www.oecd.org/investment/fdiindex.htm.*

図2.18 近年ペースダウンしている対内FDI（グロス）

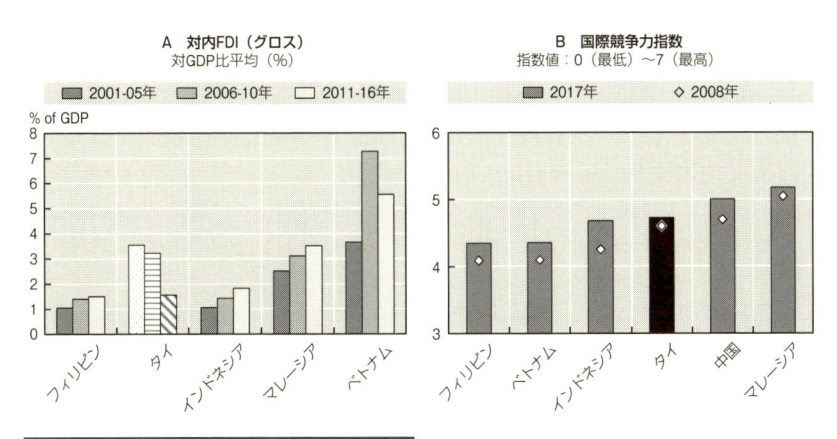

StatLink：http://dx.doi.org/10.1787/888933692161

出典：UNCTAD（2017）, UNCTADstat, *http://unctadstat.unctad.org*; WEF（2017）, Global Competitiveness Index 2017-2018 database, *http://reports.weforum.org/global-competitiveness-index-2017-2018/#topic=data.*

管理、地方でのR&D成果に基づく商業化）を対象に税控除を行ってはきたが、十分な事業環境改善努力が伴わなかったことで状況を悪化させていることが考えられる。グローバル競争力指標によると、努力が報われず、2008年から2017年の期間、タイの実績は限界的にしか改善をみせていない（図2.18B）。このような実績面での精彩を欠く状況を打開するために、政府は対内FDI促進のための一連の規制改革を実行している。そこには、金融分野及びインフラ部門での外国人による過半数所有を認める外国人事業法、営業許可におけるアカウンタビリティと透明性を確保するための許認可促進法の改定も含まれる（第5章）。

　通関手続の効率化、公式的手続の合理化とデジタル化、サービス部門への参入に関する規制改革等、貿易及び投資円滑化関連分野での改革と併せ、地域統合の進展は、貿易及び投資の自由化の推進に寄与している。ASEAN経済共同体（AEC）、そしてアジアの主要貿易パートナーとの自由貿易協定（FTA）に加え、欧州共同体、アメリカとのFTAが締結されるならば、地域統合は一層の進展をみせることになるだろう。タイにおける地域統合及び広域での地域統合アジェンダは、アジア太平洋経済協力及び東アジア包括的経済連携といった地域貿易・投資枠組みへの参加により、より進歩したものとなるだろう。

参考文献・資料

ADB (2015), *Thailand Industrialisation and Economic Catch-Up*, Asian Development Bank, Mandaluyong City, *www.adb.org/sites/default/files/publication/178077/tha-industrialization-econ-catch.pdf*.

Akamai (2017), *State of the Internet: Q1, 2017 Report*, Vol. 10/1, Akamai, Paris, *www.akamai.com/fr/fr/multimedia/documents/state-of-the-internet/q1-2017-state-of-the-internet-connectivity-report.pdf*.

Asia Productivity Organization (2017), "Productivity Database 2017 Version 1" (database), Tokyo, *www.apo-tokyo.org/wedo/measurement*.

Banchongduang, S. (26 December 2017), "BoT governor to keep accommodative policy", *Bangkok Post*, *www.bangkokpost.com/business/news/1385742/bot-governor-to-keep-accommodative-policy*.

BOT (2017), *Monetary Policy Report 2Q 2017*, Bank of Thailand, Bangkok.

Board of Investment (2017), *A Guide to the Board of Investment 2017*, Bangkok, Board of Investment, *www.boi.go.th/upload/content/BOI-A%20Guide%202017-EN-20170419_72762.pdf.*

Bursa Malaysia (2017), *LEAP Market Listing Requirements*, Bursa Malaysia Berhad, Kuala Lumpur, *www.bursamalaysia.com/market/regulation/rules/listing-requirements/leap-market/listing-requirements.*

Chakravorti, B. and R. Chaturvedi (2017), *Digital Planet 2017: How Competitiveness and Trust in Digital Economies Vary Across the World*, The Fletcher School, Tufts University, *https://sites.tufts.edu/digitalplanet/files/2017/05/Digital_Planet_2017_FINAL.pdf.*

Charoenrat, T. and C. Harvie (2017), "Thailand's SME participation in ASEAN and East Asian regional economic integration", *Journal of Southeast Asian Economies*, Vol. 34/1, pp. 148-174.

Conference Board (2017), "Total Economy Database" (database), May 2017, *www.conference-board.org/data/economydatabase.*

Durongkaveroj, P. (2015), *Science, Technology and Innovation Policies in Thailand: Achievements and Challenges*, 18th Annual session of United Nations Commission on Science and Technology for Development, 6 May, *http://unctad.org/meetings/en/Presentation/ecn162015p15_Durongkaveroj_en.pdf.*

Egawa, A. (2015), "How should the Thai Government change its policy for narrowing income disparity among the provinces?", *St. Andrew's University Economic and Business Review*, Vol. 56/4, *https://ci.nii.ac.jp/els/contentscinii_20180122061911.pdf?id=ART0010429792.*

Fukuoka, N., R. Ochiai and S. Tada (2016), "Analysis on the macroeconomy and industrial policies toward industrial upgrading in Thailand and policy recommendations" (in Japanese with English summary), *RIETI Discussion Papers*, Research Institute of Economy, Trade and Industry, Tokyo, *www.rieti.go.jp/jp/publications/pdp/16p013.pdf.*

ILO (2017), "ILO Stat" (database), ILO, Geneva, *www.ilo.org/global/statistics-and-databases/lang--en/index.htm.*

IMF (2017), *Article IV Staff Report*, IMF Country Report No. 17/136, May, International Monetary Fund, Washington, DC.

ITU (2016), "Global and Regional ICT Data" (dataset), International Telecommunications Union, Geneva, *www.itu.int/en/ITU-D/Statistics/Pages/stat/default.aspx.*

JETRO (2017), *JETRO Global Trade and Investment Report 2017*, Japan External

Trade Organisation, Tokyo.

Lathapipat, D. and C. Poggi (2016), "From many to one: Minimum wage effects in Thailand", *PIER Discussion Papers*, No. 41, Puey Ungphakorn Institute for Economic Research, Bangkok, *www.pier.or.th/wp-content/uploads/2016/08/pier_dp_041.pdf*.

Lee, C., D. Narjoko and S. Oum (2017), "Southeast Asian SMEs and regional economic integration", *Journal of Southeast Asian Economies*, Vol. 34/1, pp. 1-3.

Lopez Gonzalez, J. (2016), "Using foreign factors to enhance domestic export performance: A focus on Southeast Asia", *OECD Trade Policy Papers*, No. 191, OECD Publishing, Paris, *http://dx.doi.org/10.1787/18166873*.

Microsoft (2017), *Microsoft Security Intelligence Report*, Vol. 22, January-March, Microsoft Corporation, Redmond, WI, *www.microsoft.com/en-us/security/intelligence-report*.

MEDS (2016), *Thailand Digital Economy and Society Development Plan, 1st edition*, Ministry of Digital Economy and Society, Bangkok, *www.itu.int/en/ITU-D/Regional-Presence/AsiaPacific/Documents/Events/2016/Apr-Digital2016/S2_Present_Pansak_Siriruchatapong.pdf*.

MOI (2015), *Thailand Moving Ahead with Cluster Development*, Ministry of Industry, Bangkok, *www.boi.go.th/upload/content/Presentation%20by%20Minister%20of%20Industry_89274.pdf*.

NESDB (2017), *The Twelfth Economic and Social Development Plan (2017-2021)*, Office of the National Economic and Social Development Board, Bangkok, *www.nesdb.go.th/nesdb_en/ewt_w3c/ewt_dl_link.php?nid=4345*.

NSO (2016), *The 2016 Household Survey on the Use of Information and Communication Technology*, National Statistics Office, Ministry of Information and Communication Technology, Bangkok.

NSTIPO (2014), *Thailand's Science, Technology and Innovation Policy and Institutional Framework*, National Science Technology and Innovation Policy Office, Bangkok, *http://unctad.org/meetings/en/Presentation/MYEM2_2014_Durongkaveroj_Pichet.pdf*.

OECD (2017a), *Opportunities and Policy Challenges of Digitalisation in Southeast Asia*, OECD Publishing, Paris, *www.oecd.org/southeast-asia/events/regional-forum/Forum_Note_Digital_Transformation_STI.pdf*.

OECD (2017b), *Economic Outlook for Southeast Asia, China and India 2017*, OECD Publishing, Paris, *http://dx.doi.org/10.1787/saeo-2017-en*.

OECD (2017c), *Services Trade Policies and the Global Economy*, OECD Publishing, Paris, *http://dx.doi.org/10.1787/9789264275232-en*.

OECD (2017d), "National Accounts" (database), *http://dx.doi.org/10.1787/na-data-en*.

OECD (2017e), "Productivity Statistics" (database), *www.oecd.org/std/productivity-stats*.

OECD (2017f), "Gross domestic spending on R&D" (database), *http://dx.doi.org/10.1787/d8b068b4-en*.

OECD (2017g), "Trade Facilitation Indicators" (database), *www.oecd.org/trade/facilitation/indicators.htm*.

OECD (2017h), "Services Trade Restrictiveness Index" (database), *www.oecd.org/tad/services-trade/services-trade-restrictiveness-index.htm*.

OECD (2017i), "FDI Regulatory Restrictiveness Index" (database), *www.oecd.org/investment/fdiindex.htm*.

OECD (2017j), *Building Food Security and Managing Risk in Southeast Asia*, OECD Publishing, Paris, *http://dx.doi.org/10.1787/9789264272392-en*.

OECD (2017k), "OECD Economic Outlook No. 102 (Edition 2017/2)", *OECD Economic Outlook: Statistics and Projections* (database), *http://dx.doi.org/10.1787/05b705e7-en*.

OECD (2016a), *Financing SMEs and Entrepreneurs 2016: An OECD Scoreboard*, OECD Publishing, Paris, *http://dx.doi.org/10.1787/fin_sme_ent-2016-en*.

OECD (2016b), *OECD Economic Surveys: Turkey 2016*, OECD Publishing, Paris, *http://dx.doi.org/10.1787/eco_surveys-tur-2016-en*.

OECD (2016c), "Stimulating demand for innovation", in *OECD Science, Technology and Innovation Outlook 2016*, OECD Publishing, Paris, *http://dx.doi.org/10.1787/sti_in_outlook-2016-26-en*.

OECD (2015), *Analysing Policies to Improve Agricultural Productivity Growth, Sustainably: Revised Framework*, OECD Publishing, Paris, *www.oecd.org/agriculture/policies/innovation*.

OECD (2013), *Interconnected Economies: Benefitting Global Value Chains*, OECD Publishing, Paris, *http://dx.doi.org/10.1787/9789264189560-en*.

OECD (2009), *Clusters, Innovation and Entrepreneurship*, OECD Publishing, Paris, *http://dx.doi.org/10.1787/9789264044326-en*.

OECD-WTO (2017), "Trade in Value-added" (database), *https://stats.oecd.org/index.aspx?queryid=75537*.

Santiprabhob, V. (2017a), "Confidence in connectivity of the GMS", *Euromoney Conferences: The Greater Mekong Investment Forum*, Bangkok, *www.bis.org/review/r170629b.pdf*.

Santiprabhob, V. (2017b), "Navigating through uncertainties for Thailand's sustainability", *Association of International Banks Dinner Talk Series*, Bangkok, *www.bis.org/review/r170703d.pdf*.

Symantec (2017), *Internet Security Threat Report*, Vol. 22, Symantec Corporation, Mountain View, California.

UNCTAD (2017), "Trade Analysis and Information System" (database), United Nations Conference on Trade and Development, Geneva, *http://unctad.org/en/Pages/DITC/Trade-Analysis/Non-Tariff-Measures/NTMs-trains.aspx*.

UNCTAD (2015), *Science, Technology and Innovation Policy Review: Thailand*, United Nations Conference on Trade and Development, Geneva, *http://unctad.org/en/PublicationsLibrary/dtlstict2015d1_en.pdf*.

UNESCO-UIS (2017), "Science, Technology and Innovation" (dataset), UNESCO Instite of Statistics, *http://data.uis.unesco.org*.

World Bank (2017), "World Development Indicators" (database), *http://databank.worldbank.org/data/home.aspx*.

World Bank (2016), *Thailand Economic Monitor 2016: Services as a New Driver of Growth*, Washington DC, World Bank, *http://pubdocs.worldbank.org/en/660991482204992792/TEM2016-Services-as-a-New-Driverof-Growth.pdf*.

WEF (2017), *Global Competitiveness Index 2017- 2018* (database), World Economic Forum, Geneva, *http://reports.weforum.org/global-competitiveness-index-2017-2018/#topic=data*.

WEF (2016), "Network Readiness Index" (database), World Economic Forum, *http://reports.weforum.org/global-information-technology-report-2016/networked-readiness-index*.

第3章

パートナーシップ ── 持続的な金融開発

　持続可能な開発のための2030アジェンダにおけるパートナーシップ分野は、全目標を横断してアジェンダの遂行に求められる資源の流動性に焦点を当てる。

　タイの「充足経済哲学」では、短期利益ではなく長期持続可能性を優先させる。タイには、経済的、政治的不安定性に直面するたびにその堅実な財政によって下支えしてきた長い歴史がある。しかし、予想される歳出への対応において、現在の財政的バッファーに依存していては不十分であり、持続可能なものとはならない。急速な高齢化と労働力の縮小化は、将来の公的金融と持続可能な開発目標の実現にとって重荷となるだろう。

　タイが、中期的に社会的、環境的要求の高まりを満たし、インフラ需要の拡大に適切に応えられるようになるためにも、政府は、1）税基盤の拡大と徴税効率の向上により税収を増大させ、2）生産的インフラ分野への民間投資の拡大を促進し、3）効率的、効果的な保健医療及び年金制度に向けた改革を進めるべきである。

はじめに

　タイの現在の財政状態は健全であるが（第2章）、比較対象国と比べ高齢化がかなり速い速度で進んでいる。タイでは、平均余命が伸び、出産率が低く（女性1人当たり子供1.5人）（World Bank, 2017b）、韓国やシンガポール等の高所得国と似て、インドネシア、フィリピン、マレーシア、ベトナムといった域内新興諸国よりも老齢人口指数は高い（図3.1）。女性の教育及びキャリア機会が増大し育児費用の高いことがタイの低出産率の要因であるが、この点については、東アジア高所得国と同様ではない（UNFPA and NESDB, 2015）。その結果、社会的成果改善要求の強まりと老齢人口比重上昇の中、高齢者に対する財政・社会支援費用は著しく増大している。さらに、経済的潜在能力を高め高所得国の仲間入りを果たすには、経済社会的インフラ分野への投資を拡大させる必要がある。それには、タイ政府が、国内での資源統制を図り、税基盤を拡大し、徴税体制の効率化を進める必要がある。と同時に、官民パートナーシップの推進を通して、生産的インフラ分野での民間投資の役割拡大と併せ、品

図3.1　2030年までにOECD平均を上回ることの予想されるタイの老齢者従属率
老齢者従属率

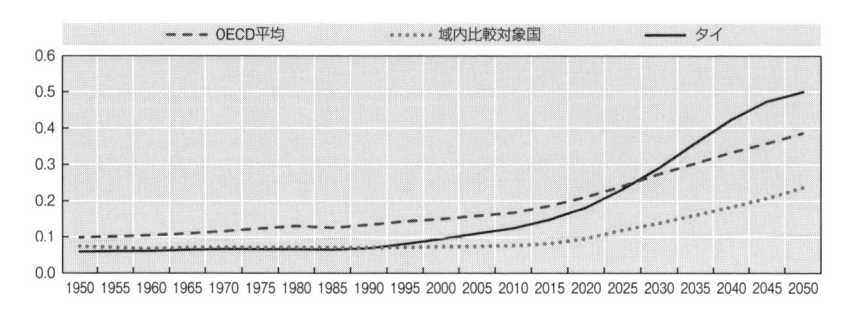

StatLink：http://dx.doi.org/10.1787/888933692180

注：老齢者従属率とは、労働年齢人口（15歳以上64歳未満）に対する老齢者（65歳以上）の割合のことである。域内
　　比較対象国の値は、マレーシア、フィリピン、インドネシア、ベトナムの老齢者従属率の単純平均を表している。
出典：UN Population projections, 2017 revision.

質面、利用面で妥協のない社会保健医療・年金制度改革を進めなければならない。これにより、タイは、持続可能な開発のための2030アジェンダ遂行に必要とされる資源の流動化に焦点を当てた、持続可能な開発目標のパートナーシップ分野における目標をより確実に実現することができる。

　本章では、タイの政策金融の持続可能性を論じ、歳入構造を分析し、今後、租税改革を通してどのように歳入拡大につなげられるか検討していく。また、民間部門の参加拡大等、長期インフラ・プロジェクトの財源確保をどのように進めるか論じていく。その際、第1章での分析に基づき、年金・保健医療制度に関する財政的な持続可能性の改善について検討を行う。

第1節　過去の堅実財政に支えられた健全な財政状態

　過去40年間のタイの政府債務は、平均でGDPの40％水準にあった（図3.2）。2000年に記録したピーク時の60％に対しこれはかなり低い水準にあるが、域内の大半の諸国と似たような状況にある（2016年には、マレーシア、フィリ

図3.2　未だ穏やかに推移するタイの総政府債務率
会計年度、対GDP比

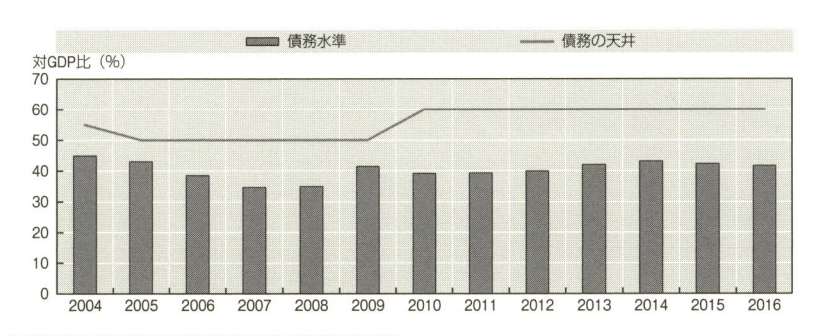

StatLink : http://dx.doi.org/10.1787/888933692199

注：財務省は景気後退時に十分な財政的余地を確保することを目的に、2010年に債務の天井を対GDP比60％にまで引き上げている。政府債務には、一般政府の債務と国有企業の債務が含まれる。各会計年度は10月から翌年9月までとしている。
出典：Fiscal Policy Office and NESDB.

図3.3　タイにおける短期的な財政余地

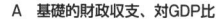

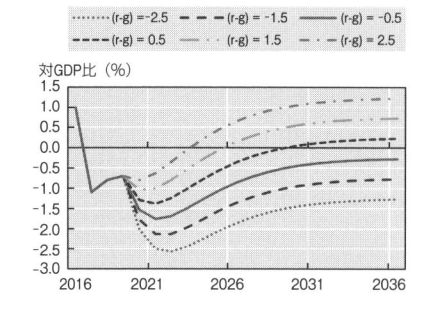

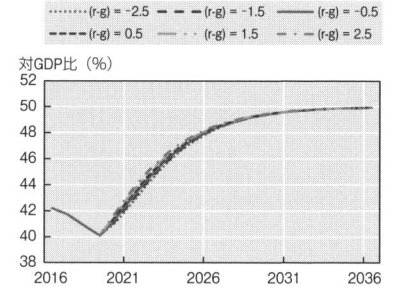

StatLink：http://dx.doi.org/10.1787/888933692218

注：rは政府債務に対する非明示的な名目利子率であり、gは名目潜在成長率を表す。現行利子率と経済的な潜在成長
　　率が一定であるとすれば、（r-g）は約0.5となると思われる。Aは、政府債務率を長期的に50％水準に収斂させる
　　ために、（r-g）について様々な仮定をおいたときに求められる基礎的財政収支の進化パターンを示している。
出典：OECD事務局算定。データ源：Datastream.

ピン、ベトナムでそれぞれ53％、42％、62％の水準にあった）。過去4年間の
会計年度において、一般政府の財政収支は対GDP比で平均1％の黒字であっ
たが、中央政府においては対GDP比で平均2.3％と相対的に低水準ではあった
ものの財政赤字を計上している。また同期間の景気循環調整後の基礎的財政収
支については、対GDP比で平均0.9％の黒字であった。

　今後、財政面での長期持続可能性を堅持しつつ、現行の景気刺激策を継続的
に実施していく余地が存在している。OECD景気刺激策モデルによれば、名目
GDP成長率及び実行利子率が現在の水準に基づき推移すると仮定したとき、
2017年度は財政赤字となるが、大幅な基礎的財政収支赤字も対GDP比約0.5％
水準へと漸次的に回復するとして、長期的には、政府債務が対GDP比50％を
上回ることなく財政拡大を行うだけの余地があると考えられる（図3.3）。政府
債務に伴う費用を低く抑えられることを前提に、国家の長期的生産性改善に向
けて借り入れを行うことは、有効な戦略であると言える。しかし、利子率は現
在、低水準にあっても、必ず上昇することになる。また経済的潜在能力向上に
向けた構造改革が伴わなければ、GDP拡大の勢いは失われることになろう。
そうした状況においては、利用可能な財政余地は限られ、債務の持続可能性に

表3.1　タイの自主的な財政持続可能性枠組み

	2001-02	2002-03	2003-04	2004-09	2009-14	2014-21
政府債務／GDP（%）	≦65	≦60	≦55	≦50	≦60	≦60
債務返済額／予算（%）	≦16	≦16	≦16	≦15	≦15	≦15
予算均衡	2009年会計年度に均衡	2008年会計年度に均衡	2005年会計年度に均衡	2005年会計年度以降均衡	予算均衡を継続	中期的に均衡
資本支出／予算（%）	─	─	─	≧25	≧25	≧25

出典：Fiscal Policy Office; Siksamat and Wanitthanankun（2015）.

対する避難的な措置として基礎的財政収支の黒字化が求められることになるだろう。

　2001年以降、タイの財政政策は公式的持続可能性枠組みに基づいている。この枠組みには、財務省により定期的に更新される4つの指標が使われている（表3.1）。2014年以降、それら指標では、1）政府債務はGDPの60％を上回らず、2）債務返済額も年間予算額の15％を上回らない。また、3）中期的に予算は均衡状態にあり、4）資本支出額は年間予算額の25％以上に達している（FPO, 2017a）、とされている。

　法的拘束力はないものの、タイ政府はこの枠組みの厳格な遵守に努めている。タイ政府は、これまで政府債務あるいは債務返済上限を上回ったことはない。しかし、資本支出額、予算の均衡に関する基準を含めると、多様な結果となる。内閣府は、財政規律をさらに強化する目的で、近年、財政責任法案を承認したが、これは現在、国家立法議会により検証中である。同法案では、5年間の中期経済予想と政府債務、歳入、歳出、偶発債務の予想に対する準備を将来的な政府の要件としている。また、同法案は、政府による政策決定に要する費用計算と執行面での財源の明確化を将来的な要件とすることで、制限のない大衆迎合的措置に対する予防策も確保している。

1.1　タイの信頼性及び実績の強化に寄与してきた財政透明化

　タイの堅実な財政管理を可能としているのは、政府全般での財政透明性改善の結果でもある。タイ銀行及び財務省を含め主要経済機関は、タイの政策金融

表3.2　漸次的に改善される予算文書の入手可能状況

	2010	2012	2015	2017
予算決定前の報告書	×	×	✓	✓
執行役からの予算提案	✓	✓	✓	✓
決定された予算	✓	✓	✓	✓
市民向け予算	×	✓	✓	✓
年次報告	✓	✓	✓	✓
中間報告	×	×	×	✓
年度末報告書	×	×	×	×
監査報告書	✓	×	×	✓

出典：International Budget Partnership（2017, 2015, 2012, 2010）.

報告における開示と信頼性、適時性を確保してきた。これにより、継続的に引き継がれる政府に対し、国家に関わる意思決定をより確実な情報に基づき行うための手段が与えられるとともに、外国人投資家、並びに国民及び市場に対し、健全かつ一貫性を持った情報が提供されたことで、財政的信頼性構築にも寄与することとなった。

　タイは、国際基準に則り、予算文書の開示を着実に進めてきた（表3.2）。しかし、データの包括性については、改善の余地を残している。近年の研究では、タイの金融デリバティブ・ポジション、主要複数年契約、環境リスク、保健医療及び社会的安全保障財源の財政リスクにおける情報開示に特に関連した、財政リスク分析データの不備が強調されている（Siksamat and Wanitthanankan, 2015）。さらに、一部の専門金融機関における偶発債務及び準財政活動については、十分な追跡調査がなされていない。タイにおいて、透明性とアカウンタビリティの一層の改善に向けて、これらの分野での報告を強化すべきである。また、こうした状況にはあるが、前述の財政責任法案における追加的な報告要件については評価できよう。

第2節　社会的保護の財源及び財政の持続可能性確保に向けた歳入拡大

　財政責任法案では、過度な債務及び赤字は回避されることになる。しかし、

図3.4　域内比較対象国と基本的に歩調の合った一般政府歳入
対GDP比（％）、2011～15年平均

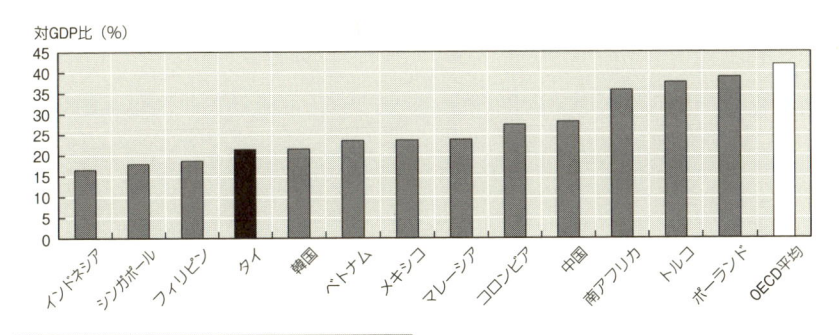

StatLink：http://dx.doi.org/10.1787/888933692237
出典：Datastream; OECD Revenue Statistics（2017）.

同法案を遵守しつつも、政府支出の増大が予想される場合には、その支出を賄うために追加的な歳入が求められる。政府歳入総額の対GDP比21％は、同様の所得水準にある他の域内諸国とほぼ同水準であるが、OECD平均と比べるとかなり低い（図3.4）。また、2016年に対GDP比17％水準にあった税収総額も同様の状況にあるが、政府は2020年までにその20％までの引き上げを目標としている（RD, 2016）。

　社会経済開発財源の持続可能な確保には、より長期的に税収拡大を図っていくことが必要となる。しかし、そのためには、イノベーション、投資、競争力を支援するための租税改革が必要となる。政府による近年の改革は、この点に資するものであったが、なお多大な努力が求められる。

　租税ミックスについては、2016年の間接税、直接税はそれぞれ税収総額の59％、41％を占めていた。特殊的財及びサービスに対する課税（物品税として一連の消費税を含むが、付加価値税（VAT）は含まれない）が最も間接税に貢献しており、税収総額の約3分の1（もしくはGDPの6％）を占める。この割合は、全比較対象国の中で最も高い部類に入る。法人所得税が直接税への貢献度が最も高く、税収総額の約4分の1（GDPの4.6％）を占める。社会保障の保険料総額はGDPの1.2％の水準で大半の域内諸国よりは高いが、OECD平

図3.5　大半の比較対象国と比べ依存度の高いタイの特殊的財・サービスに対する課税

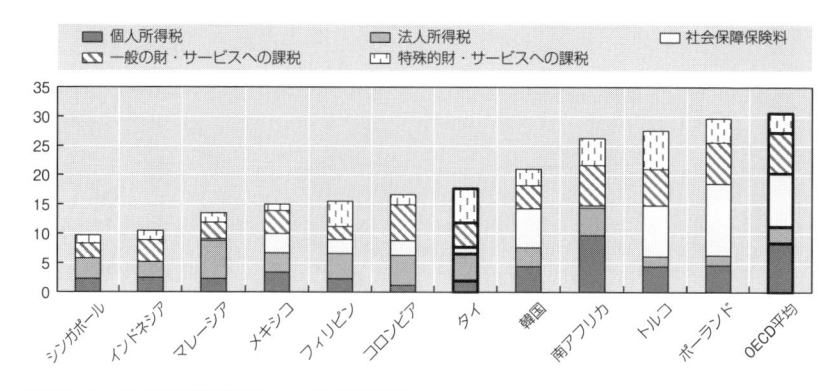

StatLink：http://dx.doi.org/10.1787/888933692256

注：ポーランド及びOECD平均については2014年のデータを使用。この数値には租税収入に関わる財源は全く含まれていない。また、国際貿易及び取引等から徴税される税収も除外されている。
出典：OECD Revenue Statistics database（2017）；Thailand Ministry of Finance, Government Finance Statistics（2017）.

均9.1％よりはかなり低い（図3.5）。他方で、地方行政機関（LAO）の税収額は、一般政府の8.4％となっている。また中央政府による歳入の再分配は、地方行政機関の基礎的財政収支の財源となる（コラム3.1）。

コラム 3.1　タイでの効果的な財政分権化に向けた作業

　政府は、長い期間に亘り、財政上の自律性及び意思決定権限を強める方向で、地方の市町自治体への権限委譲を行ってきた（第5章）。地方行政機関（LAO）は地方で徴税する一方で、所得の約90％は中央政府からの移転所得に依存している。

　1999年に政府は、中央政府から地方行政機関への歳入の移転水準を保証する法律を発効している。2007年には、中央政府に対し純歳入の25％以上を交付するよう指令が出された。その結果、中央政府の地方行政機関への純歳入交付割合は、2000年に13％であったものが、2018年会計年度には概算で29％にまで上昇することとなった。中央政府による歳入配分は政府間の3交付金形態で行われている。

1) 「一般交付金」は、各地方管轄区内での歳入創出能力に鑑み、逆比例的に交付金額を決定することを原則とし、地方行政機関間での財政能力均等化を企図して交付される。地方政府には、その使用に対し大きな自由裁量権が与えられている。会計年度中に使用されなかった交付金の、財務省への返金の必要性はない。

2) 「一般目的交付金」は、国家分権化計画の下、地方自治体に分権化される政府プログラムを実施する目的で個々の地方自治体に対し交付される（例えば、学校給食プログラム、生徒の学習到達度プログラム、HIV感染患者手当等）。会計年度中に使用されなかった交付金の、財務省への返金の必要性はない。

3) 「特別交付金」は、中央政府の地方レベルの政策アジェンダを実施するために使用される。交付金は、原則から離れて、地方政府で実施する必要のあるプロジェクトの特殊性に基づき決定される。会計年度中に使用されなかった交付金は、財務省へ返金する必要がある。

　地域の財政上の自律性は高まってはきているが、これまでの経験から言えば、資金交付については一層の改善が可能であると考えられる。例えば、コーンケン県への一般（非目的）交付金に関する検証からは、当制度の意図に反して、歳入創出能力が高く、一人当たり所得の高い地方政府が交付金を利用できるようになっていたことが明らかとなっている。この慣行により、水平的な財政均等化ではなく、財政能力上の格差を拡大させるリスクを犯してしまっていたのであり、包摂性と市町自治体に対する政府機能の有効性を阻害する結果となっていた（第5章）。

　政府は、第12次計画とは切り離して、長期的に地方財政の独立性を高めることを通して地方行政機関の能力の一層の改善に努めている。この目的に向けて、政府は地方での租税改革を企図した地方行政機関への補助金と併せ、政府による税務面での分権化の推進、地方行政機関の非課税ベースの歳入拡大に向けた法改正、地方の財政管理能力の強化を通した地方の歳入拡大に乗り出している。

出典：BoB（2017）；FPO（2017b）；Marks and Lebel（2016）；Sudhipongpracha and Wongpredee（2015；Wongpredee and Sudhipongprac（2014）.

2.1 競争力向上に向けた直接税の削減

　2011年から2013年までの期間、大企業に対する法人所得税率は3分の1の低減により、国際的な下限水準20％にまで引き下げられたが、これにより法人税徴税額が落ち込むこととなった（図3.6）。同期間、より低率の中小企業（SME）への適用率に変更はなく、15％が維持されている。今後、タイでは、法人税率の更なる低減は避け、別の分野での競争力向上に目を向けるべきである。実際、OECDの経験からは、制度的効率性とマクロ経済的安定性の確保が明確である場合、法人税率の引き下げは、一投資対象として競争力向上効果が限られることが示唆されている（Matthews, 2011）。

　タイにおいてはまた、個人の所得税率の調整も行っているが、概算で56％と大規模に存在する非公式労働者が一般的な課税免除対象者の中に追加されていることで、生産年齢人口（15歳以上65歳未満）の4分の1しか所得税を払わない状況を生んでいる。2013年に所得税率の上限は37％から35％にまで低減し、2017年には課税最低所得水準及び控除額は大きく引き上げられている。個人所得税は5％から35％まで累進的に徴収される。個人所得税は、年間平均所得約16万5,000バーツを僅かに下回る水準、15万バーツ（約4,500米ドル）までは無税である。大規模に存在する非公式労働者減少に向けた取り組みを継

図3.6　現在、国際的にも低水準にあるタイの法人税率

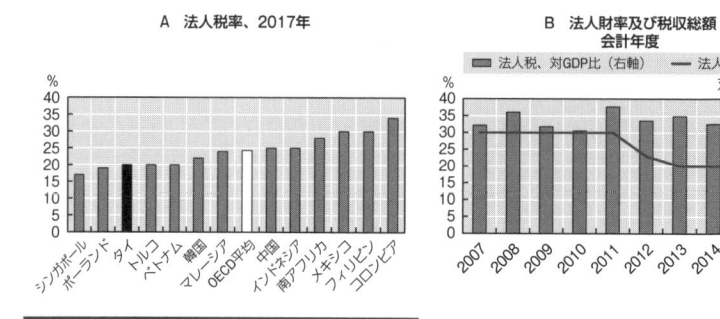

StatLink : http://dx.doi.org/10.1787/888933692275

出典：KPMG（2017a）; Thailand Ministry of Finance, Government Finance Statistics（2017）.

続して進めていくことはまた、税収拡大と併せ、労働法による適切な保護の下より多くの国民への給付確保における鍵を握るとともに、社会保障の目標にも適っていることは明らかである。

2.2　追加的歳入増大につながる間接税の拡大

付加価値税（VAT）の徴収額（純額）は間接税の3分の1を占める。指摘されるように、個別に掛けられる物品税も間接税の40%をちょうど下回る水準で、貢献度は大きい。近年、燃料補助金を減額しディーゼル燃料、ガソリン、石油に対する物品税を復活させる改革がなされて以降、その割合もかなり拡大している（2014年から2016年の期間、石油からの物品税徴収額は3倍となっている）。こうした改革により価格の歪みは軽減し、政府支出は合理化され、環境成果も改善している。タイはまた、アルコール、たばこ、ギャンブルといった害悪視される他の財及びサービスに対しても物品税の引き上げを行っている。

法定の付加価値税率は10%であるが、王室の指令により、1999年以降、実際には7%の税率が適用されており、世界で最も低い税率国の一つとなっている（図3.7）。タイの付加価値税は単一税率で相対的に簡素である。しかし、納

図3.7　国際水準に対し低水準の付加価値税率
付加価値税率、2017年

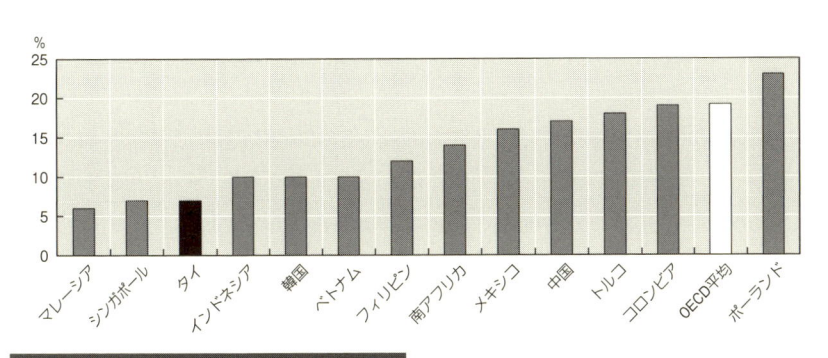

StatLink：http://dx.doi.org/10.1787/888933692294

出典：KPMG（2017b）.

図3.8　未だ一部比較対象国を下回る付加価値税歳入率
付加価値税歳入率、2014年

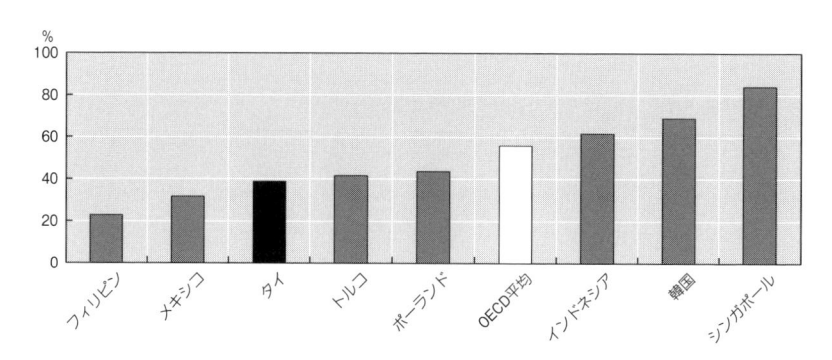

StatLink：http://dx.doi.org/10.1787/888933692313
注：付加価値税歳入率とは、あらゆる最終消費に対し標準税率が適用された場合の理論的な付加価値税徴収税収額に
　　対する、純額ベースでの実際の付加価値税額の比率として定義される。
出典：OECD（2016），Consumption Tax Trends; インドネシア・日本・カザフスタン・韓国・マレーシア・フィリ
　　ピン・シンガポール：OECD（2017c），Revenue Statistics in Asian Countries: Trends; タイ：OECD事務局算
　　定。データ源：Thailand Revenue Department.

　税意識の欠如と一連の税額控除（例えば、年間売上高180万バーツを下回る企
業、農産品の販売、輸送、保健医療、教育、文化サービスの販売等）によって
税収には貢献できていない。その結果、付加価値税歳入率（全ての消費に一律
に標準率が適用されるとしたときの、潜在的税収額に対する実際の付加価値税
徴収額の割合）は、OECD平均56%に対し、僅か38%でしかない（図3.8）
（OECD, 2016）。付加価値税控除の廃止や納税意識の向上により、OECD平均
にまで付加価値税歳入率の上昇を図ることができれば、GDPの1.5%に当たる
税収額の増大を実現できるだろう。

　タイは漸次的に付加価値税の範囲を拡張し、税率の引き上げを検討すべきで
ある。そしてこれを財源に、社会的に最も弱い立場にある者への支援を確保し
た、対象を明確化した社会保障の充実を図るべきである。実際、近年の分析か
らは、付加価値税率の1%ポイントの引き上げは対GDP比0.6%程度の税収拡
大につながるとされるが、その約4分の1は、下位2割を占める低位所得層に
おける消費額の補償に使われるものと思われる（IMF, 2017）。

　タイは、累進課税と税基盤の拡張の漸次的推進を基本として、別の租税形態

の導入も進めている。2016年、タイでは相続税を制度化し、100万バーツ（約300万米ドル）を上回る資産の相続に対し、直系卑属であれば5%、それ以外の者に対しては10%の税の支払いを求めている（RD, 2015）。さらに、草案段階の土地建物税法が国会を通過した場合、5,000万バーツを上回る未利用財産、第一財産と500万バーツを上回る追加的財産に対して、累進課税が適用されることになるだろう。また、同法案には、固定資産税における増税を地方自治体に認める条項が含まれるが、これは政策面、財政面での一層の分権化を促すことになる。現在の形態下では、土地・定着物税によって徴税される部分は概算で税収総額の1%にも満たないとされている。5,000万バーツを上回る住宅は年間100軒程しか販売されておらず、5,000万バーツを上回る住宅所有者、あるいは2軒以上所有する住宅所有者の10%にしか、実際には課税されないと概算されている（World Bank, 2017a）。さらに、国有企業に対する控除も徴税収入を減額させることになるだろう。しかし、そうではあっても、同法は国民からの強い批判を受け、タイの法制度による検証を受けてきたのである。

　財産税及び相続税は政治的に難しい問題であり、現在は税収源として十分に寄与していなくても、税基盤が拡張されれば、将来的には重要な税収源となり得る。当形態の財産税の場合、歪みも小さく、累進的なものとすることができる。定着物税及び相続税は、定着物の固定的性質と価値消失の確実性により、労働力や金融資本といったより弾力的な基盤に依拠した他の多くの税と比べ、行動様式の変化と歪みにつながり難い（OECD, 2012b）。

2.3　税制効率と納税意識の向上による税収拡大

　税制度の効率性と公式部門で活動する国民の納税意識を高めることがまた、税収拡大につながるものと思われる。歳入局（Revenue Department）の試算によると、付加価値税（VAT）単独でみても、完全に法律が遵守された場合を基準として、現在、徴税額は15%低い水準にある。2020年までに対GDP比20%まで徴税額を引き上げるとする政府の方針に対し、納税意識と効率性の向上が優先課題として掲げられている。その実現に向け、政府は徴税面での技術革新を通じた改善、金銭的インセンティブによる納税意識の向上、税の執行強化からなる多面的なアプローチを採用している。

タイでは、全ての納税申告（tax filing）、還付金、社会的移転での、電子的処理を通した徴税の徹底と税制度の効率化を目標とし、この推進に向け、政府は税関連書類の電子的提出のための規制改訂を進めている。他方で、政府は2020年までの電子徴税の完全化に向け、個人所得税向けオンライン・サービス、RDスマート・タックス申請を既に導入している（RD, 2014）。また付加価値税制度の近代化も既に始まっており、紙の書類からeタックス・インボイス及びeタックス・レシートへの切り替え作業が進められている（MoF, 2017）。

　また政府は、納税意識向上のためのインセンティブも供与している。2016年以前には、中小企業は納税や融資における申請、国内での事業申請と様々な目的から複数のアカウントを持つ場合が多かった。2015年に政府により単式会計制度が導入され、2016年には中小企業がアカウントを統合し、歳入局への正確な財務書類の提出がなされていれば、法人税に対する控除を完全に受けられるようになるとともに、2017年には純利潤が30万バーツを超える中小企業は税の10%の減免措置を受けられるようになった。さらに歳入局に登録している中小企業は歳入局による税務調査を免除されるとともに、税の還付を申請していない企業は税務調査を受けなくてもよい仕組みとなった。2016年には約46万5,000社の中小企業が登録し、約10万社としていた政府の当初予想をはるかに上回る登録があった。その結果、企業による販売額の正確な申告が進み、既に付加価値税徴収額の増収を記録している。政府は当計画の支援を目的に、スマートフォン、タブレット端末、PCのいずれでも無料で簡単に利用できる中小企業向け会計ソフトを提供している。当ソフトは、中小企業による予算の作成、会計取引の記録と透明化に役立てられるとともに、中小企業による当ソフトを使った電子財務報告書の事業開発局への提出も可能となっている。

　政府はまた、非公式性の低減に向けた小規模企業の組み入れも推進している。2017年末までに登記されている小企業は、不動産移転に対する控除と併せ、会計及び監査料を含めあらゆる登録手数料に対し二重の控除を受ける資格が与えられる。さらに、定着物及び区分所有共有住宅の登記移転に掛かる手数料については、2%から0.01%へと低減されている（RD, 2016）。

　さらに、タイでは一部執行手続の強化も進められている。バックオフィス部門でのデジタル・インフラ投資を通じた政府機関間の通信拡大により、政府は

より的確な不正の摘発に努めている。さらに、2019年1月からは、歳入局による単式会計制度を用いた提出、受け入れを基盤に、商業銀行にのみ中小企業への信用供与が認められる。これは、中小企業による過少報告が政府歳入を減少させている状況で、中小企業の信用借入額が抑制されることを意味している（Suteerapongpun, 2016）。タイではまた、国際的な租税回避に向き合うための作業も進められている。2017年、タイは税源浸食と利益移転に関する包括的枠組み（BEPS）に参加しており、今後、他国と協働してOECD／G20BEPSパッケージを実行に移していくことになるものと思われる（OECD, 2017b）。

第3節　政府支出拡大による開発促進の必要性

一般政府の歳出は対GDP比21％と、域内比較対象国と同水準にある（図3.9）。しかし、増大するインフラ需要と高齢化に伴う社会福祉費の拡大に合わせ、一般政府の歳出も拡大することが予想される。適正な費用・便益分析と効

図3.9　域内比較対象国と類似している一般政府支出
経済取引ごとの一般政府支出、最近年

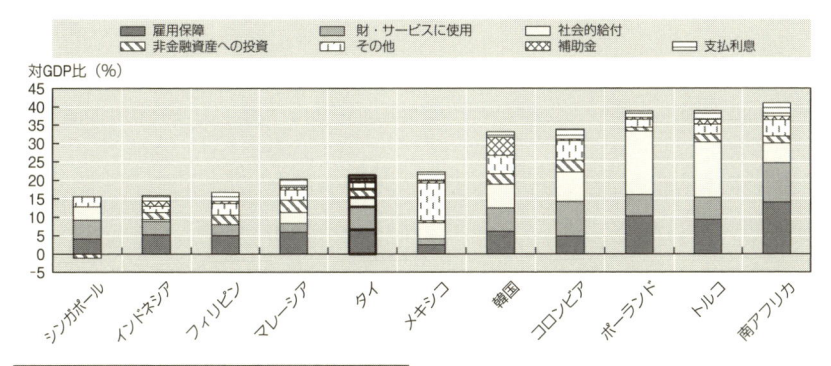

StatLink：http://dx.doi.org/10.1787/888933692332

注：他の経済取引分野としては、固定資本の消費、交付金の支出等がある。マレーシア、メキシコ、フィリピンのデータは、中央政府の支出を示している。
出典：IMF Government Finance Statistics（2017）.

率的支出のための制度能力の検討を含め、タイでは堅実な支出慣行の維持、確保が重要となろう。さらに、国家経済社会開発計画での優先性に即した予算配分が極めて重要となる。

3.1　効率性の高いインフラ財源

国家の生産能力の向上と包摂的で持続可能な成長の促進に向け、政府は、東部経済回廊を中核とした野心的インフラ投資プログラムを進めている（第2章）。しかし、資金配分とリスクの最適配分により確実に価値を生み出していくためには、最適な投資財源について検討を進める必要がある。

現在まで、インフラ・プロジェクトの財源保障の利用は限られてきた。その結果、プロジェクト・ファイナンスは必要以上に高価なものになってしまっている。タイ将来基金の創設にみられるように、タイ政府は多様な財源の利用拡大に取り組んできたが、これまでの成功は限られている。そして、このことが、支出スケジュールとプロジェクトの開始を左右してきた。例えば、2015年に最初に公表されたタイ将来基金計画では、高収益の見込まれる商業化可能なプロジェクトを対象に、当初、数回に亘り間隔を空けて進められる高速道路計画のための財源確保を目的に、1,000億バーツ（約30億米ドル）の予算計上を求めている。しかし、国債発行とサービス費用に対する懸念から、政府の関与するプロジェクトの初期段階での着手に遅延が生じている。こうした不確実性の継続的な発生によって、これ以降の投資上の意思決定にも遅れが生じてくる傾向にある。

さらに、銀行の融資よりも安価となる可能性もあって、このような投資の長期的性質により適合したタイバーツ建てインフラ債を中心に、追加でのインフラ財源の検討が進められることになるだろう。こうした債券は、過去20年間、道路、空港、大量輸送鉄道、港湾プロジェクトの財源として、伝統的なイスラーム型証券（isramic securities）を通して、近隣国マレーシア及びインドネシアで長い期間使われてきた。またこれは、マレーシアでは、民間による活力ある大規模国内債務証券市場の開発にも役立てられてきた。現在流通している低利回りの国債（図3.10）は、インフラ債を特に魅力的なものとしている。

他方で、インフラへの投資とサービス、管理面での民間の参加を拡大する有

図3.10　タイの段階的インフラ投資に利用されるべき低利回り債
タイ国債利回り

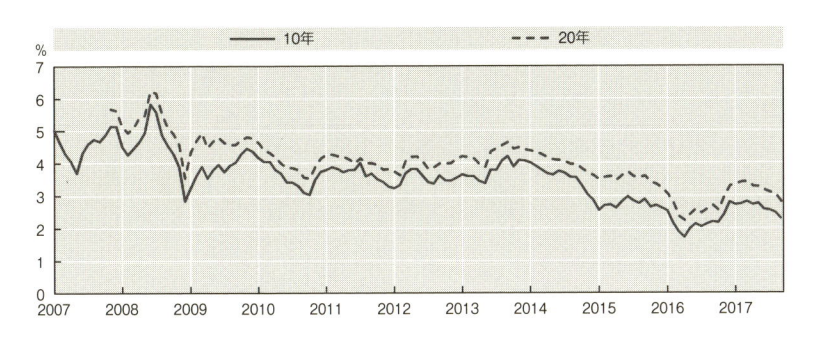

StatLink：http://dx.doi.org/10.1787/888933692351

出典：Bank of Thailand; Asian Development Bank.

図3.11　官民パートナーシップにおける資本ストック額
対GDP比、2015年

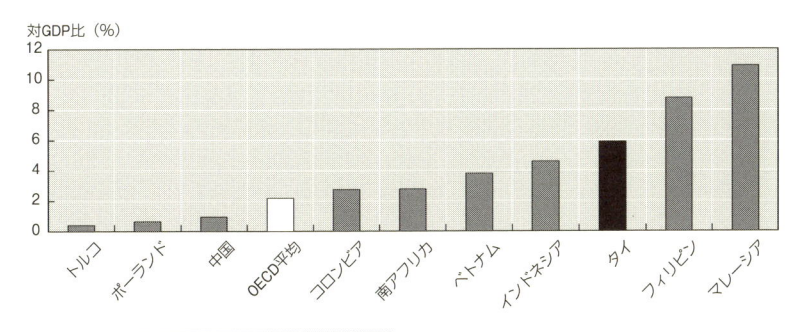

StatLink：http://dx.doi.org/10.1787/888933692370

出典：IMF, Investment and capital stock dataset, January 2017, *www.imf.org/external/np/fad/publicinvestment/#5.*

効な手段として、官民パートナーシップ（PPP）の広範な活用が考えられる。タイのこの分野での経験は長く、官民パートナーシップ資本ストックの対GDP比がOECD平均の2倍以上と高い（2015年には5.9%）ことにも反映されるように、1980年代から1990年代にかけて、数多くの大規模な官民パートナーシップが実施されている（図3.11）。しかし、そうした先進的な活動もそれ

図3.12 タイにおける官民パートナーシップ（PPP）の準備、実現、管理面での改善
ベンチマーク・スコア、2017年

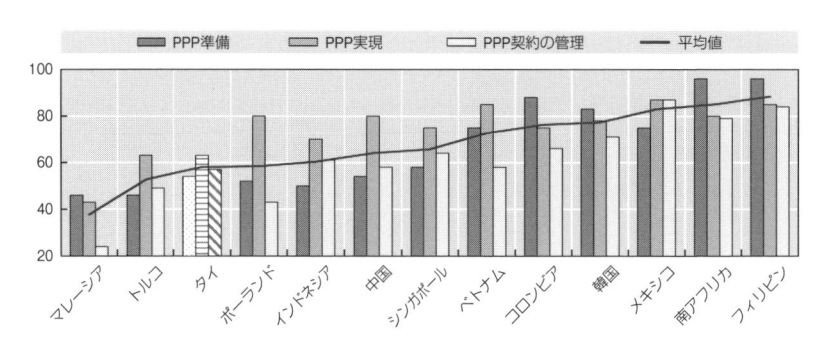

StatLink：http://dx.doi.org/10.1787/888933692389

注：スコアの高い国ほど、国際的なベスト・プラクティスに一致している。タイ、マレーシア、トルコ、ポーランド、
　　シンガポールには監督手続が一切存在しないため、上の分析では求められない提案に関するスコアは考慮されて
　　いない。
出典：World Bank Group/PPIAF（2017）, Benchmarking Public-Private Partnerships Procurement 2017.

以降は限定的にしか行われていない。

　政府は、官民パートナーシップの再活性化に向けて、お役所主義の抑制と官
僚機構の効率性改善に努めているが、時限措置の導入と標準的な契約形態の採
用により2013年には官民パートナーシップ制度の改革を行っている。さらに、
内閣府は、2015年には野心的な官民パートナーシップに対し、2年間から9か
月間へと短縮したプロジェクト導入過程を承認するといった解決措置を発効し
ている。また、こうした新しい官民パートナーシップ制度の下で、現行の輸送
部門での投資を優先する計画（2015－2019年）と併せ、政府に対し5か年戦
略計画の策定も要求されている（Chittmittrapap and Thammavaranucupt,
2017）。5か年戦略計画での総投資額としては、1兆4,100億バーツ（すなわち、
2015年のGDPの10％超）が見込まれている（SEPO, 2015）。しかし、一層の
制度的改善のなされない中、この目標額の達成にはなお検討が必要とされる。
実際、契約の準備、実現、管理能力の評価では、タイはほとんどの比較対象国
を下回るとされている（図3.12）。

　タイでは、都市化が進みインフラ需要が拡大するのに伴い、官民パートナー

シップの利用拡大を進めている。しかし、公正なリスク配分と政府債務の最小化を図る取り組みが決定的に重要であると思われる。特に、OECD官民パートナーシップのための公共ガバナンス原則（OECD, 2012a）に即した、一層の改革が求められるだろう。特に、次の点が求められる。すなわち、1）官民パートナーシップ・プロジェクト諸重要業務での明確な委託契約と十分な資源、政府調達の堅実性、民間側アカウンタビリティの徹底、2）穏やかな競争過程を通じた十分な市場競争の実現、である。

第4節　より持続可能な保健医療・年金制度

　急速な高齢化と標準の拡大によって、保健医療及び年金での公的金融負担の拡大が予想される。保健医療及び年金制度の大部分が税収によって賄われており、先に示した税収基盤の拡張と税収増大のための改革政策オプションがこうしたニーズの充足に役立つものと思われる。またOECDの経験からは、保健医療・年金政策の十分な検討によって、費用抑制及び効率性を実現できることが示唆される（OECD, 2015a）。タイの保健医療及び年金制度の効果性と保障範囲については、第1章で検証を行った。

4.1　普遍主義的医療制度に対する支払い

　2002年、政府は、未保険加入者に対し無料での保健医療を与える国民医療保障制度（UCS）を開始している。これにより、タイは普遍主義的医療保障を実現し、保健医療の顕著な改善につなげている。国民医療保障制度により自己負担が大幅に軽減するとともに、富裕者、貧困者間の自己負担における格差が取り除かれることとなった（HISRO, 2012）。

　総医療支出額は、2001年の対GDP比3.3％から拡大し2014年には4.1％となったが、なお低水準にある。比較対象国の中では、インドネシアだけがこの水準を下回っている（図3.13A）。しかし、国民医療保障制度で保障される国民の約4分の3の人口に対し全額を政府が負担する（第1章）ため、政府支出額割合は2001年の56％から2014年の78％へとさらに顕著に上昇したことで、ど

図3.13 拡大する保健医療支出

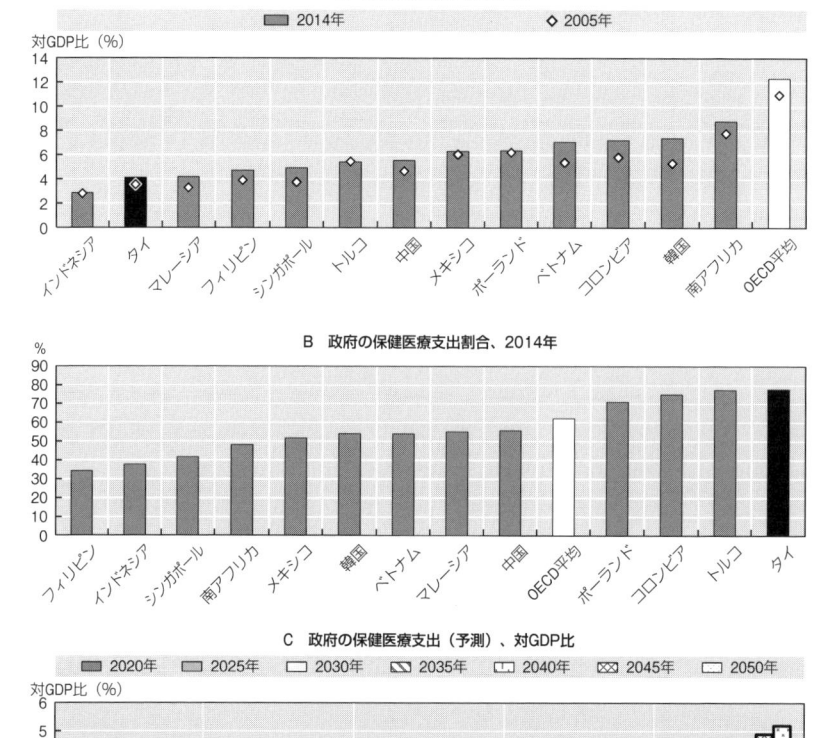

A 保健医療支出、対GDP比

出典：World Bank (2017), World Development Indicators (database)；Clements, Coady and Gupta, (2012), The Economics of Public Health Care Reform in Advanced and Emerging Economies.

の比較対象国よりも、またOECD平均よりも高い水準となっている（図3.13B）。これにより、同期間の保健医療に対する政府支出額は、対GDP比で

1.9％から3.2％へと上昇している。

　医療費は相対的に低いものの急速に進む高齢化により上昇傾向にある中、政策金融はそうした衝撃に耐えられなくてはならない。ある推計によると、国民の医療費は今後30年間で対GDP比で5％を上回る水準にまで上昇するとされている（図3.13C）。これは、大半のOECD加盟国を下回ってはいるが、域内比較対象国を上回る水準にある。タイが健全な財政状態を維持できることを前提として、短期的に医療費の累減と併せ有効性に欠けることの多い医療予算の一律削減は回避可能であり回避すべきである。その代わりに、効率性向上のための対象を絞ったサプライサイド措置を実施し（第1章）、負担軽減に向けた金融改革を推進すべきである。

　また、経済力のある者から民間保険料を徴収する方向で、タイの保健医療制度の財源改革を進め持続可能性を高めることも可能である。2006年には国民医療保障制度下の一定額負担義務が廃止されたことで政府の財政負担を重くすることとなったが、政府は多様な一連の諸グループへの控除を通して2012年に一定額負担義務制度を復活させている。保険料支払い意識が極めて低く保険料徴収額が低迷する中、国民医療保障制度加入者の約80％が無償でのサービスを受け続けている（Feige and Tiavongsuvon, 2015；Paek et al., 2016）。したがって、最も支援を要する者を中心に保障改善に向け対象を絞り込み控除の合理化を図る一方で、一定の負担額支払いを徹底することが解決策となる。さらに、一定の負担額を所得に関係付けることも考えられる。

　他方で、公的財源により人口の約9％を保障する公務員医療給付制度（Civil Serbant Medical Benefit Scheme）でも改革が必要とされている。国民医療保障制度とは異なり、これは回顧的な無償サービスの考えに基づき医療提供者に支払いがなされるものである。そこでは、特に診療や不要な薬への無駄な支払いが、負のインセンティブと同時にコスト上昇につながっている（HISRO, 2012）。当制度でも、専門医は医療サービスに関係なく患者一人に付き一定額を受け取る、国民医療保障制度の有限均等割モデルへの移行が検討されるものと考えられる。この場合、支払い額は患者側の期待ニーズに基づき調整されることになる。

　また民間の医療保険への加入者拡大も、医療費上昇の解決策となり得ると考

えられる。タイでの民間医療保険への加入者数は少ないが、過去十年、実質所得の上昇にもかかわらず、実質的に減少しており（APO, 2015）、医療費全体に占めるその割合は控えめな水準にしかない。また個人所得税を支払う国民の割合も低い状況で、民間医療保険加入者拡大に向けた税額控除も、十分な成果を上げてはいない。

4.2 持続可能性確保のための年金制度改革

第1章に概述されているように、特に非政府系従業員及び非公式労働者におけるタイの年金制度は分断的で補充率も低い。2015年のタイの年金支出額は対GDP比2.2％と、ベトナム（2.5％）、フィリピン（2.9％）、マレーシア（3.8％）、中国（3.6％）の域内比較対象国よりも低い。タイの年金支出額は比較対象国よりも低い状況にはあるが、現在極めて低水準にある社会年金受給者補充率の引き上げ等が政府によりなされれば、将来的な債務額の急速な増大が予想される。したがって、財政の持続可能性の確保には、先に示した租税改革と併せ、年金制度に対する補完的な改革が求められる。

タイは既に労働力の減少に直面している。労働市場参入前のより高い教育に費やす時間の増大が生産年齢人口の減少に向かわせている（第1章）。タイの国民は、域内の大半の諸国よりも寿命は長く退職後に過ごす年数も長い（図3.14）。結果として、退職者数の急速な増大に対し、これを支える生産年齢人口は減少していっているのである。さらに、家族の規模が縮小する中、アダルト・チルドレンの担う金融面、介護面での責任は大きくなっている。普遍主義的老齢給付金は金融支援とはなるが、高齢者の80％近くが未だ子供から所得を得ており、37％が基礎的所得としてこれに依存している（Knodel et al., 2015）。

OECDの研究からは、定年延長が、退職後の所得を増大させ制度の金融的持続可能性を高める効率的な手法であることが示唆される（OECD, 2017a）。タイの私的年金制度（これは人口の30％を保障している）が55歳を年金支給年齢としているのに対し、タイの公的部門制度（人口の6％を保障）及び老齢給付金（非公式部門労働者及び人口の約64％を保障）は60歳を年金支給年齢としている（第1章では保障対象の適正について論じている）。これは多くの域

図3.14　タイで予想される長期間の退職後年数

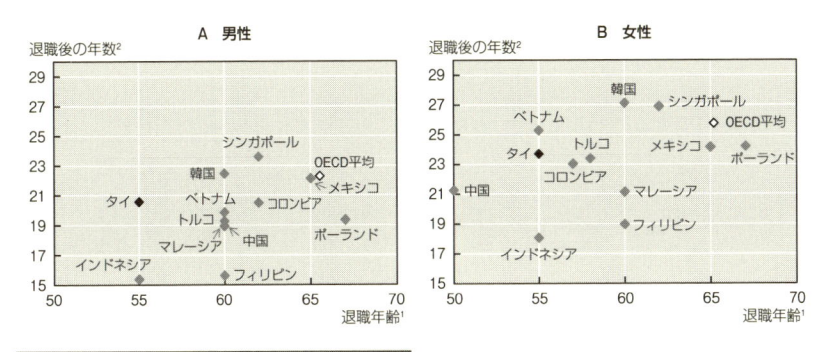

StatLink：http://dx.doi.org/10.1787/888933692427

1. 男性／女性が退職し完全に給付を受けることのできる年齢。
2. 60歳時点での平均余命と退職年齢でのものとの間には差が存在する（2015～20年）。タイにおいて老齢給付の補充率が極めて低い中、退職年齢は私的年金制度を対象としている（第1章）。中国女性の退職年齢はブルーカラー労働者のものを示している。ホワイトカラーの中国人女性の退職年齢は55歳である。
出典：World Bank, Women, Business and Law（database）；UN Population projections, 2017 revision.

内比較対象国及びOECD加盟国平均を下回る水準にある。第一段階として、タイは私的年金制度の年金支給年齢を公的部門制度及び社会的年金制度のものに合わせるべきであり、現在、退職している者、あるいは退職間際の者に対しては移行措置を実施すべきである。さらに、政府は、平均余命に合わせて、公務員の定年延長を積極的に検討すべきである。

　また、民間部門の法定保険料率（すなわち、年金基金に対する法定負担賃金の割合）を漸次的に引き上げるべきである。国民私的年金基金下では、雇用主及び雇用者が合わせて賃金の6％を保険料として負担している。これは比較対象国及びOECD平均の保険料率を下回る水準にある（図3.15）。この点については、政府は段階的な保険料率の引き上げを検討している。100人超の従業員を抱える企業の場合、初年度の賃金の3％（月1,800バーツを上限）から始め10年目までに賃金の10％（月6万バーツを上限）を法定の雇用者保険料率として遵守するというものである。当制度は、創業から5年以内の小規模企業にまで拡大して適用されるものと思われる（TBS, 2017）。

　また政府は、2015年の国家貯蓄基金（NSF）の創設と併せ、社会保障基金

図3.15　タイでの法定年金保険料率引き上げの可能性
雇用主及び雇用者の賃金に対する保険料率（%）、2014年

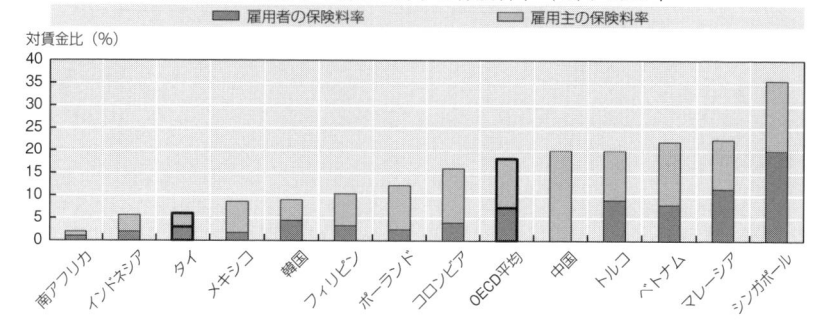

StatLink：http://dx.doi.org/10.1787/888933692446

注：南アフリカの場合、全社会支出に対する保険料率が含まれている。中国では、基礎年金であれば雇用主側の拠出
　する保険料率は20%であるが、積み立て基金の場合、保険料率は県ごとに異なる。OECD平均のみ、年金の保険
　料率を区別してきた国家は含め、より広い社会保障政策を採り保険料率の引き上げを行ってきた国家は除外され
　ている。
出典：OECD事務局算定。データ源：World Bank Pension Data; OECD（2015b）, *Pensions at a Glance.*

第40項下での譲渡金の譲与によって（第1章）、非公式労働者の退職貯蓄の増大を図っている。国家貯蓄基金は、月100バーツを上限に、30歳未満の国民の場合50%、30歳以上50歳以下の国民では80%、50歳を超える国民では100%のマッチング・グラントを支払うとするものである。両制度の利用者は相対的に少ない状況にはあるが、いずれも引き続き維持される必要があり、利用者拡大に向けて行政上、財政上の調整が進められるものと思われる。実際、OECDの経験からは、マッチング・グラントは、低所得から中所得の労働者には、租税インセンティブと比べ、一般的にかなり累進的で効果的であるとされている（OECD, 2013a）。

　公務員年金制度は加入者数でみると相対的に小規模であるが、公的年金支出総額の半分を占めている。公務員確定給付制度では、最終賃金により年金の規模が決定される。この場合、高所得労働者では受取額が多いのに対し、低所得労働者では受取額が少なくなることで、望ましい効果が得られずベスト・プラクティスから逸れてしまう可能性がある。またこうした最終給与計画は、低所

得者から高所得者への再分配をもたらす結果となってしまう（OECD, 2013b）。タイもベトナム同様、平均生涯賃金に基づいた制度への移行を検討するものと思われる。

参考文献・資料

APO（2015）, *The Kingdom of Thailand Health System Review*, Health Systems in Transition, Vol. 5/5, Asia Pacific Observatory on Health Systems and Policies/ World Health Organization, Geneva, *http://iris.wpro.who.int/bitstream/handle/ 10665.1/11359/9789290617136_eng.pdf.*

BoB（2017）, *Thailand's Budget, In Brief Fiscal Year 2018*, Bureau of the Budget, Bangkok.

Chittmittrapap, W. and J. Thammavaranucupt（2017）, "Thailand", in *The Public-Private Partnership Law Review – Edition 3*, The Law Reviews, London, *http:// thelawreviews.co.uk/edition/the-public-privatepartnership-law-review-edition-3/ 1141279/thailand.*

Clements, B., D. Coady and S. Gupta（2012）, *The Economics of Public Health Care Reform in Advanced and Emerging Economies*, International Monetary Fund, Washington, DC, *http://dx.doi.org/10.5089/9781616352448.071.*

Feige, M., and W. Tiavongsuvon（2015）, *The Future of Thailand's Healthcare Industries in Tier 2 Cities. Outlook for 2015-2020*, Solidiance, Bangkok, *www. solidiance.com/whitepaper/future-of-thailands-healthcareindustry-in-tier-2-cities. pdf.*

FPO（2017a）, *Monthly Fiscal Report（October 2016 – July 2017）*, Fiscal Policy Office, Bangkok, *www.fpo.go.th/FPO/member_profile/it-admin/upload/file/ Executive%20summary_0760%20(1).pdf.*

FPO（2017b）, *Table FIT_D108: Revenue Local Administrative Organisation*, Fiscal Policy Office, Bangkok, *www.fpo.go.th/FPO/index2.php?mod=Category&file=ca tegoryview&categoryID=CAT0001203(in Thai).*

HISRO（2012）, *Thailand's Universal Coverage Scheme: Achievements and Challenges. An Independent Assessment of the First 10 Years（2001-2010）*, Health Insurance System Research Office, Nonthaburi.

IMF（2017）, *Thailand: 2017 Article IV Consultation*, International Monetary Fund, Washington, DC. *www.imf.org/en/Publications/CR/Issues/2017/05/31/*

Thailand-2017-Article-IV-Consultation-Press-Release-Staff-Report-and-Statement-by-the-44948.

Knodel, J. et al. (2015), "The situation of Thailand's older population: An update based on the 2014 Survey of Older Persons in Thailand", *Population Studies Center Research Reports*, 15-847, University of Michigan Institute for Social Research, Ann Arbor, MI, *www.psc.isr.umich.edu/pubs/pdf/rr15-847.pdf*.

KPMG (2017a), "Corporate Tax Rates Table" (database), *https://home.kpmg.com/xx/en/home/services/tax/tax-tools-and-resources/tax-rates-online/corporate-tax-rates-table.html*.

KPMG (2017b), "Indirect Tax Rates Table" (database), *https://home.kpmg.com/xx/en/home/services/tax/tax-tools-and-resources/tax-rates-online/indirect-tax-rates-table.html*.

Matthews, S. (2011), "What is a 'competitive' tax system", *OECD Taxation Working Papers*, No. 2, OECD Publishing, Paris, *http://dx.doi.org/10.1787/5kg3h0vmd4kj-en*.

Marks, D., and L. Lebel (2016), "Disaster governance and the scalar politics of incomplete decentralization: Fragmented and contested responses to the 2011 floods in Central Thailand", *Habitat International*, Vol. 52, pp. 57-66.

MoF (2017), *Project 3: Taxation and Electronic Transaction Documents*, Ministry of Finance, Bangkok, *www.epayment.go.th/home/app/project-3* (in Thai).

OECD (2017a), *Pensions at a Glance 2017: OECD and G20 Indicators*, OECD Publishing, Paris, *http://dx.doi.org/10.1787/pension_glance-2017-en*.

OECD (2017b), "Thailand joins the Inclusive Framework on BEPS and participates in first joint programme for the implementation of international tax standards", OECD, Paris, *www.oecd.org/ctp/beps/thailand-joins-the-inclusive-framework-on-beps-and-participates-in-first-joint-programme-for-theimplementation-of-international-tax-standards.htm*.

OECD (2017c), *Revenue Statistics in Asian Countries 2017: Trends in Indonesia, Japan, Kazakhstan, Korea, Malaysia, the Philippines and Singapore*, OECD Publishing, Paris, *http://dx.doi.org/10.1787/9789264278943-en*.

OECD (2016), *Consumption Tax Trends 2016: VAT/GST and Excise Rates, Trends and Policy Issues*, OECD Publishing, Paris, *http://dx.doi.org/10.1787/ctt-2016-en*.

OECD (2015a), *Fiscal Sustainability of Health Systems: Bridging Health and Financing Perspectives*, OECD Publishing, Paris, *http://dx.doi.org/10.1787/97*

89264233386-en.

OECD（2015b）, *Pensions at a Glance 2015: OECD and G20 Indicators*, OECD Publishing, Paris, *http://dx.doi.org/10.1787/pension_glance-2015-en.*

OECD（2013a）, *Design and Delivery of Defined Contribution（DC）Pension Schemes. Policy Challenges and Recommendations*, Cass Business School, London, *www.oecd.org/daf/fin/private-pensions/DCPension DesignHighlights. pdf.*

OECD（2013b）, *Pensions at a Glance Asia/Pacific 2013*, OECD Publishing, Paris, *http://dx.doi.org/10.1787/pension_asia-2013-en.*

OECD（2012a）, *Recommendation of the Council on Principles for Public Governance of Public-Private Partnerships*, OECD Publishing, Paris, *www.oecd.org/ governance/budgeting/PPP-Recommendation.pdf.*

OECD（2012b）, "What are the best policy instruments for fiscal consolidation?", *OECD Economics Department Policy Notes*, No. 12, April, *www.oecd.org/eco/ public-finance/50100775.pdf.*

Paek, S., N. Meemon and T. Wan（2016）, "Thailand's universal coverage scheme and its impact on healthseeking behaviour", *SpringerPlus*, Vol. 5/1, p. 1952, *www. ncbi.nlm.nih.gov/pmc/articles/PMC5104696.*

RD（2016）, *Roadmap Digital RD 2020: 2016-2020*, Revenue Department, Bangkok, *http://download.rd.go.th/fileadmin/download/plan/RD2020.pdf*（in Thai）.

RD（2015）, *The Revenue Department Annual Report: 2015*, Revenue Department, Bangkok, *http://download.rd.go.th/fileadmin/download/annual_report/annual_ report58.pdf.*

RD（15 December 2014）, "The Revenue Department announced the "RD Smart Tax" application", *Revenue Department news: 8/2015*, Revenue Department, Bangkok, *www.rd.go.th/publish/fileadmin/images/image_eng/englishnews08_ 2558.pdf.*

SEPO（2015）, "Public Private Partnership（PPP）in Thailand", State Enterprise Policy Office, Ministry of Finance, Bangkok, *www.unescap.org/sites/default/ files/PPP%20Thailand-sent.pdf.*

Siksamat, S., and J. Wanitthanankun（2015）, "Government finance statistics for fiscal transparency and sustainability: A case study of Thailand, Bank of International Settlements", *IFC Bulletin*, No. 39, *www.bis.org/ifc/publ/ifcb39zk.pdf.*

Sudhipongpracha, T., and A. Wongpredee（2015）, "Disequalizing equalization grant: an assessment of the relationship between equalization grant and local fiscal capacity in Northeast Thailand", *Asian Affairs: An American Review*, Vol. 42/1,

189

pp. 1-21.

Suteerapongpun, C. (2 February 2016), "2-year tax breaks for SMEs in Thailand: What you need to know", *PKF Thailand, www.pkfthailand.asia/news/news/2-year-tax-breaks-for-smes-in-thailand-what-you-needto-know.*

TBS (30 September 2017), "Mandatory provident fund options to be widened", *Thailand Business Supplement, https://thailand-business-supplement.com/2017/05/09/mandatory-provident-fund-options-to-be-widened.*

UNFPA and NESDB (2015), *The State of Thailand's Population 2015*, the United Nations Population Fund Thailand and the Office of the National Economic and Social Development Board, Bangkok, *http://thailand.unfpa.org/sites/default/files/pub-pdf/State%20of%20Thailand%20Population%20report%202015-Thai%20Family_en.pdf*

Wongpredee, A., and T. Sudhipongprac (2014), "The politics of intergovernmental transfers in Northeast Thailand", *Journal of Developing Societies*, Vol. 30/3, pp. 343-363.

World Bank (2017a), *Thailand Economic Monitor 2017: Digital Transformation*, World Bank, Bangkok, *http://pubdocs.worldbank.org/en/823661503543356520/Thailand-Economic-Monitor-August-2017.pdf.*

World Bank (2017b), "World Development Indicators" (database), Washington, DC, *https://data.worldbank.org/data-catalog/world-development-indicators.*

World Bank and PPIAF (2017), *Benchmarking Public-Private Partnerships Procurement: Assessing Government Capability to Prepare, Procure, and Manage PPPs*, World Bank/Public-Private Infrastructure Advisory Facility, Washington, DC, *http://bpp.worldbank.org/~/media/WBG/BPP/Documents/Reports/Benchmarking PPP2017Fullreport.pdf?la=en.*

第4章

地球 —— 自然の保全

　持続可能な開発のためのアジェンダ2030における地球分野では、水、クリーン・エネルギー、責任ある生産と消費、気候変動対策、海の豊かさの保全、陸の豊かさの保全といった6環境分野が対象とされる。タイにおける急速な工業化、都市化、集約農業の拡大は、環境に重大な重荷を負わせる結果となった。過去20年間、タイは環境成果を改善し、温室効果ガス排出等の分野で野心的な目標を掲げてきた。残される課題として、洪水及び旱魃に対する水資源管理、強靭で持続可能な都市開発戦略、森林拡張と土地所有機会の拡大、生物多様性の保全と持続可能な利用、大気及び水質の改善（特に、主要都市中心部と工業区）、増大する固形廃棄物の処理、気候変動対策がある。

はじめに

　他の新興諸国同様、タイは、経済開発において天然資源を集約的に利用し、環境面での重大な犠牲を伴ってきた。タイは、主要な農産品の生産国、輸出国となりグローバル経済での地位を確立するのに併せ、1950年代以降、広大な森林を切り開き農地への転換を進めてきた。急速な工業化と都市化により、汚染水準は高まり、二酸化炭素の排出量が増大することとなったが、近年、タイは環境実績を改善し、温室効果ガス排出等の分野で野心的な目標を掲げている。しかし、それでも、水、クリーン・エネルギー、責任ある生産と消費、気候変動対策、海の豊かさの保全、陸の豊かさの保全といった、2030アジェンダに示される持続可能な開発目標の実現には、なお多くの課題が残されている。

　本章では、水、生物多様性を中心とした天然資源の管理、また特に汚染、廃棄物といった環境面での生活の質の向上、そして緩和・適応措置を通じた気候変動への対応という、タイの直面する数多くの重要環境課題について論じていく。と同時に、本章では、環境影響評価制度と併せ、環境に対する法制度枠組み、制度調整、ポリシー・ミックスについても検討していく。

第1節　タイの天然資源管理における改善可能性

　タイの持続可能な開発は、活力ある経済部門と何百万世帯もを下支える天然資源の賢明な管理に依存している。特に、タイは、水資源と生物多様性の管理を中心に取り組む必要がある。

1.1　旱魃及び洪水に対する水の管理

　タイは、生命を奪い経済混乱をも招いてしまう旱魃及び洪水に定期的に見舞われている。特に、2015年時点での対GDP農業分野産出額で、全国平均が9％であるのに対し20％を上回る北部、北東部、南部地域の地方の県を中心に、

図4.1　多くの地域に影響を及ぼす旱魃と洪水

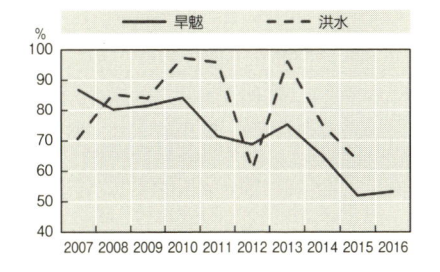

A　旱魃及び洪水によって影響を受ける県の割合

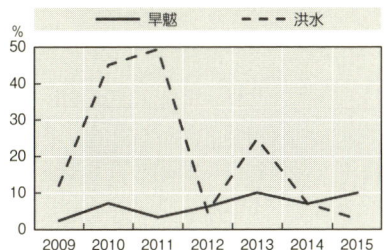

B　旱魃及び洪水によって影響を受ける農地の割合

出典：NESDB（2017）, Social and Quality of Life Database System, *http://social.nesdb.go.th/social/Default. aspx?tabid=40*; OAE（2017）, Agricultural Statistics of Thailand 2016.

図4.2　近年の突発的な降雨による自然災害の拡大

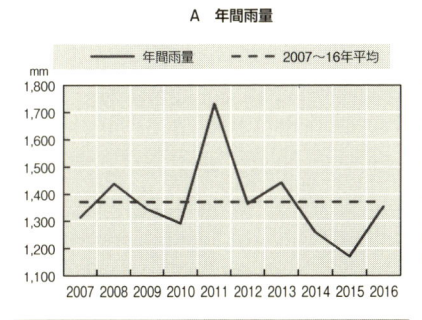

A　年間雨量

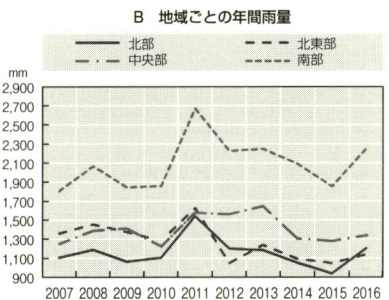

B　地域ごとの年間雨量

出典：OAE（2017）, Agricultural Statistics of Thailand 2016.

旱魃及び洪水による農業生産への被害がもたらされている（図4.1）。

　タイでの旱魃による経済的損失は洪水と比較して少ないが、旱魃の国民への影響は洪水よりも甚大である。2016年の乾季の終わりに、タイは過去20年間で最もひどい水不足に直面している。旱魃が14の県で宣言され、主要ダムの水位が1994年以来、最低水準にまで落ち込んだことで水は配給制となった（Thepgumpanat and Tanakasempipat, 2016）。国民、農家、企業による水の確

保が制限されるといった直接的影響及び経済混乱に加え、旱魃は社会基盤に対しても損害をもたらし、例えば、2015年の旱魃時には、隣接する運河の水位の低下により、バンコク東部の水路が寸断される被害が出ている。

　旱魃は一部、自然界の気候変動パターンによる影響を受ける。絶対的な雨量は、需要量を満たすだけ十分である必要があるが、確保可能な一人当たり水量は多いものの減少傾向にある。また、年間平均量が回復したとしても、雨季と乾季による雨量の変動という水管理面での課題が存在する。さらに、バンコク中心部及び中央平原は大規模貯水池がなく他地域からの水の供給に依存しており、水資源配分にも地域間での不均衡が存在する。北部及び北東部は年間雨量が全国平均を下回り、旱魃のリスクが高い（図4.2）とともに、2〜7年の不規則な間隔で生じるエルニーニョ現象は、雨季に、旱魃を含め雨量の少ない状況をもたらす。

　タイは長期平均雨量を上回る年にも旱魃を経験しているが、これには気候要因以外の要因も指摘できる。すなわち、水の消費パターン、農業及び工業用地の開発、都市化、そして人口の増大である（Thaiturapaisan, 2016）。水は90％超が農業用に使用されるが、家庭用での利用が5％、工業用の利用が5％となっている（FAO, 2016）。

　他方で、水資源管理上の問題として、もう一つ膨大な地下水抽出を指摘できる。地下水が国内の水需要の6％を賄う状況にあるが、長期に亘り、自然回復力を上回るペースで地下水が汲み上げられてきたことで、特に拡大バンコク地域において地下水埋蔵量の減少、地盤沈下、海水の流入がもたらされている（Fornes and Pirarai, 2014）。将来の水需要量予測が現在の水貯蔵能力を上回る中、政府は水不足問題の深刻化を懸念している（VNR Taskforce, 2017）。

　タイにおいて、洪水は重大な経済的被害をもたらすとともに、時により広く国際的な影響ももたらしてきた。1989年から2011年の洪水に要した年平均支出額は60億バーツ（1億9,000万米ドル近く）であった。2011年の洪水は最も甚大な被害のあったケースの一つに数えられるが、死者1,000人超、1,600万人が影響を被り、被害総額は230億バーツ（6億9,000万米ドル）を上回るとされている（MOI, 2013）。またこの洪水では、強制的に生産ラインが寸断された結果、民生用電子機器産業、自動車産業でのグローバルな供給にまで影響が及

ぶこととなったが、これを機に、タイが東南アジアの重要な製造ハブであり、グローバル・サプライチェーン（GVC）における重要なギアとしての役割を果たしていることが浮き彫りとされたのである（第2章）。

　豪雨が洪水の直接の要因であるが、幾つか別の要因も存在する。稚拙な都市拡張計画、集約農業、水源涵養林の劣化、喪失が治水域及び氾濫原の縮小を招いてきた（MFA Netherlands, 2016）。地盤沈下は過度な無管理状態での地下水の汲み上げが背景にあるが、特にバンコクで深刻化しており、洪水リスクを高める結果となっている。

　気候変動は今後さらにこの課題を深刻化させることが予想される。国家レベルでの予測では、南部のマレー半島等、既に降雨量の多い地域で今後さらに降雨が激しくなるとされており、また洪水の可能性の高まることが考えられる。他方で、内陸部北東地域の乾燥地帯では今後一層の降雨量の減少が予想され、旱魃の頻度が高まるものと思われる（ONEP, 2015）。

　統合的水管理の欠如が、こうした課題への効果的対応を阻害している。タイにおける水管理は、少なくとも10省下の31局、首相府下の1国家機関、1代理機関、6国家委員会から構成される、高度に分断化された制度枠組みを特徴としている（コラム4.1）。責任の重複により、利害が対立し、統合された水資源管理の開発が妨げられる状態にある。

　多くの国とは異なり、タイでは単一法による水管理がなされていない。現在、水資源管理に関連して、36の一次法と2,000の二次法が存在している。こうした状況から、水資源局は1992年以降、水法の起草作業を進めてきた。当法は、法律枠組みの合理化、既存の法制度の強化、政策の効果性の確保を目的とする。政策上の指針を与え、国家規模で同質的優先順位を与えることで、多様な主体及びステークホルダーが国家的枠組みの下で個々に水管理計画を開発、実施できるよう企図されている。また予算配分も国家規模での同意に基づく優先順位に従うものとなるだろう。またエネルギー省での経験から、統合管理におけるグッド・プラクティスを引き出すことができる。

　タイで統合的法律の欠如する中、数多くの水管理計画及び戦略が策定されてきた。例えば、水資源管理戦略2015-2026では、水資源管理、水利用、配水管理が対象とされ、また、20年に亘る国家戦略枠組み2017-2036下のグリー

ン成長戦略、及び第12次国家経済社会開発計画（NESDP）（第12次計画）下での持続可能な開発に向けたグリーン成長戦略では、水管理に関連した多数の活動が予見されている（VNR Taskforce, 2017）。しかし、その執行面では制度的複雑性と政策的な課題によって妨げられる状況にある。さらに、タイの水管理計画では相対的に短期間の目標が対象とされており、海面上昇、地盤沈下といった将来的洪水発生要因を組み入れた、長期の予想及び計画が求められている。

コラム 4.1　タイの水管理に関わる政府主体及び行政機関・局

タイでは、かなりの数の省内局と国家及び準国家主体が水管理に関わっている。

- 1988年に創設された国家水資源委員会（NWRC）は、プロジェクトの監督・監視を行い、政策及び規制に関し内閣府に対し助言を行う責任を持つ最重要公式主体である。
- 国家水資源管理課は、首相府の監督下にある機関として2017年8月に創設されている。これは、関連する省及び政府機関に対し、洪水及び旱魃問題への政府の取り組みを監督・監視する権限を持つ。
- 国家水資源洪水政策委員会（NWFPC）及び水管理・洪水管理委員会（WFMC）は、政策を策定し、投資プロジェクトを承認するとともに、これらプロジェクトの執行及び影響に対し監視を行う。
- 政府職員、利用者グループ、専門家からなる25河川の流域委員会（RBC）は、河川流域の水資源管理枠組み及び計画の準備に責任を持つ。
- 天然資源環境省水資源局は非灌漑地域の地表水管理と洪水対策を監視する。
- 農業組合省王室灌漑局（RID）は、農業部門への水供給の監督・監視、給水所の改善、灌漑地域の地表水の管理に責任を持つ。またこの局は、水路及び洪水予防システムの建設と維持の役割も果たしている。
- 天然資源環境省地下水資源局（DGR）は地下水の利用を管理している。
- 内務省災害防止軽減局は、水管理部門計画を含め、部門レベルの災害リスクを勘案した先行投資（risk sensitive investment）計画への災害リスク軽減戦略の統合を確保する。同局はさらに、回復に向けた取り組みにおける調整と併せ、緊急対応における調整も推進している。

小規模灌漑関連プロジェクトの創設や洪水の防止、監視、管理を含め、多くの他の省の局も、様々な形で水管理に関わっている。

政府は、水管理における供給側からの解決策となるハード・インフラに関心を示しても（PRD, 2015）、これまで需要側からの措置にはほとんど関心を寄せない傾向にあった。オランダ等での経験からは、水管理・洪水防止にはより全体的観点に立ったアプローチが有益であることが示唆される（コラム4.2）。

コラム 4.2　**オランダにおける水のガバナンス ——デルタ計画**

洪水防止体制が整備されてなければ、オランダは国土の約60％を洪水リスクにさらすことになるだろう。洪水リスクにさらされている地域で生活を送る国民は推計900万人、これはGDPの70％に相当する。デルタ計画では、洪水を防止し新鮮な水の供給を確保するために、「ソフト」インフラと組み合わせた需要管理政策を進めている。これは、水管理・洪水防止政策として広く認識され、世界的に参照されている（OECD, 2014a）。2010年に最初のデルタ計画が下院に提出されたことで、新たな柔軟な水管理政策が導入されることとなったが、その有効性は、複層的公共責任体制、最先端のデルタ技術の活用、国民への周知キャンペーンの三つの組み合わせに支えられている。

水需要管理政策はデルタ計画の重要な特徴であるが、そこでは最先端のデルタ技術と4分野での知識開発が採択されている。

1) **生態工学**：これは、洪水防止に向け自然及び環境目標の実現を目指すものである。例えば、オランダでは、保水力を備えた開けた土地への転換を図る湿地復元プロジェクトを進めており、洪水防止能力の向上と生物多様性の確保を推進している。
2) **水の安全**：この各プログラムは「多段階での安全」措置となっており、リスクを統合的に考慮した高水準で水の安全に取り組むリスク・ベースの防止体制が取られている。ここでの課題に対し、新食糧管理2100イノベーション計画が重要な役割を果たしている。

3) **スマート・グリッド（dikes）**：デジタル・デルタ及びスマート・エネルギー（energy dikes）イノベーション計画を通して、スマート伝送に取り組んでいる。前者はデータ、モデル、アルゴリズム、端末（tools）、アプリケーション・プログラムの統合化と連結に関連した計画である。連結されたデータはどの部門でも活用でき、ステークホルダーは少額の費用でイノベーションにつなげることができる。またスマート・エネルギー（energy dikes）計画では、淡水と海水の浸透圧を利用した浸透圧発電や潮流発電といった、エネルギー供給をより持続可能なものとし得る発電方法に焦点が当てられている。

4) **居住に適したデルタ**：デルタにおける生活の持続可能性の確保に向け、知識、技術、サービスを凝集したポートフォリオを基に作業が進められている。デルタ都市の計画化とモニタリング、強靭なデルタ都市の設計と計画、気候変動に適応した建設と（再）開発の三つの政策アプローチが進められている。デルタ計画を執行するうえで、水問題を周知させるためのキャンペーンが重要な役割を果たす。政府は、国民の旱魃及び洪水による重大事態の予想と対応を支援することを目的に、「私たちの水」キャンペーン（www.onswater.nl）の開始に向け、水行政協定の下、パートナー（州政府、水管理委員会、市町村、飲料水会社、公共事業局Rijkswaterstaat）との協働を進めている。

2018年デルタ計画では、初めての空間適応戦略が盛り込まれることになろう。空間適応デルタ計画は、地方都市、地域都市レベルの複層的公共責任体制を特徴とする。2019年までに、全ての市町村が、州政府、行政区水管理委員会、中央政府と協働で水に関する評価を行いストレステストを実施するものと思われる。市町村は、水に関する評価により空間計画の策定において水関連リスク及びコスト要因を分析できるとともに、ストレステストによって水害に対する脆弱性が示唆されることで、権限当局は適切な政策的対応が可能となる。

出典：Netherlands Ministry of Infrastructure and the Environment（2016）, Netherlands National Water Plan 2016-2021; OECD（2014b）, OECD Studies of Water: Water Governance in the Netherlands, Fit for the Future?

　近年の国家水管理課の創設は、政府による当課題への関心の高まりを反映している。2017年8月に起きた北東部での洪水を機に、関連する省・政府機関に対し、洪水及び旱魃に対する政府活動を監督・監視する、首相府管轄下の当課が創設された。現在、当課の活動における成果、既存主体との関係、先に概説した課題への対応の有効性について、検証が進められている。

　また洪水等の災害への対応は、タイの災害リスク統治枠組みの下で進められる。仙台防災枠組み2015 - 2030を指導原則として、政府は災害防止軽減法2007を補完する、国家災害リスク管理計画を2015年に採択している。当計画では、従来のやり方の脆弱性を見極め、災害管理に責任を負う政府の各省庁、階層間での調整の改善を一目標としており、「事後的」災害対応ではなく、災害リスク軽減に向けた積極的取り組みを取り戻すことを目的に、そこで重要となる土地利用計画の策定、特定区域の指定、規準等インセンティブ措置の確立といった全階層で活用できる軽減措置を参照できるようになっている。災害リスク管理と気候変動適応計画とを結びつける（下記参照）ことで、タイの災害対応の強靭性は一層高められることになると思われる。

　また、計画の有効性を前提に、地方政府での十分な資金と能力の強化が求められる。現在の監督・監視体制の整備されない状況は、中央政府からの移転資金が目的以外に使用されている可能性を示唆している。また、災害統治体制の分権化が十分でないことにより、災害への効果的な対応も妨げられている（Marks and Lebel, 2016）。地方政府機関（バンコク大都市圏を除く）は、災害への効果的な対応能力に欠け、中央政府からの十分な支援を受けられない状況となっている（第5章）。

1.2　タイの生物多様性の豊かさと持続可能な保全・管理

　タイは、北部をインドシナ地域、南部をサンディアック地域（Sundiac region）という二つの主要生物地理区に挟まれた、世界でも最も生物多様性に恵まれた国の一つとされている。山脈によるその多様な気候と地形、主要河川流域、そして海岸が、多雨林、常緑樹、落葉樹から海岸線沿いのマングローブまで、15区分される樹林を含め広範な生態系を支えている。タイはまた、世界全植物種の8％を占める、1万5,000種の母国でもある（CBD, 2017）。太平洋

図4.3　生物多様性指数（抜粋）にみられる低実績

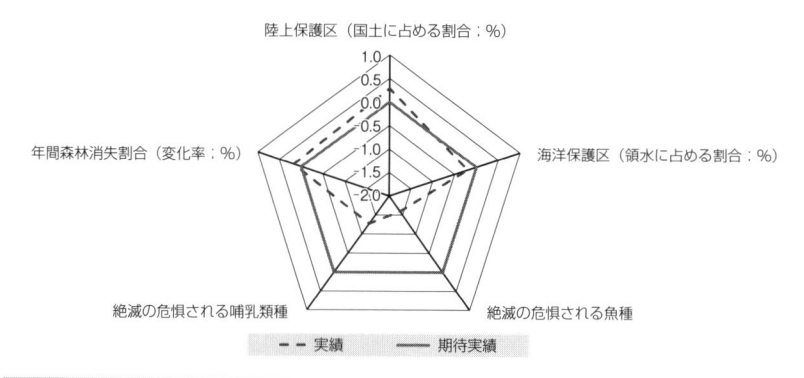

StatLink : http://dx.doi.org/10.1787/888933692503

注：点線は、他の中所得国を基準に評価されるタイの実績値を表している。灰色の線は、タイの一人当たり所得水準から期待される実績値を表している。点線が灰色の線の内側に入っている指数については、期待実績を下回っていることを表している。

出典：執筆者算定。データ源：World Bank（2017a）, World Development Indicators（database）; World Bank（2017b）, Deforestation and Biodiversity.

側とインド洋側に沿岸域及び海洋が31万6,000平方キロメートルあり、世界のサンゴ礁種の10％、400種を超えるサンゴ礁の主権国となっている（ONEP, 2014）。

　タイはその豊かな生物多様性から多大な恩恵を受けている。保有する森林は、洪水の軽減と二酸化炭素吸収による気候変動の軽減を促す画期的かつ重要な生態系を成す。そうした生態系が、農業、シーフード産業、観光に代表される重要経済部門を支え、何百万という職を創出しているのである。

　タイには、国立公園、森林公園、野生生物保護区、禁猟区、植物園、樹木園（arboretums）の6形態に分類される保護区がある。国土全体の19％近くが指定保護区に分類され（World Bank, 2017b）、海洋及び沿岸域のタイの水域20％以上が保護区に指定されている（CBD, 2017）。さらに、海洋全体の16％が生態系管理政策の対象となっている。

　しかしそれでも、生物多様性は脅威にさらされている。他の中所得国と比較し、タイは生物多様性の一部の指標で低い値を示している状況で（図4.3）、哺乳類118種（タイでよく知られる哺乳類種の35％）、鳥類168種（同17％）、爬虫類49種（同12％）、両生類18種（同11％）、魚類202種（同7％）、植物種

1,131種と、数多くの種が絶滅の危機に瀕している。土地使用の変化による生態系の喪失もまた懸念される。例えば、灌漑と併せ、北部及び北東部を中心に農地が不法に拡張され、湿地の縮小が進んでいる（ONEP, 2014）。また別の脅威として、淡水域、海洋、サンゴ礁の生態系に影響を与える、（特に湿地での）外来種の侵入、野生動植物の違法売買、そして気候変動及び汚染を挙げることができる。さらに、タイの一部の森林で退化、あるいは破壊が進んでいる。

　保護区の創設や国民への周知といった保全への取り組みと併せ、植林及び森林再生プログラムが国家レベルで推進されてきたことで、近年、森林割合の回復が進むとともに（ONEP, 2014）、これらプログラムにより、数十年間続いた森林破壊傾向に反転がみられる。1960年代には国土の半分以上が森林で覆われていたが、現金作物奨励による農地の過大な拡張により、その大部分が失われることとなった。タイの森林割合は1998年の25％という低水準から回復し、2016年には32％となっている。

　しかし、北東部及び北部地域では、森林の破壊は問題のまま残されてきた。今日、北東部の森林割合は15％を下回る水準となっているが、2008年以降、150万ライ（24万ヘクタール）を超える森林が失われてきた。北部地域は、森林割合が53％近くとなおかなり高い水準にはあるが、2008年以降、速いペースで森林破壊が進んでいる（RFD, 2017）。

　森林の破壊には幾つか要因が存在する。生物多様性条約締約国会議において、タイでは、ゴムの木や油やしの植林等、現金作物の奨励を主な理由とする農地拡張によって森林区域が喪失されてきたことが報告されている（CBD, 2014）。生産拡大に向け、農家へのインセンティブ措置として価格補助金が与えられたが、森林地帯にまで生産が拡張されるケースも出てきており、2008年以降、こうした補助金は撤廃されている。また、北東部では、保護区に指定される国立公園においてさえ紫檀が不法伐採され（CBD, 2014）、観光リゾートの開発が進んだこと等により、森林破壊がもたらされている。

　また、集約農業が土地を退化させている。窒素等の必須栄養素は世界基準を下回る5分の1の水準、国土の54％が低水準にあると考えられている。1970年代以降の集約農業及び単一栽培は窒素延いては栄養素の減少をもたらすとともに、化学肥料の誤った使用により土壌の酸性化が進んでいる。

タイで国際海洋保全目標が実現されない中、海洋及び沿岸域の生物多様性においても著しい悪化が観察される。漁業が沿岸域及び海洋での生態系の破壊を進め、過剰な漁獲により魚資源は著しく減少している。タイの海洋での漁獲量は1961年の300 kg／時から2011年には25 kg／時にまで減少している（ONEP, 2014）。これにより、現在、国内水産加工業界は、外国の輸入魚に頼らざるを得ない状況にある。国内の海洋国立公園等の保護区においてさえ、生物量は不法漁と観光により減少の憂き目にあっている（Hockings et al., 2012）。海洋の生物多様性に対する別の圧力として、海洋の酸性化と、観光及び原油産出等工業活動による沿岸域での水質の悪化が挙げられる。したがって、タイはミレニアム開発目標での生物多様性保全目標を実現できないとともに、生物多様性条約（CBD）締約国会議で定められた目標についても一部実現されない状況にある（ONEP, 2014；VNR Taskforce, 2017）。

　他方、そうした中で、タイは生物多様性の保全に向けた回復あるいは緩慢化において目立った成果を上げている。例えば、タイは、森林面積の割合を国土全体の33％（2008年の水準であるが、以降、森林割合は32％を下回る水準に落ちてしまっている）、保全される森林も少なくとも18％にまで拡大させるとともに、マングローブの拡大も視野に、生物多様性の保全と持続可能な利用に関する国家政策・戦略・行動計画（NBSAP）2008 – 2012の目標を実現させている（ONEP, 2014）。

　生物多様性課題は、総合生物多様性管理マスター・プラン2015 – 2021及び関連活動計画に詳細に定められる国家経済社会開発計画（NESDP）に統合されてきた。第12次計画には、水の管理及び気候変動の軽減と併せ生物多様性への貢献を狙い、2030年までに国土全体の40％にまで森林割合を拡大するという野心的な目標が盛り込まれている。さらに、国家生物多様性行動計画2015 – 2021では、生息域縮小率の50％低減を目標として掲げている。この枠組みの下、2015年に、政府は、海洋沿岸資源管理法（marine and coastal resources management act）を制定している。タイの持続可能な消費生産ロードマップ2017 – 2036でも、2025年までに農業部門での生物多様性を2016年水準にまで回復させることを目標とするとともに、2026年までに農薬使用量を30％削減し持続可能な有機農法を拡大させるとする目標が掲げられている。

第2節　生活環境の質の確保に残される課題

　生態系からの間接的影響と併せ、現地生活環境の質が国民の健康及び福祉に
直接的な影響を持つ。タイは急速な工業化と都市化の環境への影響に取り組み、
改善につなげてきたが、大気汚染、水質汚濁、廃棄物の三つの課題が残されて
いる。

2.1　悪化傾向の続く大気汚染

　過去20年間、大気汚染対策の幾つかで実績を上げてきたが、別の形での汚
染物質の排出増加が続いている。タイでは、1990年から2010年にかけ大気汚
染の緩やかな改善がみられたが、2010年以降、PM2.5（直径2.5μm以下の浮遊
粒子状大気汚染物質）の漸次的増加が進んでいる（図4.4）。別の形で進行する
大気汚染に対する対策では時系列的、地域的に実績にばらつきがみられる
（PCD, 2017a）。改善したケースとして、PM10（直径10μm以下の浮遊粒子状大

図4.4　タイにおける大気汚染の拡大

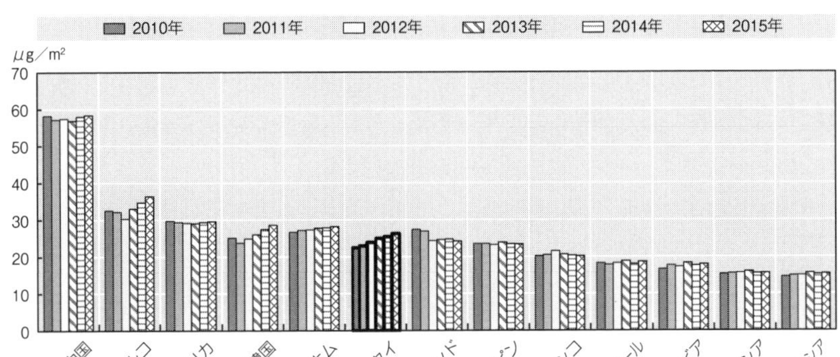

StatLink：http://dx.doi.org/10.1787/888933692522

出典：World Bank（2017a）, World Development Indicators（database）.

気汚染物質）があるが、1990年代後半以降バンコクを始めとした全地域で総じて減少傾向にある（東部のラヨーンは例外）。また、バンコクと一部地域では、二酸化硫黄（SO_2）の排出量でも減少がみられた。しかし、同期間に、二酸化窒素（NO_2）の排出とオゾンによる汚染は進んでいる。NO_2の排出量はバンコクではおおよそ安定していたと言えるが、北部のチェンマイや東部のラヨーン等、一部地域で顕著な増加が観察されている。また、東部及び南部の一部地域でオゾンの量が2倍となる等、バンコクを始めとしてほぼ全域でオゾンは増加傾向にある。

タイの4大大気汚染源としては次のものが挙げられる。

- **産業活動**：タイの主要工業圏では、頻繁に汚染限度を超過する状況にある（PCD, 2015）。例えば、サラブリのNa Phra Lanではセメント工場及び産業用プラントからの粉塵汚染が懸念されており、国内最大規模のマップタープット工業団地では揮発性有機化合物（VOC）の排出量が安全基準を超過している。
- **都市部での交通量の増大**：車両の所有台数の増大に伴い、都市部の大気汚染が進んでいる。バンコクにおける車両数は、2000年から2016年にかけ、450万台から940万台へと2倍以上に増加している。また国内全体では1,700万台近くの増加となっている（DLT, 2017）。
- **北部での煙及び煙霧**：焼畑農業や乾季の森林火災により、2月から4月にかけてタイ北部では煙及び煙霧が発生する。焼畑農業では森林を焼却、開墾し肥沃な土壌を持った農地として使用する。また、穀物栽培のための土地の開墾や農作物の焼却、偶発的森林火災も原因となる。
- **国境を越えた大気汚染**：タイでは、インドネシア、ラオス、マレーシア、ミャンマーの近隣国での森林火災や焼畑農業により、国境を越えて大気汚染が発生する場合がある。

タイ政府は、こうした圧力の幾つかに対し、段階的汚染軽減措置を採ってきた。都市における大気汚染対策では、より厳格な排出基準の導入、燃料転換、調査を積極的に進めてきた。また別の政策措置として、自動車の相乗りや乗車

休業日といった考えを国民に普及させるキャンペーンも実施されている。公共輸送システムの拡大も都市の大気汚染対策として有効であるが、これはバンコクに集中している。チェンマイ等の都市には公共輸送システムは存在せず、長期に亘って交通渋滞と大気汚染の拡大が観察されている。バンコクも公共輸送システムは開発途上段階にあるが、バンコク大量輸送マスター・プランには鉄道網の大規模拡張が盛り込まれている。

2013年に政府は北部煙霧防止軽減計画を発動しているが、農家による同時集中的な焼却を回避できるよう監視体制と調整メカニズムの確保に努めている。また、監視ステーションによる報告には、状況の改善が示唆されている。タイは2002年に調印された環境協定との組み合わせであるASEAN越境煙霧汚染協定に参加しているが、2015年には、2020年までにASEANでの越境煙霧被害ゼロを実現するための地域ロードマップが採択されている。産業汚染対策では、タイ持続可能な消費生産ロードマップ2017–2036において、2030年までに産業活動からの汚染を30％削減することを目標に掲げている。

とはいえ、時に政策と矛盾した結果を招き、大気の質を悪化させる場合もある。例えば、2012年にはSO_2及び排気ガス削減を目的とした燃料改善のための新法を発効しているが、また同じ年に、政府は乗用車購入に際し物品税の優遇を受けられるファースト・エントリーカー・インセンティブ制度を発表している。結果として、2012年には、2011年まで70万台から130万台の間で推移してきた年間成長台数をはるかに上回る、230万台の乗用車の登録があった（DLT, 2017）。

2.2　水質改善の必要性

2016年には推計で23％が良質ではないとされた地表水（PCD, 2017b）で、2007年には僅かな改善がみられた。地下水汚染では、帯水層の浅い部分での農業による硝酸カリウム汚染、またバンコク南東部沿岸部帯水層での化学産業による有機化合物汚染、北西部でのカドミウム及びフッ素汚染、東部および北東部での塩化ナトリウム汚染、南部でのヒ素による汚染が問題とされ、沿岸部では海水の流入が問題とされている（Fornes and Pirarai, 2014）。

農業部門の昨年一日当たりの排水量は3,900万立方メートルで、最大の汚染

源となっている。これに工業部門（一日当たり1,780万立方メートル）、市町自治体部門（同960万立方メートル）が続いている（PCD, 2017b）。

排水処理能力が不足し、規則を遵守する意識に欠けることが水質の劣化につながっている。市町自治体2,400万世帯以上による生活排水の15％しか処理されず、川沿いのコミュニティの多くが川へ直接、排水を流している（ONEP, 2014）。さらに、現存する排水処理プラントの全てが稼働している訳ではない。汚染管理局は地方行政機関によるプラントへの投資及び維持管理に対する予算配分が限られることを原因としているが、2016年時点で、101プラント中13プラントが機能していない（PCD, 2017b）。

監視及び執行体制にも不備がみられる。工場局は、大型工場291か所の排水の質を常時監視するとともに、他の工場に対しても定期的に抜き打ち検査を行っている。しかしそれでも、チャオプラヤ川、タチン川、ラヨーン川流域を含む、国内主要工業地帯に位置する河川流域では、重大な水質汚濁問題に悩まされている。サンセーブ運河（バンコク）近くの汚染源の半分以上、タチン川流域近くの汚染源の16％で規則通りの排水処理が行われていない（PCD, 2017b）。さらに、検出されない可能性もある重金属等の危険物質は対象から外され、2、3の水質汚濁指数だけで監視されている。

最後に、使用者側が排水処理費用を支払っていない状況では汚染防止につながる金銭的インセンティブは存在しないが、排水料の導入はこの課題の解決策となる可能性がある。こうした課金がなされる場合、貧困者に影響しないよう配慮すべきであるし、限界的価格付けを通して過剰消費の抑制につながるよう、水使用量1単位当たりの費用に基づき算出する必要がある（OECD, 2015）。

2.3　課題として持ち上がる固形廃棄物の管理

アジアの多くの国と同様、タイでも固形廃棄物量が急速に増大している。2016年の全国の市町自治体での固形廃棄物は2,700万トン、一日にして7万4,000トンが廃棄されているが、これは2010年水準からの80％の増加を意味する（PCD, 2017b, 2010）。これはまた、年間一人当たり416キログラムの廃棄量を意味しており、比較対象国との比較でも相対的に高い水準にある（図4.5）。さらに、2016年には、推計350万トンの危険廃棄物の廃棄があった。

図4.5　多くの比較対象国を上回るタイ市町自治体の一人当たり廃棄物
市町自治体廃棄物、最近年

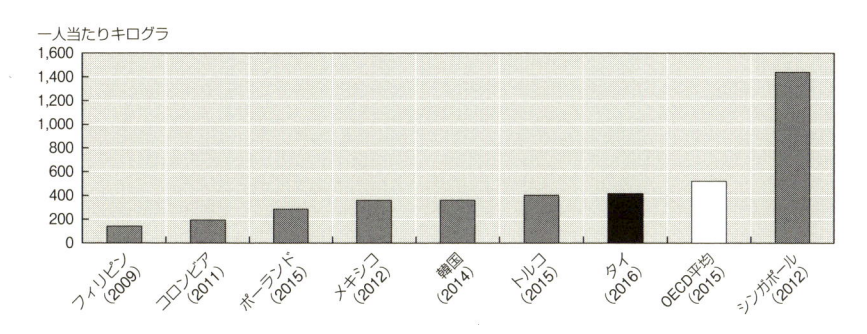

StatLink：http://dx.doi.org/10.1787/888933692541

出典：OECD諸国：OECD（2017）；タイ：PCD（2017b）, Thailand State of Pollution 2016；フィリピン・シンガ
ポール：http://unstats.un.org/unsd/ENVIRONMENT/qindicators.htm.

　タイでは、特に主要都市以外の地域では、固形廃棄物の大半が適切に収集、
処理されていない。廃棄物の収集、処理サービスを提供しているのは、全国の
市町自治体の58％だけである（PCD, 2017b）。結果として、国内で排出された
廃棄物の50％しか収集されていないことになる。さらに、廃棄物全体の43％
が野焼きや不法投棄によって処理されており、埋め立てを中心に正しく処理さ
れているものは36％だけである。タイの廃棄物野焼き処理場2,500か所のうち、
適切に管理されているのは約5分の1だけである。危険廃棄物を含め、残りの
廃棄物は不法投棄されるリスクがある。2016年には190万トンに上る危険産業
廃棄物が、工場を出た後は計上されていない（PCD, 2017b）。

　廃棄物の増大と併せ、適切に処理されていない状況が、多くの環境問題を生
じさせる結果となっている。近隣の土地や水体系への漏出、廃棄物の焼却によ
る大気汚染が、国民の健康を脅かしている。二酸化炭素（CO_2）よりも温室効
果ガスとしての作用の大きなメタンも、廃棄物から発生し気候変動に影響して
いる。廃棄物の増大はまた資源生産性の低さの結果でもあるが、より持続可能
な消費生産パターンへの移行に逆らうように作用している。

　収集された廃棄物は、化合物の状態でリサイクルされ、エネルギーとして回

表4.1　バンコク市のごみ処理場における廃棄物構成、2013年

	%
堆肥化可能	49.8
食品廃棄物	43.3
木材・葉	6.4
リサイクル可能	11.3
再生紙	1.9
再生プラスティック	3.6
発泡スチロール	1.6
ガラス	3.1
金属	1.2
その他	38.9
非再生紙	9.7
非再生プラスティック	21.5
皮革及びゴム	1.5
繊維及び繊維廃材	3.9
岩石及びセラミック	0.7
骨及び貝	1.6
総計	100.0

出典：OECD（2015), Green Growth in Bangkok, Thailand.

収できる部分も多い。現在、再生可能な廃棄物は60％以上とされているが、そのうち21％がこのやり方で再生されている。バンコク（全国データは入手不能）で収集される廃棄物の半分が、化合物状態の有機材料である（表4.1)。これにより焼却需要を減らし、権限当局もリサイクルできない廃棄物だけを焼却に回すことができる。またこれによりリサイクル率の上昇につながるものと思われる。最後に、廃棄物からのエネルギー資源の回収については、埋め立て処理から転換し、こうした工場を使い焼却処理により熱と電気に再生できるため、有望な選択肢となっている。近年、タイは、廃棄物発電プラントの設置を始めており、今後拡張される可能性も高い（OECD, 2015)。そして、こうしたことを実現していくには、国民への啓発活動及び教育プログラムを進めつつ、材料レベルでより適切に分別するための施設の整備が必要である。

　統治調整に関連した金融課題が、廃棄物管理課題に対する取り組みを妨げている。天然資源環境省が固形廃棄物の管理に責任を有する一方で、執行面につ

いては地方権限当局の責任となる。保健省が廃棄物収集手数料の上限を決めて
いるが、地方政府はこの上限を超えない範囲で実際の手数料を決定し、徴収さ
れた手数料は市町自治体の収入となる。一般に、市町自治体側は、官民パート
ナーシップ（PPP）の下で民間企業に廃棄物の回収と処理を委託（場合によっ
ては、民間側の施設を購入）し支払いを行う一方で、財務省の監督と監視下に
おかれている。また、民間部門の参加拡大の妨げとなっている要因の一つとし
て、官民パートナーシップの長期契約の縛りが考えられる（第3章）。

　収集手数料は市町自治体によってまちまちであるが、現在、月に1世帯当た
り約20バーツ（0.60米ドル）程であり、二つの大きな問題を抱えている。一
つは、設定価格が実際の廃棄物の収集・処理費用をかなり下回り、固形廃棄物
管理の持続可能な財源確保には遠く及ばない点である。地方政府が手数料引き
上げ反対を公約に選定されている場合、手数料の引き上げは政治的に嫌悪され
る恐れがある。二つ目に挙げられるのは、この価格設定メカニズムでは、手数
料が廃棄物の総量ではなく、世帯当たりの状況に基づき決められるため、廃棄
物の絶対的分量削減を誘発しない点である。

　現在、焦点となっている廃棄物の適切な処理と併せ、生み出される廃棄物の
総量削減への取り組みを強化することが重要である。2015年に政府は、効率
的で持続可能な廃棄物の管理と廃棄物発電技術に基づく発電の推進を目的に、
廃棄物管理ロードマップを採択している。ロードマップに従い、2021年まで
に、市町自治体で扱う固形廃棄物75％と危険産業廃棄物及び感染症廃棄物100
％の適切な管理がなされる必要がある。また固形廃棄物法導入に関する議論も
なされている。これらの措置は、廃棄物の収集・処理の仕方に関する課題と併
せ、廃棄物増大の課題に対処するために、リデュース、リユース、リサイクル
戦略（「3R」戦略）により補完されることになるだろう。これは、充足経済哲
学とも共存し得る、より資源効率性の高い経済へとタイを向かわせることにな
る。また、OECDタイ・バンコク・グリーン成長報告の中に、（市町自治体で
処理される固形廃棄物の約16％を占める）バンコク首都圏の固形廃棄物部門
に対する特殊的推奨政策措置を見出すことができる（OECD, 2015）。

第3節　軽減と適応の求められる気候変動対策

　気候変動は、経済、社会、生態系に対し、重大なリスクをもたらす。温室効果ガスの排出削減は、適応政策によって補完することが求められる。タイの直面する長期的課題の解決にとって、低炭素経済への転換と気候変動への適応が重要な手段となる。

3.1　段階的気候変動軽減努力の必要性

　経済成長に合わせ、タイの二酸化炭素（CO_2）排出量は急速に増大してきた。1990年から2015年にかけて、CO_2の絶対的な排出量は、年間8,000万トンから2億4,400万トンへと増大している（図4.6A）。また一人当たりの排出量でも2倍を上回る水準となったが、なおOECD平均をかなり下回る水準にある（図4.6B）。大半の比較対象国とは対照的に、1990年以降、タイの炭素集約度は漸次的に上昇をみせてきたが（図4.6C）、1997年以降は低下傾向にある。タイの一人当たりGDPの増大は、エネルギー集約度や人口の増大、タイにおける燃料の炭素集約度ではなく、むしろ増大する排出量の趨勢に符合していると言える。

　タイは、野心的な温室効果ガス排出量削減目標を設定している。温室効果ガス削減に関する自国で決定した貢献ロードマップ2021−2030では、エネルギー及び輸送部門が潜在的に最大の排出削減能力を有することを明らかにしている。タイは、2030年までに、温室効果ガス排出量を予想排出量から20〜25％削減することを計画している（ONEP, 2015）。タイ統合エネルギー計画の中に併合されているエネルギー計画では（MOE, 2016）、この目標の下に幾つかの目標が定められている。電力開発計画（PDP）2015では、2036年までに（水力発電を含めた）再生可能エネルギーにより発電量の20％を賄う目標を設定している。代替エネルギー開発計画2015では、廃棄物、バイオマス、バイオガスによる発電を優先させ、2014年に12％近かったエネルギー消費に占める再生可能エネルギー割合を、2036年には最終的に30％にまで上昇させること

図4.6　拡大の続く炭素排出量

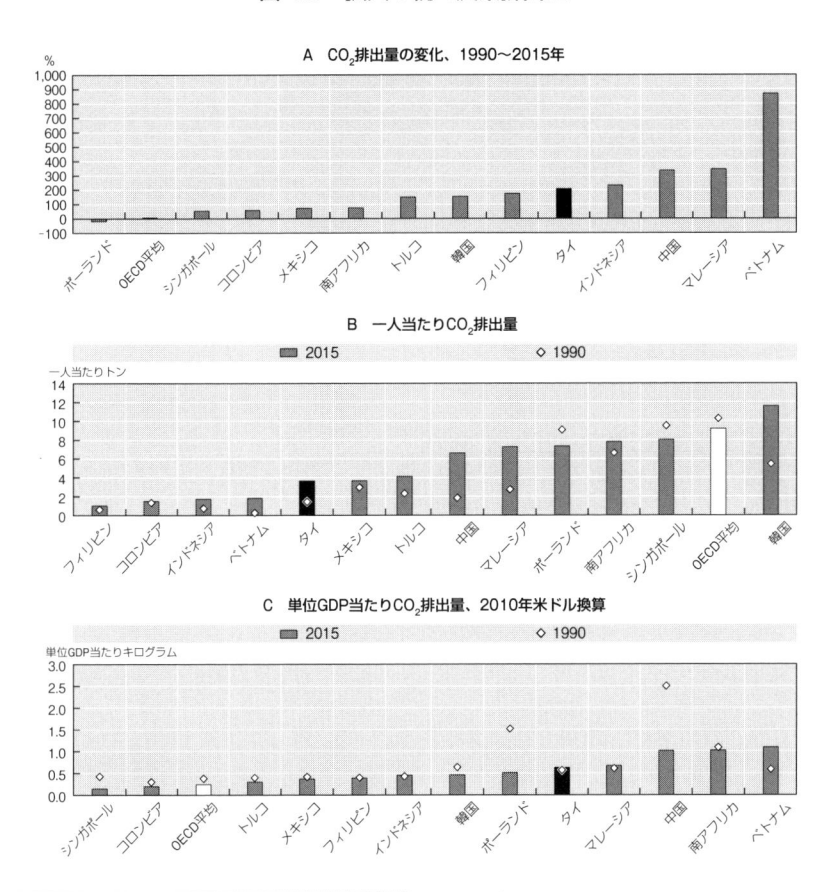

A　CO_2排出量の変化、1990〜2015年

B　一人当たりCO_2排出量

C　単位GDP当たりCO_2排出量、2010年米ドル換算

StatLink：http://dx.doi.org/10.1787/888933692560

出典：IEA（2017a）, CO2 Emissions from Fuel Combustion 2017 Edition; OECD stat.

を目標としている。また、同計画では、輸送部門でのバイオ燃料の使用拡大も視野に入れている。最後に、エネルギー効率向上計画（Energy Efficiency Plan）では、2036年のエネルギー集約度を2010年に対し30％低減させる目標を定めるとともに、輸送におけるエネルギー効率向上策も盛り込まれている。

しかし、電力開発計画ではまた、二酸化炭素の絶対的排出水準上昇につなが

図4.7 2036年にはタイ電力での高い割合を占める石炭及び再生可能エネルギー
電力構成

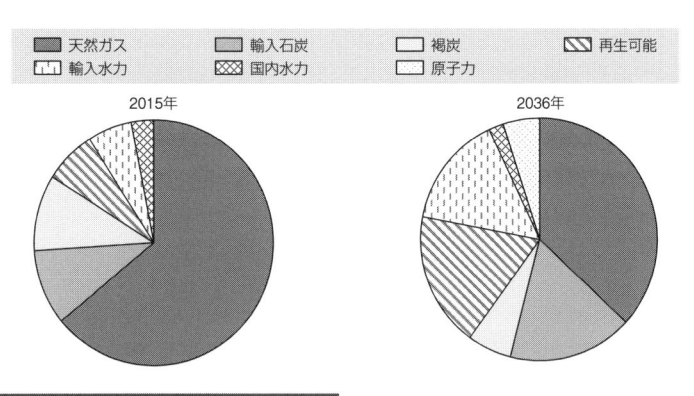

StatLink：http://dx.doi.org/10.1787/888933692579
出典：MOE（2016）, Thailand Integrated Energy Blueprint.

るエネルギーに占める石炭割合の上昇も予想している。現在、石炭は電力の10〜15％を占めているが、この割合は2036年には17％にまで上昇することが予想されている（図4.7）。タイのエネルギーにおける炭素集約度は、再生可能エネルギー及び水力の貢献によって、電力開発計画では低く示されているが、石炭割合の17％までの拡大は、絶対量で2倍を上回る水準までの増大を意味している（IEA, 2016a）。石炭割合向上計画は、タイの国際的な温室効果ガス削減目標とは合致していない。特に、2016年に発効されたパリ協定では、各国に一層厳しい内容での自主的に決定した約束を提出するよう求めている。したがって、今後、電力開発計画では、絶対的石炭発電水準の低減を必要とする炭素集約度の一層の低減を目標とする必要があるだろう。このように、今日の投資上の意思決定は、タイを炭素集約度の高い状況においてしまう危険性がある。

　石炭火力発電所は、炭素集約的エネルギー源であるとともに、タイにとって環境ストレスの原因ともなり得る。スモッグ、酸性雨、大気汚染は、国民の健康への影響の懸念される、亜硫酸ガス、酸化窒素、浮遊粒子状物質が原因と考えられる。石炭火力発電所はまた、大量の水を消費する。先に考察した水資源管理課題を前提とすれば、政府は、電力開発計画の執行がこの問題をさらに悪

化させないよう努める必要があるだろう。タイ南部での新火力発電所の開発への反対もあり、電力開発計画の最終承認と執行への移行が遅れる結果となっており、現在、見直しが進められている。

　電力開発計画では石炭火力発電所での高効率低排出（HELE）技術の利用が見込まれているが、これは何もタイの低炭素化を保証するものではないだろう。高効率低排出技術は発電所の環境への影響を低減するものであるが、炭素集約度低減の実現には十分なものではないだろう。低炭素社会実現に向けた取り組みとの整合性を持たせるためには、石炭火力発電所での大幅な排出量の削減につながる二酸化炭素回収・貯留技術への適合が求められることになるだろう。未だ十分に理解の進まない、東南アジアでのCO_2貯留地の開発において特にそうだが、その進展には、時間も資源も政策目標も必要となるだろう（IEA, 2016b）。高効率低排出技術の寿命は平均50年であるが、今後数十年間、大規模に石炭火力発電所を稼働させることを考え、その経済的、環境的、社会的費用について真剣に再考する必要がある（IEA, 2016b）。

　再生可能エネルギーにより重点をおいた政策を推進することにより、エネルギー安全保障の向上と低炭素社会の実現という対となる密接に関連する目標の実現につながるものと考えられる。電力開発計画の主たる目的の一つは、エネルギーの多様化を進め、輸入天然ガスへの過度の依存を改善することにより、タイのエネルギー安全保障を高めることにある。タイの電力部門に関する国際エネルギー機関による調査では、タイの太陽光発電部門の潜在能力を明らかにし、エネルギー安全保障を犠牲にすることなく、再生可能エネルギーの活用にもっと期待を掛けて取り組んでいくことになると結論付けている（IEA, 2016a）。タイでは既にこの方向で大きな進展がみられており、投資促進に向け固定価格買取制度も導入し、2013年から2016年の期間に太陽光発電能力を3倍強にまで増大させている（IEA, 2017b）。固定価格買取制度は、コミュニティ・レベルの極小規模の電力業者による分散型太陽光システムを対象に導入されたが、地域間格差縮小と併せ、クリーン・エネルギーの普及とエネルギー安全保障の向上を下支えている。

3.2 同様に重要な気候変動への適応

　タイは気候変動の影響に対して極めて脆弱である。年間平均気温は世界平均を上回る速度で上昇し、降雨パターンも変化しつつあり、熱帯暴風雨も激しさを増している。また海面の水位も世界平均を上回る上昇をみせている。地盤沈下も重なり、正味での海面の水位は、拡大バンコク首都圏等の地域では、年間25ミリメートル上昇している（Naruchaikusol, 2016）。タイに関する気候変動予測では、中央平原と気温の低い北東地域での影響が特に大きく、今後100年間に平均で0.4度から4度の気温上昇とともに、暑期の長期化が予測されている。降雨については、2100年代までに台風の強度が3～5％強まるのに合わせ、もっと多様な様相をみせることになる。さらに、海面の平均水位の上昇により、アンダマン海に面する海岸線の10～35メートルの後退が予測されている（Naruchaikusol, 2016）。こうした変化は、タイの数百万世帯、中核経済部門、基幹インフラ、そして、農業部門に対する潜在的影響を通して、食糧の安全保障に重大な課題を突き付けている。

　気候変動への適応が、タイの国家計画における特徴である。第12次計画には、「温室効果ガスの排出量削減、気候変動への適応能力の向上」目標が盛り込まれている。国家気候変動マスター・プラン2015 – 2050では、さらに詳細な内容と排出量削減、気候変動への適応、適応能力向上に向けた具体的な目標が示されている。適応計画で焦点となるのは、水の管理、農業及び食糧安全保障、観光部門の管理、国民の健康管理、天然資源管理、そして移民及び安全保障の6部門である。短期的活動には国家適応計画（NAP）の開発があり、中期的活動としては、2020年までの気候変動予測、及び早期警報保険制度の開発と地方における適応活動計画が想定されている。

　2015年1月には国家適応計画の開発プロジェクトが始動している。これは脆弱性データベースの開発を伴い、国家適応手法データベースの創設にもつながるものである。またそこに意図されるのは、全部門、全階層での適応措置の統合化推進による、国家開発における気候変動に対する強靭性の確保と組み込みである。国家適応計画では、国家レベル、地方レベルの政府機関及び他の関連主体に対し、個別部門、分野に適正化した、個別の戦略、管理計画、活動計画

開発のための実施枠組み、グッドプラクティス、手法、指針を提供するとともに、金融機関に対しても予算配分枠組みを提供している。2018年から2021年まで第1回目の国家適応計画の実施が予定されている。

　現在の部門計画や東部経済回廊等の主要な開発計画では適応面がかなり軽視されており、これは良い傾向にあると言える。例えば、主要開発計画では、新高速鉄道、主要工業地帯を結ぶ複線線路、港湾の高度化、バンコクとラヨーンを結ぶ新自動車道といったロジスティックス・輸送体系の整備が予定されている。大規模投資の決定において、海面の水位上昇を見越した港湾の開発等、こうしたインフラ面での気候変動に対する強靭性の確保が重要である。

　草案段階あるいは実施初期段階での気候変動マスター・プラン及びNAPに対する評価は時期尚早と言える。その検証は、この工程が国家から地方レベルまでの全部門を通して、認知され本流化し最終的に適応措置の実施に至っているかどうかに対して行われることになろう。タイの気候変動への適応化の備えに対する事前評価は自己満足的であるとされており、警告が必要であると考えられる（SEI, 2016）。

　計画の実施には、全関連ステークホルダーに対する中央集権的な効果的調整、強力な証拠基盤（例えば、気候変動予測に対する）、キャパシティ・ビルディング（特に、地方レベル）、十分な資金、そして監視、評価、調整メカニズムが必要となるだろう（OECD, 2014）。気候変動への適応と災害リスク管理との連携も、効果性を高めるものと思われる。災害リスク管理では将来の気候変動を考慮する必要があるし、適応措置においてはより長期的観点から設計される災害リスク管理制度と、規制、インフラ、慣行から恩恵を受けることができるだろう。

第4節　タイにおける環境統治

　タイにおける環境統治は、1992年より施行され国家的枠組みとなった環境法を代替、更新する過程にある。多くの国にみられるように、規制措置と併せ、経済、情報に関する措置を含める方向で政策は多様化している。政策の中に戦

略的環境評価を組み入れることで、環境保護は一層強化されるものと思われる。

4.1　法律及び制度枠組みの近代化

　国家環境質保全向上法（1992年）の主たる目的は、環境政策・計画を通して天然資源及び環境の質を保全、向上させることにあった。同法は、県環境管理計画、環境影響評価（EIA）、環境保護区（EPA）、汚染管理区域の創設を求め、規制するとともに、基準の設定及び監視、国民の参加及び環境教育、環境投資基金に対して枠組みを与えている。

　他の措置として、中でも新環境法案は1992年法を代替するものであり、環境保全活動、政府機関による環境面での優れた慣行に対する報奨活動、そして新環境質基準設定活動に対する環境基金の創設が盛り込まれるものと思われる。同法案は2018年1月に国家評議会及び国家立法議会で承認され、同年内にも発効される。

　幾つかの権限当局（例えば、排水管理機関）及び国営企業（例えば、森林産業機構）と併せ11の省局の監督、監視を行う1992年創設の天然資源環境省において、タイの環境戦略及び政策の調整がなされている。また16ある地域環境課が、環境の質の監視及び調査と併せ、地域における環境計画及び報告に責任を負うとともに、県天然資源環境課が76県それぞれに配置されている。

　国家環境委員会は、環境の質管理分野での政策の提出と関連機関の統治に対し、権限と義務を有している。例えば、当委員会は、環境質管理計画（20年間に亘る重要環境政策）等、国家レベル、準国家レベルの環境計画を検討し認知を与えるとともに、温室効果ガス排出基準の設定と併せ、政府機関及び民間部門間の協力と調整を強化する措置を具体化している。

4.2　政策手段の進化

　多くの国と同様に、タイでも規制措置が主要な環境政策となっているが、経済手段や情報手段、また自主参加型（voluntary）アプローチが政策的重要性を高めつつある。

　経済的手段としては、固定価格買取制度、租税インセンティブ、投資助成金、ベンチャー・キャピタルが、再生可能エネルギーの推進に向けて導入された。

　また、1993年創設のエネルギー保全推進基金等、様々な環境関連基金も存在する。多くの環境課徴金も存在するが、極低料金であったり制度設計が適切でなかったりと有効でない場合が多い（上記参照）。

　環境税は、（水質汚濁や大気汚染といった）環境課題に対する広く基幹的な活動の促進において有効である。さらに、これは、歪みの少ない資金源であり歳入であるとともに、その対象及び影響面での透明性は高い。以前、タイは、詳細に亘る包括的な環境税改革提案（環境管理における経済手段に関する枠組み法案）の開発に乗り出したことがあるが、近年、包括的な環境税改革案の導入がなされない代わりに、タイは別の措置を実施している。例えば、2015年にはCO_2排出削減を目的とした新たな自動車管理税体系が導入されるとともに、財務省は輸送燃料に対する炭素税を提案している（UNESCAP, 2017）。

　さらに、2013年発効の自主参加型排出量取引制度（タイV-ETS）を通して、さらなる国内炭素価格基盤の開発を進めている。V-ETSは法定の国内排出量取引制度となる可能性を秘めた試験的プロジェクトである。この試験的制度では、企業による排出量の報告、確認面での測定方法に焦点が当てられており、企業に対し2018 - 2022年までに取引を認める証明書の発行が予想される。

　タイでは、未だ一部の化石燃料に対し補助金が支給されているものの、その改革にはかなりの前進がみられる。政府が液化石油ガス（LPG）に対する補助金政策を改正したことにより、多様な燃料構成の中でのその使用量の漸減が確認される。また政府は、2015年1月には、国際市場価格をよりよく反映した、全部門に一律のLPG卸売価格を設定している。また2016年には、圧縮天然ガス価格に対する規制緩和を行っている。2014年にGDPの0.6％であったエネルギー補助金も、2015年には0.2％にまで下落しているが（IEA, 2017c）、タイでは、石油標準化基金、税額控除、バイオ燃料混合燃料等特定燃料の小売価格に対するキャップを通して、石油及び天然ガスに対して未だ補助金が与えられている（IEA, 2017d）。政府は今後、こうした補助金を廃止していくことを約束している。

　また情報手段でも、1990年代以降、積極的な導入が進んでいる。例えば、1994年には「タイ・グリーン・ラベル」環境証明書が導入されているが、これは同じ機能を持った製品間で環境への負担の小さな製品及びサービス（食品、

飲料、医薬品は除外）に対して適用される。またエネルギー効率ラベル制度（「No.5ラベル」）も導入されたが、これは電化製品19製品と暖房器具8器具に適用されている。さらに、新エネルギー効率計画の対象となる製品数の拡大も計画されている。

4.3　戦略的環境評価による環境影響評価の補完

　1981年以降、特定のプロジェクト形態に対し環境影響評価（EIA）が求められることとなったが、これは、国家環境質保全向上法1992の下で管理されている。現在、天然資源環境省の告示に従い、35のプロジェクトで環境影響評価が求められている。さらに、1）プロジェクトの規模：例えば鉄及び鉄鋼産業で生産量が1日100トンを超過している場合、環境影響評価が求められる、2）プロジェクトの立地：例えば、マングローブの林を通る高速道路（もしくは法律でそのように定められている道路）には環境影響評価が求められる、3）規模や立地に関係しないプロジェクト：例えば、石油産業、中央廃棄物処理工場、セメント産業、砂糖産業、鉱物法で定義される鉱物産業に関連したプロジェクト、の三つの側面から環境影響評価要件が規定されている。また、天然資源環境政策計画課（ONEP）に登録されているコンサルティング会社もしくは大学機関には、環境影響評価報告が義務付けられている。環境影響評価報告はまず天然資源環境政策計画課に提出され、専門審査委員会による承認を受けなくてはならない。これにより、当プロジェクトは許認可機関による認定を受けたことになる。さらに、当プロジェクトが内閣府の承認を必要とするのであれば、国家環境委員会（NEB）による最終改正作業に入る必要がある（ONEP,2012）。

　さらに、環境の質、天然資源、健康面でコミュニティに深刻な影響を及ぼす可能性のあるプロジェクト及び活動については、環境健康影響評価の提出が求められる。現在、コークス・石炭産業プロジェクトを含めた12のプロジェクトがこの対象となっている。

　特定プロジェクトの評価については、中央レベルから県レベルへと分権化が進められてきた。県天然資源環境課及び県専門審査委員会が現在、次の2点に関する環境影響評価報告書の審査、承認に責任を負っている。1）環境保護区

（EPA）もしくは高度に都市化の進んだ県での建築、都市サービス、住居プロジェクト：現在、当制度は20県で発効され、23メートル未満の高さの建物を対象としたプロジェクトもしくは床面積1万平方メートル未満のプロジェクトにのみ適用されている、2）国境特別経済区に立地する産業プロジェクト：現在、当制度は10県で発効されている。

　現在、環境影響評価制度では、最終環境影響評価の承認前にプロジェクトが許可される、場合によっては環境影響評価の承認前にプロジェクトの建設が始まるといった事態をもたらす機関間の調整の欠如、不十分な公的参加、環境管理及びモニタリング計画に対するプロジェクト所有者側の法令遵守の欠如、そして、環境影響評価研究の質の低さといった数多くの課題に直面している（Sano et al., 2016）。

　環境影響評価や環境健康影響評価の必要とされない小規模かつ影響の小さなプロジェクトの場合、初期環境調査（IEE）が必要となろう。初期環境調査研究では、主要データ等入手可能な情報を用いて環境への影響が予測される。意外に思われるかもしれないが、環境保護区（EPA）や森林保全区域でのプロジェクトの場合、環境影響評価及び初期環境調査は必ずしも必要とされない。その代わりに、こうした区域で提起されるプロジェクトでは、環境への影響軽減・防止及び環境への影響監視のための環境チェックリストの提出が求められることになる。

　時に、遵守できない規定や例外規定があったりする。例えば、2009年には、マップタープット工業団地の76の新規工業団地拡張プロジェクトにおいて、承認前の環境健康影響評価が実施不能であることを理由に、現地活動機関により国家環境委員会及び関連省を相手取り訴訟が起こされたが、このときには、行政裁判所により現地活動機関側に有利となる判決が下されている（Excell and Moses, 2017）。また、東部経済回廊のケースでは、通常40か月要するとされる官民パートナーシップ（PPP）プロセスが8～10か月前倒しで進められた。官民パートナーシップの効率性が高められたことは歓迎されるべきことであり、政府は短期間で効果的かつ確実に環境影響評価を実施できるようにする必要がある。

　より広く基幹的な部分での戦略的環境評価（SEA）がないことで、環境保

護が大きく制限されてしまっている（Sano et al., 2016）。通常、特定のプロジェクトや活動の影響評価に使用される環境影響評価とは異なり、戦略的環境評価では環境面での懸念を政府の計画、政策、プログラムに反映させることを目的に、妥協的な分析手段及び参加的アプローチを採る。戦略的環境評価はOECDでは一般的に実施され、東南アジア諸国でもラオスやベトナムで導入されている。タイでは、一部の大規模国営プロジェクトと自主参加型プロジェクトを除けば、これまで戦略的環境評価はほとんど実施されていない。

　しかし、タイにおいても、総合的な戦略的環境評価の実施促進に向けて段階的なアプローチは取られてきた。まず、2009年には国家環境委員会（NEB）によりガイドラインが承認され、その後2014年に天然資源環境政策計画局（ONEP）及び国家経済社会開発委員会（NESDB）によりその改訂が行われている。第12次計画（2017 – 2021年）では、画期的な5試験的プロジェクト（pilot watershed）で戦略的環境評価を実施することが考えられている。さらに、近年、国家改革評議会では次に挙げる計画での戦略的環境評価の実施を主張している――1）輸送及びインフラ計画、2）エネルギー開発計画（電力計画及び石油産業）、3）画期的経営計画、4）特殊的分野計画、5）都市計画（国家計画、地域計画、県計画を含む）、6）工業団地開発計画、7）大規模プロジェクト。2017年8月、持続可能な開発委員会は、戦略的環境評価の実施管理枠組みを定め、環境に対する影響の考えられる政策、計画、プログラムの特定化を任務とする、専門家及び関連省の代表から成る戦略的環境評価に関する下部委員会組織を立ち上げている。

参考文献・資料

CBD（2017）, "Thailand Country Profile", Convention on Biological Diversity, website, *www.cbd.int/countries/profile/?country=th.*

DLT（2017）, "Number of vehicles registered 2000-2016, as of 31 December 2016", Transport Statistics Group, Planning Division, Department of Land Transport, Bangkok.

Excell, C. and E. Moses（2017）, *Thirsting for Justice: Transparency and Poor People's Struggle for Clean Water in Indonesia, Mongolia, and Thailand*, World

Resources Institute, Washington, DC, *www.wri.org/sites/default/files/17_ Report_STRIPE.pdf.*

FAO (2016), *AQUASTAT* (database). Food and Agriculture Organization of the United Nations, Rome, *www.fao.org/nr/water/aquastat/data/query/index. html?lang=en.*

Fornes, J. and K. Pirarai (2014), "Groundwater in Thailand", *Journal of Environmental Science and Engineering*, B3, pp. 304-315, doi:10.17265/2162-5263/2014.06.003.

Hockings, M., P. Shadie and S. Suksawang (2012), *Evaluating the Management Effectiveness of Thailand's Marine and Coastal Protected Areas*, IUCN-WCPA, Bangkok.

IEA (2017a), *CO2 Emissions from Fuel Combustion: 2017 Edition*, International Energy Agency, Paris.

IEA (2017b), *Southeast Asia Energy Outlook 2017*, International Energy Agency, Paris, *www.iea.org/publications/freepublications/publication/WEO2017 SpecialReport_SoutheastAsiaEnergyOutlook.pdf.*

IEA (2017c), Energy Subsidies (indicator), *www.iea.org/statistics/resources/ energysubsidies.*

IEA (2017d), *Tracking Fossil Fuel Subsidies in APEC Economies: Toward a Sustained Subsidy Reform*, International Energy Agency, Paris, *www.iea.org/ publications/insights/insightpublications/TrackingFossilFuelSubsidiesin APECEconomies.pdf.*

IEA (2016a), *Thailand Electricity Security Assessment*, International Energy Agency, Paris, *http://dx.doi.org/10.1787/9789264255852-en.*

IEA (2016b), "Reducing emissions from fossil-fired generation: Indonesia, Malaysia and Viet Nam", *IEA Insights Series 2016*, International Energy Agency, Paris, *www.iea.org/publications/insights/insightpublications/ReducingEmissionsfrom FossilFiredGeneration.pdf.*

Marks, D. and L. Lebel (2016), "Disaster governance and the scalar politics of incomplete decentralization: Fragmented and contested responses to the 2011 floods in Central Thailand", *Habitat International*, 52, pp. 57-66.

MFA Netherlands (2016), *The Water Sector in Thailand*, Netherlands Embassy in Bangkok, Ministry of Foreign Affairs of the Netherlands.

MIE Netherlands (2016), *Netherlands National Water Plan 2016-2021*, Ministry of Infrastructure and the Environment of the Netherlands, The Hague.

MOE (2016), "Thailand Integrated Energy Blueprint", *EPPO Journal Special Issue*

2016, Energy Policy and Planning Office, Ministry of Energy, Bangkok.

MOI (2013), *Disaster Report 2013 (Statistics), 1 January–31 December 2013*, Department of Disaster Prevention and Mitigation, Ministry of Interior of Thailand, Bangkok.

Naruchaikusol, S. (2016), "Climate Change and its impact in Thailand", *TransRe Factsheet*, Issue No. 2, *www.transre.org/files/3114/6522/5151/Climate_ Change_in_Thailand_TransRe_Fact_Sheet_No.2.pdf?utm_content=bufferdd4a5 &utm_medium=social&utm_source=twitter.com&utm_campaign=buffer.*

NESDB (2017), *Social and Quality of Life Database System*, National Economic and Social Development Board, Bangkok, *http://social.nesdb.go.th/social/Default. aspx?tabid=40.*

OECD (2017), Municipal Waste (indicator), doi:10.1787/89d5679a-en.

OECD (2015), *Green Growth in Bangkok, Thailand*, OECD Green Growth Studies, OECD Publishing, Paris, *http://dx.doi.org/10.1787/9789264237087-en.*

OECD (2014a), *Climate Resilience in Development Planning: Experiences in Colombia and Ethiopia*, OECD Publishing, Paris, *http://dx.doi.org/10.1787/97 89264209503-en.*

OECD (2014b), *Water Governance in the Netherlands, Fit for the Future?* OECD Studies of Water, OECD Publishing, Paris, *http://dx.doi.org/10.1787/9789264 102637-en.*

OAE (2017), *Agricultural Statistics of Thailand 2016*, Office of Agricultural Economics, Bangkok.

ONEP (2015), *Thailand's Intended Nationally Determined Contribution (INDC)*, Office of Natural Resources and Environment Policy and Planning, Ministry of Natural Resources and Environment, Bangkok, *www4.unfccc.int/ndcregistry/ PublishedDocuments/Thailand%20First/Thailand_INDC.pdf.*

ONEP (2014), *Thailand's 5th National Report on the Implementation of the Convention on Biological Diversity*, Office of Natural Resources and Environment Policy and Planning (ONEP), Ministry of Natural Resources and Environment, Bangkok, *www.cbd.int/doc/world/th/th-nr-05-en.pdf.*

ONEP (2012), *Environmental Impact Assessment in Thailand*, Office of Natural Resources and Environment Policy and Planning (ONEP), Ministry of Natural Resources and Environment, Bangkok, *www.onep.go.th/eia/images/7handbook/ Environmental_Impact_Assessment_in_Thailand.pdf.*

PCD (2015), *Thailand State of Pollution Report 2015*, Pollution Control Department

（PCD）, Ministry of Natural Resources and Environment, Bangkok, *www.pcd.go. th.*

PCD（2010）, *Thailand State of Pollution Report 2010*, Pollution Control Department（PCD）, Ministry of Natural Resources and Environment, Bangkok, *http:// infofile.pcd.go.th/mgt/Report_Eng2553.pdf.*

PCD（2017a）, *Data Archives for Air and Noise Pollution*（database）, Air Quality and Noise Management Bureau, Pollution Control Department, Ministry of Natural Resources and Environment, Bangkok, *http://aqnis.pcd.go.th/en/node/8182.*

PCD（13 January 2017b）, "Thailand State of Pollution 2016", Press Release, Vol. 2/ 2017, Pollution Control Department, Ministry of Natural Resources and Environment, Bangkok.

PRD（23 February 2015）, "Reforming Thailand's irrigation and water management systems", Foreign Office, The Government Public Relations Department, Office of the Prime Minister, Government of Thailand, Bangkok, *http://thailand.prd. go.th/ewt_news.php?nid=59&filename=index.*

RFD（2017）, Royal Forest Department（RFD）, website, Ministry of Natural Resources and Environment, Bangkok, *http://forestinfo.forest.go.th/55/Content. aspx?id=9.*

Sano, D. et al.（2016）, "Strengthening EIA in Asia", Working Paper prepared for the Asia EIA Conference 2016 in Nagoya, Japan, Institute for Global Environmental Strategies, Hayama, *www.env.go.jp/policy/assess/7-1asiaeia2016_pdf/ asiaeiaconference2016-11.pdf.*

SEI（2016）, "Climate change adaptation readiness in the ASEAN countries", *SEI Discussion Brief*, Stockholm Environment Institute Asia, Bangkok, *www.sei-international.org/mediamanager/documents/Publications/Climate/SEI-DB-2016-Climate-adaptation-readiness-ASEAN.pdf.*

Thaiturapaisan, T.（24 March 2016）, "Thailand's drought crisis 2016: Understanding it without the panic", *Note by EIC*, Economic Intelligence Center（EIC）Siam Commercial Bank Public Company Limited EIC, Bangkok, *www.scbeic.com/en/ detail/product/2127.*

Thepgumpanat, P. and P. Tanakasempipat（9 March 2016）, "Thailand facing worst water shortage in two decades – government", *Reuters, http://af.reuters.com/ article/commoditiesNews/idAFL4N16H2O6.*

UNESCAP（2017）, *Environmental Tax Reform in Asia and the Pacific*, United Nations Economic and Social Commission for Asia and the Pacific（ESCAP）,

Bangkok, *www.unescap.org/sites/default/files/S2_Environmental-Tax-Reform. pdf.*

VNR Taskforce (2017), *Thailand's Voluntary National Review on the Implementation of the 2030 Agenda for Sustainable Development*, Voluntary National Review Taskforce of Thailand, Bangkok, *https://sustainabledevelopment.un.org/content/documents/16147Thailand.pdf.*

World Bank (2017a), World Development Indicators (database).

World Bank (2017b), "Deforestation and biodiversity", *World Development Indicators, http://wdi.worldbank.org/table/3.4#.*

第5章

平和 ── ガバナンスの強化

　持続可能な開発のための2030アジェンダにおける平和分野には、安定性や有効なガバナンスといった一連の多様な課題が含まれる。政府部門改革の政府アジェンダ内での優先度は高いが、そこには数多くの課題が存在する。すなわち、政策目標に対する計画化と実施との間には未だ大きな溝が存在する、政策立案への国民の参加が不十分なため国民側のニーズと開発目標の実現における資源配分の効率性が犠牲になっている、事実に基づく規制開発が不十分で高付加価値活動で重要な企業に対する支援環境の創出が妨げられている、そして、汚職認識度が高いことから企業マインドを落ち込ませ政府に対する国民の信頼も揺らいでいる、といった課題である。

　タイの第12次経済社会開発計画では、政府部門の改革の重要性が強調されている。そこでは、政策プログラムの執行面での改善、政策立案への国民の参加拡大、政府による電子サービスの改善、誠実性向上措置の強化による汚職の撲滅を狙い、省及び政府機関間の調整強化のための措置を定めている。今後発表される20カ年国家戦略及びこれに付随する国家改革計画では、将来の開発に向けた環境整備が期待されている。また包摂的な対話過程が、改革努力を成功に導くうえで重要となると思われる。

はじめに

　持続可能な開発のための2030アジェンダの平和分野には、安定性や有効なガバナンスといった一連の多様な課題が含まれる。「我々の世界の変革」によると、平和と持続可能な開発は相互連関的に進み、互いに強め合う関係にある（United Nation, 2015）。持続可能で包摂的な開発には、教育、健康、社会的保護、そして基本インフラといった政府サービスの効果的な提供が求められる。また同時に、生産性の低い分野への資源分散を最小化し、市場を通した効率的な財及びサービスの提供を可能とするには、優れたガバナンスが不可欠となる。優れたガバナンスにはステークホルダーとの適切な対話が求められるが、これと併せ、しっかりとよく調整された制度的な支えとともに、政策分野間及び政府階層間での一貫性を持った戦略の策定・執行を支援する役割も求められる。また、優先される長期政策に影響する喫緊の経済・社会的課題の克服も重要となる。

　本章では、国家的な調和と個人間の信頼に関わる、平和社会に向けた前進について検証を行う。本章では、開発計画の執行、政策策定過程でのステークホルダー・エンゲージメント、規制環境、そして汚職抑制努力に焦点を当て、ガバナンス及び制度能力に対する評価を行う。

第1節　タイの平和社会実現に向けた前進

　タイは、グローバル平和指標2017で、前年から5つ順位を上げて120番目（163か国中）にランク付けされている（IEP, 2017）。しかし、南部諸県で遅々として問題の解決が進まない中、政治的に不確実な状態におかれている（Burke et al., 2013）。これまで、2015年の国家仲裁評議会の創設や、言語、文化、教育に関する地域政策の改革、そして今後5年間の域内での教育及び雇用機会拡大に向けた取り組み等を中心に、問題解決に向けた数多くの取り組みが

進められてきた（NESDB, 2017）。

　平和な社会には、政治的腐敗とは無縁の、適切な憲法を備え、優れた民主主義制度に支えられたガバナンス体制が求められる（Huang and Throsby, 2011）。タイの政治構造は、立憲君主制に移行した1932年以降、それぞれ異なる20の憲法を採択する中で進化してきたが、最近年の憲法承認は2017年4月である。近い将来、次期総選挙を経て、新政権が誕生することが期待されている。この移行は、法律の持つ誠実性、参加的性質、透明性を確保し、政府に対する国民の信頼性を維持するうえで重要な役割を果たすものと思われる（OECD, 2017a）。

第2節　高くとも保持努力の必要な信頼性

　ギャラップ世論調査2017で、60％を上回る回答者が政府を信頼しているとしている点からもわかるように、タイにおける政府に対する信頼性は相対的に高い（図5.1A）。しかし、2000年代前半以降、この信頼性にもやや陰りが見え始めている（図5.1B）。特に野心的改革を実施する場合等、政府が公共政策を成功裡に進めるうえで、国民の政府への信頼は不可欠である（OECD, 2017b）。国民からの負託に応えた適切な執行、そして透明で参加的な意思決定の推進が、政府への信頼性強化に資するものと思われる（OECD, 2017b）。

　個人間の信頼関係は、社会関係資本と密接に関連するものであるが、持続可能な開発及び平和の実現においても鍵を握る。国民にとって、相互作用関係にある社会の構成員の間で、互いに信頼できる存在であると感じていることが必要である。さらに、協働的な社会であれば、より一層平和で包摂的な傾向を持つ（OECD, 2017c；Scriven and Smith, 2013）。あらゆる経済的相互作用関係が、ある程度は信頼性に関わっていると言えるが、これは取引コストを低減させ、国家の繁栄を支えるものとなる（Algan and Cahuc, 2013；Temple, 2000）。

　タイでは、国民の3分の1がタイ人は信頼できるとしており、比較対象国との比較で、個人間の信頼性は高い（図5.2A）。こうした社会関係資本は、個人的な幸福と経済成長をもたらす重要な源泉である。しかしそれでも、2001年

図5.1　タイ政府の国民からの信頼の漸次的な揺らぎ

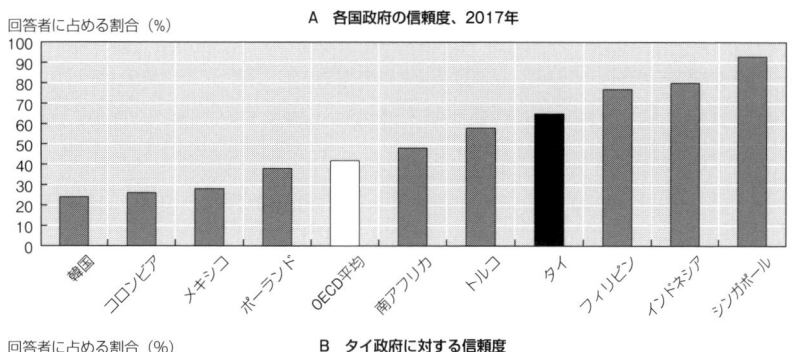

回答者に占める割合（%）　　　　　A　各国政府の信頼度、2017年

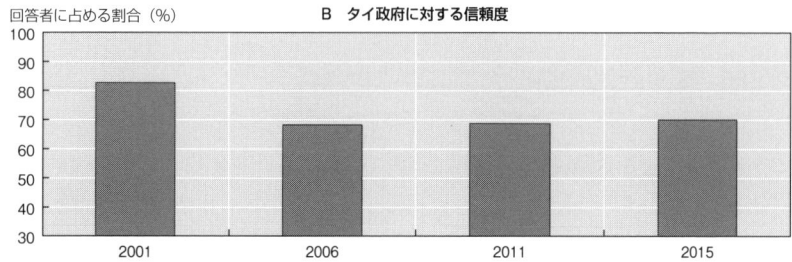

回答者に占める割合（%）　　　　　B　タイ政府に対する信頼度

注：データは、「あなたはこの国の政府を信頼していますか」という問いに対して、「はい」と回答した者の割合を表している。ギャラップ世論調査は、世界中の国家における態度を評価するために行われる国際的な年次調査である。アジアバロメーター及び世界価値観調査同様、この調査も、1国当たり約1,000人という小規模標本に基づき実施されている。

出典：A：Gallup（2017）, Gallup World Poll, *www.gallup.com/services/170945/world-poll.aspx*；B：Asianbarometer（2015）, Asianbarometer database, *www.asianbarometer.org/data/data-release.*

時点でタイ国民の82％が他の人を信頼していると回答した状況から年々その割合を低下させ、信頼性の低下が進んでいる（図5.2B）。OECD加盟国での経験からは、格差是正及び制度の質の改善を狙った政策は、社会における社会関係資本ストックの維持と社会的安定性の改善に寄与し得ることが示唆される。優れた包摂的なガバナンスは、公平で効果的、公正な制度同様、個々人が、外部者に対してリスクを負わせることなく信頼性を拡大することを可能とする（OECD, 2017c）。

　タイ人間での個人間の信頼関係は相対的に高いが（図5.2）、外国人及び他の

図5.2 タイ社会における強い信頼関係の漸次的な揺らぎ

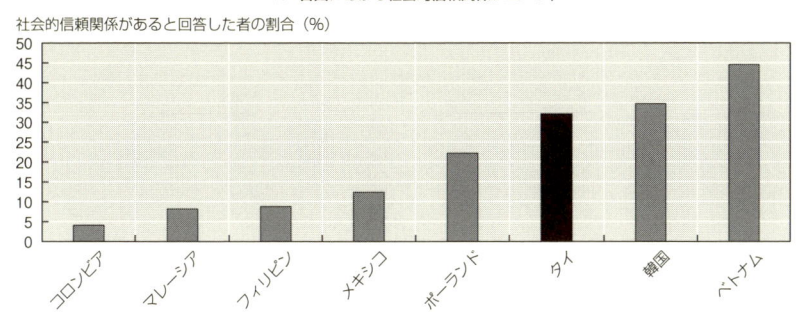

A 各国における社会的信頼関係、2015年

社会的信頼関係があると回答した者の割合（%）

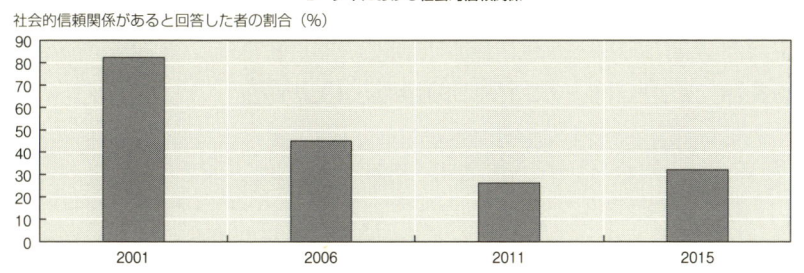

B タイにおける社会的信頼関係

社会的信頼関係があると回答した者の割合（%）

StatLink：http://dx.doi.org/10.1787/888933692617
注：コロンビア、マレーシア、メキシコ、ポーランドについては、2013年のデータ。
出典：Asianbarometer（2015）, Asianbarometer database, *www.asianbarometer.org/data/data-release*; World
Values Survey（2013）, World Values Survey database, *www.worldvaluessurvey.org/WVSContents.jsp.*

宗教グループに対する信頼性はあまり好ましい状況にあるとは言えない。これ
らグループに対する信頼性は比較対象国と比較しても低く（図5.3）、これはオ
ーストラリア、日本、韓国、タイを対象とした2010年調査からの知見とも整
合的である（Ward et al., 2014）。国際的観光客と移住者がタイ経済に多大な貢
献をしているとすれば、この分野での改善は、全国民及び居住者にとって社会
的結束を強め、社会的包摂性を高めるものとなるだろう。そして、タイ企業に
よる海外からの最高の人材の獲得を容易にしてくれるのである。

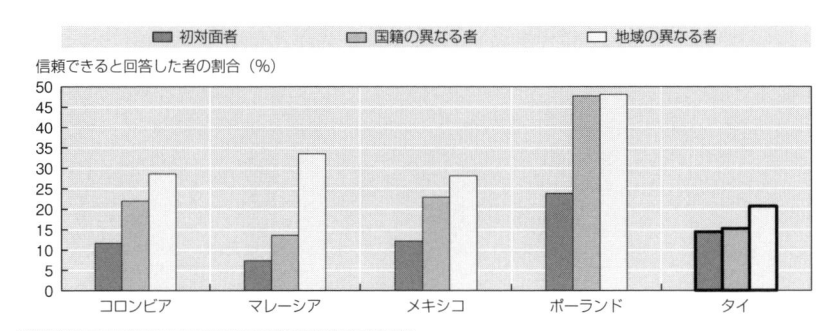

図5.3　よそ者への信頼の低さ

各国における信頼度、2013年

StatLink：http://dx.doi.org/10.1787/888933692636

出典：World Values Survey（2013）, World Values Survey database, *www.worldvaluessurvey.org/WVSContents.jsp*.

第3節　政策立案・執行間での溝縮小の必要性

　いかなる改革努力でも、制度能力が成否の鍵を握る。タイでは、幾つかの省及び機関の間で似通った政策空間を巡り競合状況にあることで、政策アジェンダで対立してしまうことが多い。まさにそうしたケースとして挙げられるのが、高度に分断的な水管理の制度枠組みであるが（第4章）、そこでは様々な関連主体間で責任の重複や利害対立、調整の欠如がもたらされてきた。実際、タイは、改革執行面で、他国と比べ好ましい状況にはない（図5.4）。例えば、これは、公共インフラ投資への支出割合の低さからも明らかである（第2章）。進展する経済社会条件への政策適応面での制度的柔軟性と併せ、省及び政府機関間での調整課題がもう一つの課題となっている（図5.5）。不適切な政府支出配分と併せ、こうした調整の欠如が、競争力を低減させている可能性がある（図5.6）。こうした課題への対応を進めるために、政府は、管理能力を構築し、計画機関と執行機関の間の協働を促進する一連の改革委員会を創設している。

　権限当局は、地域及び地方レベルでの非効率性の存在を認識し、政府各層でタスクの合理化を試みてきた。1990年代末以降、地域機関に対する中央機関の関与の縮小化を進めている（Kokpol, 2011）。こうした分権化により、基本

図5.4　大半の比較対象国に後れを取るタイの改革実行能力
改革能力及び長期戦略スコア：0～4、2016年

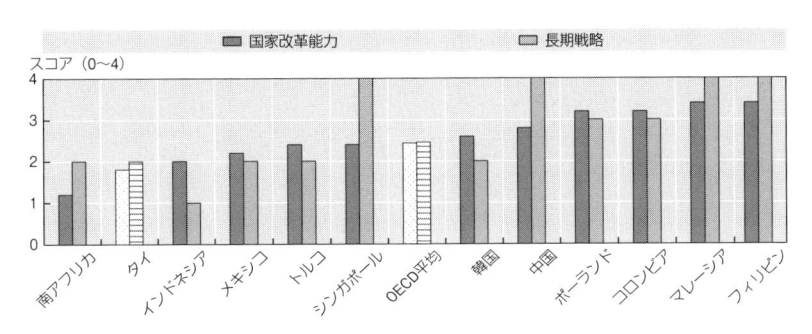

注：国家改革能力では、「権限当局の改革計画を策定し、実際に実行に移すことのできる能力」を測定する（スコアは
極めて能力が低いことを示す0から、極めて能力が高いことを示す4までの範囲）。長期戦略は「権限当局が長期
戦略ビジョンを持っている」かどうか（スコアは戦略ビジョンが極めて不明瞭なことを示す0から、極めて明瞭な
ことを示す4までの範囲）を示している。
出典：CEPII（2016）, Institutional Profiles Database.

図5.5　タイにおける政府機関間の調整と政策適応能力改善の可能性

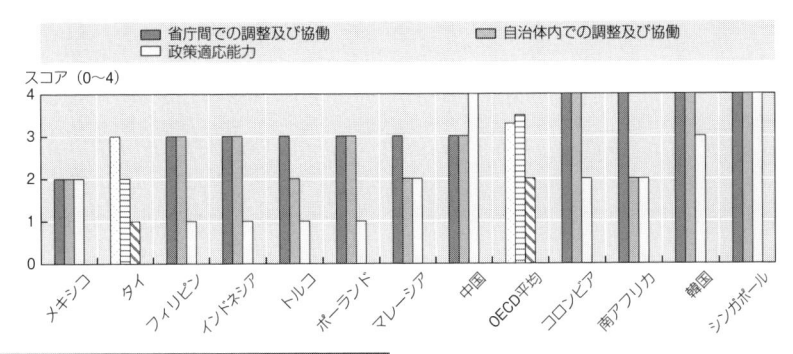

出典：CEPII（2016）, Institutional Profiles Database.

的な政策及びガイドラインは中央レベル、地域レベルで策定し、地方行政機関
は基本的公共サービスの提供に注力することが可能となった。しかし、実際に
は、中央政府職員に事実上の管理権が残されたままになっている場合が多く、
中央と地方の行政機関間でのサービス提供に関する責任の所在については、不

図5.6 政府の非効率性による競争力の低下

グローバル競争力指数2017~18年の制度分野、スコア：0（最低）～7（最高）

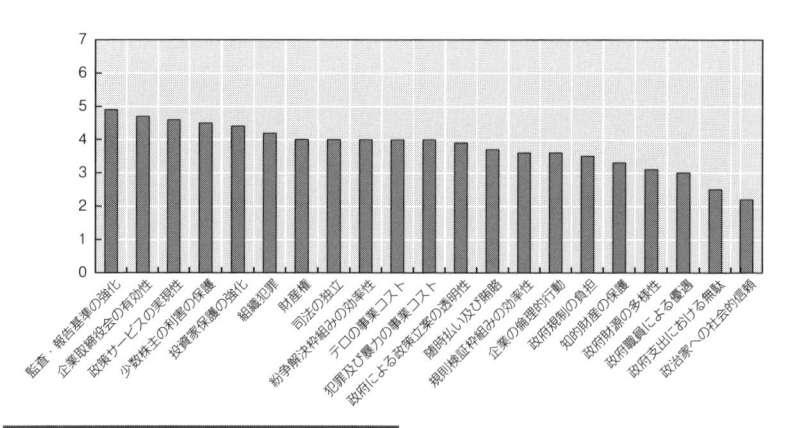

注：「投資家保護の強化」に関するスコアは7段階の尺度を用いて標準化されてきた（当初のスコアは10段階で6.3）。
出典：World Economic Forum（2017）, *The Global Competitiveness Report 2017-2018.*

明瞭なままとなっている（Marks and Lebel, 2016）。タイがさらに分権化を進めていくには、技巧面と併せ、責任拡大に合わせたサービス提供に必要な資源の確保面で、地方の権限当局に対して十分な能力を付与する必要がある。これが実現されない場合、インドネシアが経験したように、保健医療や教育、インフラ、汚職において、地域間の不均衡が拡大してしまうことになると考えられる（Vujanovic, 2017）。タイの準国家政府は、県レベル、地方レベルの両者を含む。県行政機関のほぼ全知事が中央政府によって任命されるのに対し、地方行政機関の長は選挙によって決められている（コラム5.1参照）。

コラム 5.1　タイにおける地方のガバナンス機構

　1991年国家行政法では、タイの国家行政として中央、県、地方の三階層を設定している。

　全国に76県が存在し、それぞれが県知事を長とする県庁による支援を受ける。

居住者による直接選挙により知事の選出されるバンコク首都圏庁（BMA）を除き、県知事は中央政府によって任命される。知事は通常内務省職員から選定され、中央政府の政策の実施に責任を負う。また県は928の郡からなり、これはさらに7,416の支郡と6万1,032の村から構成される。そして内務省県行政局が郡長を任命する。一般に、行政区長は各行政区の村長から選出され、村長は住民から選出される。そして行政区長及び村長は、中央政府の統制下にある県知事及び郡長（chief officer）の直接的な指導及び管理監督下におかれる。

　タイの地方行政は、76の県自治体（PAO）、2,441の市町自治体、5,333の行政区自治体（SAO）、そして2特別地方自治体（BMA及びパタヤ市）からなる二層体制に基づく。県自治体は地方行政の上層として機能し、大規模な行政機能及び公共サービスを提供する。市町自治体及び行政区自治体は下層を構成し、小規模な行政機能に責任を負う。市町自治体が都市部を統治するのに対し、行政区自治体は地方部を統治する。そして市町自治体には、市（居住者5万人以上）、町（居住者1万人以上4万9,999人以下）、町区（居住者7,000人以上9,999人以下）の3形態が存在する。

　県知事及び郡長は、中央政府の政策方針を徹底できるように、地方自治体の監督・監視を行う。ここで県自治体、市町自治体、行政区自治体の資金の支出に関する決定には、限られた自由裁量権しか与えられない。しかし、分権化法（1999年）では、国民が公共サービスを追跡、監視するとともに、意思決定に参画する制度的余地の創出が目的とされており、漸次的に、地方自治体での直接選挙が導入されてきたが、2014年の政治危機の直後には、直接選挙は一時的に棚上げされている。

　権限当局は税金のより良い使い途を考え、公務員の給与の縮減と公共サービスの効率性向上に努めている（NESDB, 2017）。この一環として、第12次国家経済社会開発計画（2017 - 2021年）（第12次計画）では、財政面での自由裁量の拡大等、継続して進められる分権化への取り組みの概要が示されている（第3章）。地方のニーズと優先性に応じてより望ましい対応を取れるよう、地方自治体の金融資源及び人的資源管理における柔軟性の拡大が進むものと思われる。ここで重要となるのは、こうした対応が、全国での公共サービスの改善にしっかりとつながっていくことである（OECD, 2017d）。

3.1 長期的観点からの新規計画

国家経済社会開発計画（NESDP）では、5か年計画に中期、野心的な経済開発を盛り込んでいる。そして、こうした基幹的な計画は、国家経済社会開発計画との一貫性を原則とする数多くの省レベルの政策及び戦略によって補完される。政府内では国家経済社会開発委員会（NESDB）が国家経済社会開発計画の草案をまとめ、省及び政府機関の政策、戦略が組み入れられることになる。

行政間での政策の継続性を高めるために、政府は近年、国家戦略浸透法（NSPA）2017を承認している。将来的に、全ての国家経済社会開発計画で国家戦略浸透法下での諸目標との一貫性が問われる必要があるだろう。国家戦略では、2017年から2036年に亘り、タイを充足経済哲学に基づき「保障、繁栄、持続可能性」を享受した高所得国とすることを目標としている（Vimolsiri, 2017）。国家戦略浸透法では次の重要6戦略を明らかにしている——1）国家の安全保障措置、2）国際競争力の強化、3）人的資本の開発及びエンパワーメント、4）社会における機会と平等性の拡大、5）環境に優しい開発及び成長の重視、6）政府行政の改革及び改善。

国家戦略浸透法では、法的拘束力を持った枠組みの下、国家戦略の策定、執行、監視の全工程を取り込んでいる。そして、首相を長とする国家戦略委員会（NSC）が、各国家戦略案に対し責任を有する（Somwaiya and Saardphak, 2017）。国家戦略委員会の下、幾つかの国家戦略草案委員会で各部門戦略が策定され、部門戦略の公表に対し、国家戦略委員会が各部門のマスター・プラン案を策定する。そして、マスター・プラン案は、内閣府の承認を経て、全国家機関に対し法的拘束力が与えられることになる。国家経済社会開発委員会は各国家機関によるコンプライアンス及び執行に関する全年次報告書の総括という重要な役割を持つと思われる。法令を遵守していない国家機関は、国家汚職防止委員会（NACC）の調査に従い、処罰を受ける可能性がある。

この新しいアプローチは、国家戦略に基づき策定される諸長期目標の実現に将来的に悪影響をもたらしかねない短期施策に対し、従来のようには頼れなくなってしまうことを意味している。国家戦略準備法では5年ごとの戦略の検証が可能であるが、これには国会の承認が必要となる。国家戦略準備法の国家戦

略の検証と変更に対する柔軟性は限られるが、各戦略と、個々の戦略に関連するマスター・プランは強力であるとともに政策目標の多角的性質が適切に反映されていることが重要である。また、政策上のトレードオフは初期段階で明らかにし、政策修正要求時の摩擦の低減に努めるべきである。

3.2　政府アジェンダで優先される国家改革

　上記過程と並行して国家改革計画の準備も進められている。内閣府で決定されているように、その対象分野は、1) 政治、2) 国家行政、3) 法制度、4) 裁判過程、5) 教育、6) 国家経済、7) 国家の資源及び環境、8) 公的医療、9) マスメディア及び情報技術、10) 社会、11) その他、である。また、国家改革計画を通して、「国家が平和と秩序を備え、……社会が平和と幸せを共有し、国民が、……高い生活の質を享受するとともに、国王を元首とする民主主義制度の下、国家の開発と行政にも参加」できるよう求める内容が、国家改革計画手続法（NRPA）2017に正式に記述されている（Somwaiya, 2017）。国家改革計画は、NSPA下で準備される国家戦略との一貫性に留意して策定される。

　OECDの経験からは、状況によって異なるが、改革を実施する政府間での共通の課題が示唆されるとともに、成功につながる要素を指摘できる（OECD, 2010）。特に、改革には、党派を超えて信頼される公式的制度に基づく強力な制度とリーダーシップが求められる。また政策分野間での改革の一貫性も重要となる。さらに、包摂的政策対話を通じた改革反対者との協約は、最も影響を受ける者も含め、当事者間の信頼関係を醸成し、通常互いにとっての利益となる。このとき、関係当事者は、改革を通して個人的費用が段階的に低減していく過程で、改革への関与をより積極的に受け入れるようになる。

第4節　政策立案改善に向けたステークホルダー・エンゲージメントとデジタル化

　政府は、意思決定の初期段階でステークホルダーに情報提供し対話を進めることで、迅速かつ継続的適応への期待とより包摂的な政策立案要求との間でバランスを図る必要がある（OECD, 2017d）。この点について、タイは、地方ス

図5.7 公共政策におけるステークホルダー・エンゲージメント改善の可能性

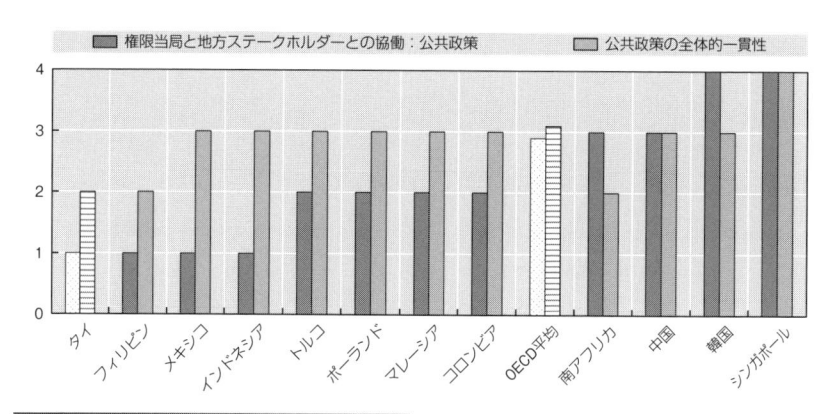

StatLink：http://dx.doi.org/10.1787/888933692712

注：「権限当局と地方ステークホルダーとの協働」では、「国家の権限当局と地方のステークホルダー（地方の権限当局、民間部門、NGO等）とが、公共政策を開発しその有効性を高めるうえで協働している」かどうかを測定する（スコアは極めて協働的でないことを示す0から極めて協働的であることを示す4までの範囲）。公共政策の全体的一貫性に関するスコアは、全く一貫していないことを示す0から極めて一貫していることを示す4までの範囲で示される。
出典：CEPII（2016）, Institutional Profiles Database.

テークホルダーとの協働と官僚機構の公共政策の開発・改善面での効果性において、大半の比較対象国の後塵を拝する状況にある（図5.7）。先の政府による計画及び戦略を通じた公共政策の全体的一貫性向上努力と併せ、政策形成過程でのステークホルダー・エンゲージメントの拡大が求められている。

　こうした課題への対応に向けて、タイは、政府職員による関連ステークホルダーとの政策対話を支援するための政策対話ガイドラインを公表している（NESDB, 2016）。そこには、（経済全体的、産業特殊的、標準的に）導入される規制形態に基づき、対話主体（例えば、企業主体、消費者、一般政府）に対する示唆の概要がまとめられている。当ガイドラインでは、政策的解決範囲の拡大に向けて、政策対話の必要性、及び政策形成初期段階での積極的参加の必要性を明確に示した、政策対話のためのOECD指導原則を考慮に入れている（OECD, 2001）。これは歓迎すべきことであるが、省及び政府機関は当ガイドラインを積極的に遵守する状況を確保することが重要である。

図5.8　タイの政府オンライン・サービスの利用拡大の可能性
政府オンライン・サービスの普及及び利用、2017年

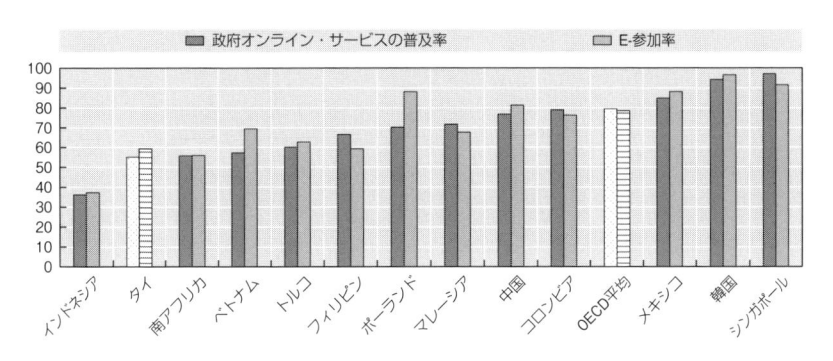

StatLink：http://dx.doi.org/10.1787/888933692731

注：スコアの高い国ほど、国際的なベスト・プラクティスに一致している。
出典：Cornell University, INSEAD and WIPO（2017）, Global Innovation Index.

4.1　デジタル政府による解決

　デジタル政府によって、公共サービスの提供と行政手続をより反応的で迅速なものとし得る一方で、経済活動及び雇用創出に対しより競争的環境を醸成できるとともに、効率性及び透明性の向上を促進することが可能となる（OECD, 2017e）。

　公共サービスにおけるデジタル技術の活用は遅々として進んでおらず、これが行政の非効率性と不透明性の原因となっている。2017年のグローバル・イノベーション・インデックスでは、タイは、政府オンライン・サービス指数とオンライン電子参加指数において、それぞれ77位と65位に位置付けられているが、これは、大半の比較対象国及びOECD平均を下回っている（図5.8）。

　タイは、基本政策となるデジタル政策推進の一環として、デジタル政府開発計画（2017 - 2021年）を開発してきた（第2章）。当開発計画では、政府サービス提供における利便性、迅速性、的確性を改善し、透明性及び市民参加の拡大により政府データの利用拡大を進めるとともに、政府バック・オフィス基盤とデータの統合化を追求している。そうした効果に対し、政府はモバイル政府コミュニケーション・システムの開発を優先的に進めるとともに、オンライン

取引の信頼性構築のための一連のデジタル法の整備を進めている。政府はまた、政府機関の間で共有される ICT プラットフォームを展開するとともに、ウェブサイトや携帯用サイトを通して政府新着情報及び政府サービスを利用できるワンストップ・ポータル・サイトの構築も進めている。さらに、政府は、公共サービス提供課題に対する技巧的な解決手法を検証するために、「GovLab」の試験運用も始めている。最初の4パイロット・プロジェクトでは、公共病院、ISO認証取得、新漢方薬の登録及び承認、老齢者向け社会保護給付の順番待ちの改善に取り組むものと思われる。タイではまた、政策の効率性及び効果性向上に向けてビッグデータの利用も推進している。例えば、福祉データ登録プログラム（Welfare Registration Programme）と各個人の税、金融、社会保護データとを結び付けることで、政府による低所得世帯を対象とした社会保護サービスの提供が容易化している。

第5節　政策執行評価の改善を通じた資源配置の改善

　第12次計画では、執行面での効率性と社会経済開発目標との一貫性を確保するうえで、政策プログラムでのモニタリングと評価の重要性が強調されている。特に、第12次計画では、重要業務実績評価指標（KPI）の評価枠組みを強化している。2003年以降、各省は、財政年度の始まる10月前に公共部門開発委員会（OPDC）事務局に対しKPI目標を提出することが義務付けられている。その際、OPDCは、各省との交渉により、KPIが、国家戦略、第12次計画、タイランド4.0、持続可能な開発目標（SDGs）の間で共有される基幹的な目標に対し、一貫性を備え、測定可能であり、強力であることを確保する。KPIには、国際的ベンチマーク指標が含まれる場合が多い（表5.1）。翌年の3月末までに、各省は内部評価を行い公共部門開発委員会にその結果を提出することになるが、これは副首相及び関連省代表者の出席する会合で評価が検討され、最終結果が首相に送られる。そして、こうした評価過程が、財政年度末に再度実行される。政府内の部門横断的課題に対しては、国家全体的開発取り組みを評価するために各KPIを統合した指標が使われる（表5.2）。地方政府レベルでも、

表5.1　デジタル経済社会省の主要業績評価指標（KPI）（抜粋）、2017会計年度

戦略／目標	主要業績評価指標（KPI）
安全なブロードバンド・ネットワークを通じた国民による政府情報・サービスの享受	IMD世界競争力指数により評価される技術基盤の改善 村落への高速インターネット・サービス普及割合
企業におけるデジタル技術の経済価値の向上	企業活動の一層のデジタル化と中小企業及び社会的企業による電子商取引を通じた販売拡大
全ての部門とつながり開示され、利用しやすい政府サービス	オープン・ナレッジ・ネットワークによるグローバル・オープン・データ指数における順位の改善 国民の必要とする政府情報の正確性
政府及び民間部門の個人による気象情報及び災害警報の迅速かつ容易な入手	気象条件に関する警報を受ける者の信頼性水準 災害警報を受けるステークホルダー数の増加

出典：Office of the Public Sector Development Commission.

表5.2　政府の観光収入目標に関する主要業績評価指標（KPI）（抜粋）、2017年

主要業績評価指標（KPI）（アウトカム）	主要業績評価指標（KPI）（アウトプット）
標準認証を受けた観光的魅力の数	観光的魅力の開発・増大の実現 （観光・スポーツ省、文化省）
製品及びサービスの信頼	観光標準認証の確立 観光面での人的資源開発 （観光・スポーツ省）
旅行・観光競争力指数での順位	インフラ開発 国際標準適合表示における改善 （観光・スポーツ省、運輸省）
観光客の満足及び再訪率	観光客の不満解決数 観光業者及び観光ガイドに関する不満解決数の割合 （国家警察庁、観光・スポーツ省）
観光客支援水準	主要観光地で機能しているWi-Fiサービスの割合 観光客安全保障措置（観光・スポーツ省）

出典：Office of the Public Sector Development Commission.

　KPIに基づく政策評価が行われる。業務実績評価過程は、アカウンタビリティと情報開示を確保するために、国民は自由に閲覧できるようになっている。OECDの経験からは、KPIは様々な政府レベルで、垂直的、水平的調整改善につながることが認識されている。しかし、KPIの決定において、評価すべきものを犠牲に評価すべきでないものに資源が浪費される優先性の問題（と資源流用の可能性）や（ゲーム論的）戦略行動、そして業務実績の粉飾による政治リスクといった意図せざる結果が伴うことを、権限当局側が考慮しておくことが重要となる（OECD, 2009）。

　政策及びプログラムの評価においては、類似の政策に導いてしまう、あるい

は別の関心分野に注意を逸らせてしまうといった問題に焦点を当てた指標が、政策立案者の重要な助けとなる（Coglianese, 2012）。このように、優れた政策であるかどうかは、根拠に基づく意思決定とアカウンタビリティに依拠した、健全な統計に掛かっていると言える（OECD, 2015）。タイでは、国家統計局（NSO）が、タイ統計マスター・プラン2016-2021に即し、統計データの開発、収集、管理を行う中央権限当局の役割を果たしている（コラム5.2参照）。

■コラム 5.2 ■　統計能力の評価

概して、タイの国家統計システムは国内的、国際的データ要求に対応してよく整備されている。統計活動は1965年統計法に基づき実施され、役割、責任、関連機関との関係を明確にした分権的な組織によって支えられている。

- 国家統計局（NSO）は、技術的統計作業に責任を負う中央国家機関である。これは、国勢調査及び住宅統計調査、農業センサス、工業センサス、労働力調査、社会経済調査、ICTの利用に関する施設調査、ICTの利用に関する家計調査といったセンサス及び調査範囲を監督、監視している。
- タイ銀行は広範な経済金融統計情報を収集、編集、公表している。
- 国家経済社会開発委員会は国家の会計統計の作成に責任を負っている。
- 直系の省における他の統計ユニットでも、行政手続記録に基づき統計情報を作成したり、各目的に合わせて調査を実施したりしている。
- 中央登録局は登録を通じた入退出管理に責任を負っている。

国家統計局は、質の高い時宜を得たタイ統計データベースの構築と維持という明確な目標の下、他の機関との連携により統計ネットワークを整備、調整する権限を有する、デジタル経済社会省傘下の機関である。国家統計局は政治的影響や圧力から切り離され、データの収集・公表に関する全ての意思決定を行っている。国家統計委員会は毎年会合を開き、国家統計局に統計活動に関する助言を行っている。

タイの現行の統計アジェンダは、第12次計画と整合性を持つタイ統計マスター・プラン（TSMP）2016-2021を指導役としている。TSMPは、機関間で

のデータの統合、交換、結合を目的とするが、これにより各レベル（国家、アジェンダ、分野）での意思決定及び政策立案にデータを統合的に利用することが可能となる。また、TSMPは、国際基準に基づきデータ（行政手続データ及び調査データ）の質の改善にも努めている。TSMPは、個々の目標の下に関連省内小委員会を通して作業の進められる、21部門（例えば、人口、運輸等）に焦点を当てた小規模統計計画によって補完されている。国家統計局は、国家経済社会開発計画（NESDP）及び国際アジェンダとの一貫性を確保しつつ、関連機関との調整とTSMPの準備を行っている。

　タイの公式的な統計は、1）経済（11部門）、2）社会（9部門）、3）天然資源及び環境（1部門）の3分野に分類できる。国家統計局に関する主要データ収集業務（調査、センサス等）は、表5.3に挙げたとおりである。

表5.3　国家統計局（NSO）主要データ収集業務及び頻度

経済データ		社会・人口統計データ	
工業センサス	5年ごと	人口・住宅センサス	10年ごと
商業・サービス業センサス	10年ごと	労働力調査	毎年
農業センサス	10年ごと	複数指標クラスター調査（MICS）	3年ごと
世帯社会経済調査	毎年	移民・人口調査	毎年
コモディティ調査	2年ごと	技能開発調査	毎年
取引・価格調査	毎年	障害者調査	5年ごと
ホテル・ゲストハウス調査	2年ごと	精神医療調査	毎年
家計調査でのICTの活用	毎年	喫煙・飲酒行動調査	3年ごと
事業所調査でのICTの活用	毎年	老齢者調査	3年ごと
非営利組織調査	5年ごと		

注：MICSは児童及び女性の置かれる状況（例えば、児童の健康、妊産婦及び新生児の健康、栄養状態、水及び衛生状態等）をモニターしている間に起きるデータ・ギャップを埋めるために行われる。

　2030アジェンダに求められるデータに関して、タイでは、国家レベルの最終指標リストに合意を得た後に、SDGs指標をマスター・プランに組み入れる計画である。SDGsティア3指標の多くの指標に関して、タイは、グローバルなSDGs目標の観点から、国家計画を監視、評価するための、独自のデータもしくは代用データを選別する計画にある。

　タイは、TSMPに概略される統計活動の実施に向け、十分な資源（スタッフ、

コンピュータ機器、データベース管理システム、資金を含む）を配分してきた。国家統計局は、センサス／調査計画、調査デザイン、サンプリング、フィールド活動、データ処理、データ分析評価、データの公表を専門とする従業員約2,000人を擁する政府機関である。データ編集過程は、高度にコンピュータ化され、効率化されている。

　利用される手法、資源及び公表形態の選別は、基本的に、国際的に受け入れられる基準、ガイドライン、ベスト・プラクティスに従う。国家統計局は国際的な基準を満たせるように、政府公式統計の質の評価を行う。またタイでは、国民への経済金融データの提供において、IMF特別データ公表基準にも準拠している。さらに、健全なマクロ経済政策、国際借入、多角的金融メカニズムへのアクセスに関して必要な統計情報を入手可能とするためには、こうした基準の遵守が重要となる。価格指標及び金融統計に関する方法論は、基本的に、現在基準となっている国際的方法論に従う。国家会計は国民経済計算1993（SNA1993）に従うが、そこでは2012年を基準年としつつSNA2008への移行を進め、また固定資本形成（グロス）に政府R&D支出を組み入れるとともに、間接的に測定される金融仲介サービスも含められている。また、タイでは、国際収支マニュアル第5版及び政府財政統計マニュアルの最新版を使用している（GFSM, 2014）。

　2012年にタイでオープン・データ政策が採られてから、国家統計システムにおけるデータ及び報告書の利用面での改善が進んでいる。現在、報告書及びデータは国家統計局のウェブサイトからダウンロード可能であり、ソーシャル・メディア（Facebook、Twitter等）を使って公表されている。マイクロデータは会員制で有料での利用（pay-walled）となるが、研究者及び学生であれば無料で利用できる。NSOはデータ生成において使用者側のニーズを考慮に入れるとともに、年1回全ての統計情報を対象に利用者満足度調査を実施している。国家統計局は調査及びセンサス・プロジェクトを実施する際、その前後において、ユーザー側のニーズについて話し合うための会合を開いている。また国連の「公的統計の基本原則」に準拠する統計法が2007年に改正されてから、様々な行政レベル間でのデータ共有における改善が進んでいる。これは、国家統計局の国家統計システムでの調整役割を支援するものである。国家統計局はまた統計年鑑の編纂に向けて他の機関から定期的にデータを収集するとともに、（入手可能なデータを入手し、特定データについてはリクエストを出せるよう）公的統計の作成において他の省

と協働している。

　タイの統計システムは強力であるかもしれないが、特にデータ対象範囲については、なお改善の余地が存在する。SNA1993に基づく国家会計データでは、国家全体をカバーしているが、また全てと言わなくとも一部不法活動も対象に含めるとともに、公式部門と併せ非公式部門も対象としている。しかし、一部特定指標をもって、対象全体を代表するものとはならない。他の多くの国と同様、消費者物価指数（CPI）では、参照される消費者について消費を目的に購入される全ての財及びサービスがカバーされるが、都市部の集団（77県中、バンコクを含めた43県）だけが対象とされて、地方の集団は除外されている。また、インフレ率の算定において、バスケットに電子商取引を通した財価格を含めることが可能かどうかについては、現在タイ銀行と商務省との間で交渉の段階にある。さらに、雇用データは不完備であり、労働力調査データは季節調整がなされていないとともに、家計調査には世帯の増減が反映されていない。

出典：NSO（2007）, Thailand, The Statistics Act, B.E. 2550; NSO（2016）, Thailand's Statistical Master Plan（TSMP）; IMF（2017）, Thailand Special Data Dissemination Standard（SDDS）; World Bank （2017a）, Thailand, Statistical Capacity Indicator Dashboard.

5.1　競争政策拡大及び規制改革推進による効率的市場の促進

　公共部門の基本的役割の一つとして、国内市場における公正で効果的な競争環境の整備がある。競争は、企業を効率性と財、サービスの継続的な改善に向かわせることで、生産性、イノベーション、成長を促進する。この点で特に重要な分野として、1）競争促進と汚職機会減少につながる反競争的規制の撤廃、改革、及び監督面での透明性の拡大、2）競争促進とともに、最終的に納税者負担となるコスト削減を通じた政府サービスにつながる、効果的な政府調達体制の導入、3）安定した予測可能な規制・事業環境の整備により投資拡大につながる、健全な経済原則適用の下、よく機能する競争的な制度、を指摘できる。

　1999年取引競争法の採用により、タイはASEAN諸国で最初の競争政策導入国の一つとなった。取引競争法では、反競争的な慣行（協定、支配的地位の濫用、合併）と、何らかの制限的／不公正取引及び商慣行のどちらをも対象としている。しかし、その発効以来、100件近くの苦情が提出されてきたが、違反

と判定されたものは1件もない。これは、法の執行に必要な規則及び規制が未開発であることと、法の執行を禁じる政治的圧力が存在することが原因であると考えられる（Rhanitcul, 2015）。実際、取引競争委員会（TCC）が政府から十分に独立していないことが示唆されている（OTCC, 2017）。また、政治的干渉、企業による干渉から十分に独立していることが、競争制度の有効性を確保するうえで重要であることは、国際的にも立証されている（OECD, 2016）。

　調和のとれた競争政策を求める、ASEAN経済共同体ブループリント2015の基本理念に反し、2017年10月には改正取引競争法が発効された。当改正法では事前承認による合併統制制度の導入を含め、国際的ベスト・プラクティスとの整合性が強化されている。また、公企業と民間企業とのより対等な競争環境を確保するために、国有企業の商業活動も対象としている。さらに、犯罪に対する懲罰ではなく、執行手続を簡略化した行政罰に従うべき反競争的慣行が、幾つか新しく指摘されている。

　また、商務省からは切り離し、独自の予算と職員を持たせることで、取引競争委員会をより独立した法制度とするための改革も進められてきた。タイが新しい法枠組みによる恩恵を得るには、取引競争委員会に対し十分な資金及び人的資源を確保し、その継続的ニーズに対しそれら資源活用における自由裁量権が十分に与えられるべきである。十分な資源が確保されなければ、取引競争委員会による市場に対する有意味な影響力と、強力な競争法の持つ経済的利益の十分な享受は難しくなるだろう。実際、競争法の執行が不完全もしくは不十分であると、恩恵どころか害となる可能性がある。こうした状況にあれば、多様なステークホルダー（すなわち政府、企業、消費者）の利害を反映できるよう、委員会メンバーとして適任とされる各利害代表者の選別が必要となる。また、特に、競争法が経済学と法律とを横断し極めて特殊な技能を要求される場合には、意思決定者及び弁護士（case handler）を含め、全職員の専門的な訓練が必要となろう。また国際的ベスト・プラクティスとの整合性の一層の向上には、透明かつ明確そして無差別な執行の確保を目的に、適用される規制及びガイドラインを改善することも必要となるだろう。また寛容なプログラムの導入が、執行における情報収集に資するものと思われる。

5.2　規制影響分析の改善による優れた規制慣行の推進

　より一般的に言えば、優れた規制慣行は、効果的な資源配分に資するとともに、公正で強力な競争を促し、企業のコンプライアンスにおける負担を最小化する。OECD規制政策とガバナンスに関する理事会勧告では、優れた規制管理制度には、規制の開発、執行、評価を下支える全政府を挙げた取り組みが必要とされることが認識されている（OECD, 2012）。タイの規制の質（民間部門の開発を許可、推進する健全な政策及び規制に対する政府の策定・執行能力に関する認識により測定される）は、マレーシア等域内比較対象国とは異なり、過去10年間、限界的な改善しかみられていない（図5.9）。

　こうした状況にはあるが、政府は、外国人投資を呼び込むうえで、お役所主義的で煩雑な行政手続を止めることが、伝統的に使われてきた租税インセンティブよりもコストの掛からない効果的な手段であるとの考えに基づき、企業活動に友好的な環境を創出すべく、規制改革に向けた取り組みを段階的に進めてきた（Nikomborirak, 2016）。自治委員会は既存のタイの法律を包括的に検証し、三つの新法を制定している。

　まず、透明性とアカウンタビリティの確保を目的に、政府は、許認可促進法

図5.9　限界的改善のみの規制の質

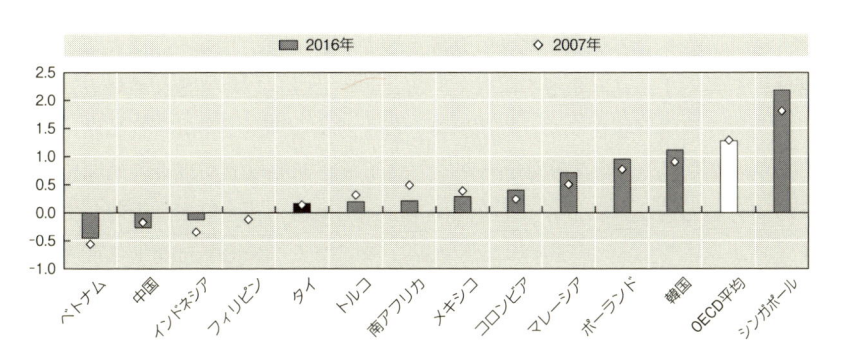

StatLink：http://dx.doi.org/10.1787/888933692750

注：指数の範囲は、−2.5（最低）から2.5（最高）まで。
出典：World Bank（2017c）, Worldwide Governance Indicators database.

（Licensing Facilitation Act）2015を制定し、許認可を得るための手続、スケジュール、要件を示した広く国民の利用できるマニュアルの作成に向け、全関連政府機関に対し免許、登録、認可に関与するよう要請している。政府がマニュアルを適用する場合、自由裁量権は与えられず、規定された許認可決定期限を遵守するよう、そこに定められた手続に従わなくてはならない。現在、許認可促進法では、許認可過程を円滑なものとするために、より政府機関が積極的な役割を果たせるよう修正が進められている。また当法の国内及び国際的な利用を促進するために、全ての許認可を英語とタイ語の両方で発行するための要件が含められるものと思われる。

　二つ目として、2015年に、「サンセット法」として一般に知られる、法規制見直しに関する国王令（Royal Decree on Review of Laws and Regulations）が制定されている。当法では、事業慣行の変化への適応を確保できるよう、5年ごとの全ての法律と規制の見直しを規定している。見直しはステークホルダーとの密接な対話の下に進められなくてはならず、これに関する報告書の公表が義務付けられるとともに、検証のために閣僚評議会及び国会で配布されることになっている。さらに、全ての法律及び規制は、オンラインでの一般的な入手に配慮し、英訳されなくてはならない（Ongkittikul and Thongphat, 2016）。

　三つ目に、タイでは、規制影響分析（RIA）法の強化が進められている。タイでは1998年に規制影響分析手続が導入されたが、当初、遵守状況は悪かった。2004年、規制慣行改善に向けた取り組みにおいて、閣僚評議会は、法案導入前に、OECDの規制に関する意思決定参照チェックリストに即して規制影響分析を実施するよう指令を出している。しかし、規制影響分析報告書に対する専門精査機関は存在せず、規制影響分析の対象範囲も不十分（従属法は対象から漏れていた）、規制影響分析ガイドラインも未完成で、職員の規制影響分析の遂行能力も限られ、ステークホルダーとの対話も不十分な状況で、コンプライアンスに脆弱性が残されたままとなっている（Nilprapunt, 2015；TDRI, 2014）。

　新憲法の下、新規制に対する国会通過前の規制影響分析とステークホルダーとの対話が義務付けられるとともに、現在、従属法も規制影響分析の対象に含まれている。そして、国家評議会及び内閣官房事務所に対し、規制影響分析過

程の監視に対する責任・権限が与えられている。また、これら制度と協働する形で、2016年には国家経済社会開発委員会（NESDB）が、国民への周知徹底と職員の規制影響分析遂行能力向上を目的にガイドラインを公表している。ガイドラインには、規制影響分析の標準フォーマットとステークホルダーとの対話手続がまとめられており、今後さらに、規制施行後の事後分析を含める方向で、規制影響分析を拡張することが考えられる。

　政府はまた、2017年に、社会経済開発を阻害している不要な規制の合理化に向けて、「規制ギロチン」プロジェクトを発動している。その第1段階では、世界銀行のビジネスしやすさ指数におけるタイのランキング改善を目指しており、2019年までに、上位20か国入りを目標としている。近年、新規開業手続の合理化、納税手続の簡素化、破産処理の面で改善がみられ、タイの順位も48位から26位にまで改善しており、信用の利用、国際取引、破産制度に焦点を当てた一層の改革が期待されている（World Bank, 2017b）。2017年以降、第2段階に入るが、より事業に好意的な環境を創出する観点から、政府間の既存の規制及び許認可に対しさらに拡張的に検証を行うことになる。中間検証では1,000件以上の許認可手続の合理化が必要であるとの結果が得られている。

　この文脈で、タイ銀行は、幾つかの重要なイニシアティブを立ち上げている。特に、冗長性の排除と、明確性と透明性の向上を目的に、外国為替規制改革が始動している（Bank of Thailand, 2017）。このプロジェクトは、法律家、規制当局、企業代表によるタスクフォースを通じた政府部門と民間部門の協働形態で進められる。近年、タイ銀行も、フィンテック企業及び金融機関が、既存の規制のグレーゾーンをうまく活用している中で、明確に規定された空間及び期間での財及びサービスの実現可能性の検証を可能とする、「サンドボックス制度」に似た実験的規制制度を公表している。この規制制度は、十分な消費者保護を確保できるとともに、提案される財及びサービスの規制当局によるリスク評価に役立つものと期待されている（Santiprabhop, 2017）。

第6節　汚職によって制約を受ける開発努力

　汚職は格差と貧困を永続化させ、国民の福祉を損なわせる。また、汚職は、所得配分を歪ませ、個々人に等しく与えられる社会、経済、政治的生活への参加機会を奪ってしまう傾向がある（OECD, 2017a）。さらに、汚職は、投資、競争、人的資本形成、政府の効率性に悪影響を及ぼし、タイの経済開発を阻害してしまう（OECD, 2013）。

　タイでは、長きに亘り、汚職に向き合う必要性が認識されてきた。最初の汚職との闘いの試みは、後に国家汚職防止委員会（NAAC）に改組された執行機関、汚職防止委員会事務局の設立を伴い、汚職防止法1975の制定によって開始されている。その後、汚職防止法制は拡張され、国家汚職防止委員会の独立性と効果性が改善されている。また、憲法裁判所、行政裁判所、会計検査院、公務員汚職行為防止委員会（PACC）といった、国家汚職防止委員会の取り組みを補完、支援するための機関が他にも幾つか設立されている。さらに、2016年10月には、民間部門のものも含め、汚職防止に関わる犯罪訴追手続の迅速化を目的に、新しく汚職防止裁判所が創設されている。タイ政府は、汚職は喫緊の課題であると言明しており、現在、汚職防止に向けた取り組みは国家アジェンダの重要な要素となっている。

　このように目標として言明してはいるが、汚職はなおも存在し、タイにおける汚職の実感は、OECD平均そして大半のASEAN諸国よりも高い状況が続いている（図5.10）。調査対象とされた国民の40％超が公共サービスを受ける際に、賄賂を要求された、贈与を強要された、好意を強要されたと回答している（図5.11）。

　汚職防止への取り組みを強化するために、第12次計画では、トランスペアレンシー・インターナショナル汚職実感指数におけるタイの順位向上を目標に掲げている。タイの国家汚職防止戦略（2017-2021年）の第3段階目には、汚職と闘い汚職のリスクを低減するための大胆な戦略が盛り込まれている。

　この文脈において、OECDは、近年採択された政府の誠実性に関する推奨政

図5.10　継続の求められる政府の汚職撲滅努力

汚職実感指数、2017年

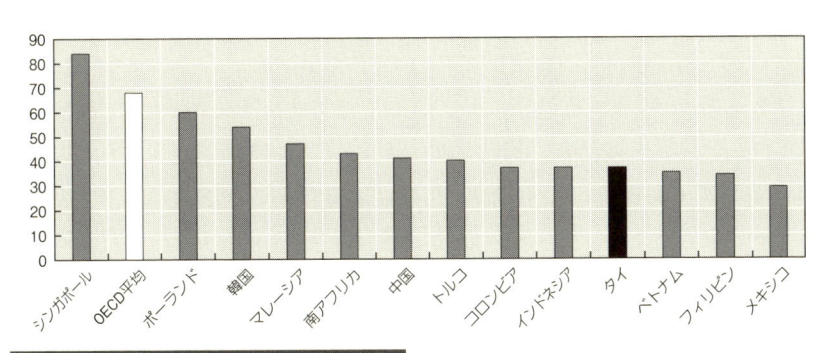

StatLink：http://dx.doi.org/10.1787/888933692769

注：指数の範囲は、0（極めて腐敗的）から100（極めて公正）まで。

出　典：Transparency International Corruption Perceptions Index（2017a）, *https://www.transparency.org/news/feature/corruption_perceptions_index_2017.*

図5.11　高水準の維持される汚職報告件数

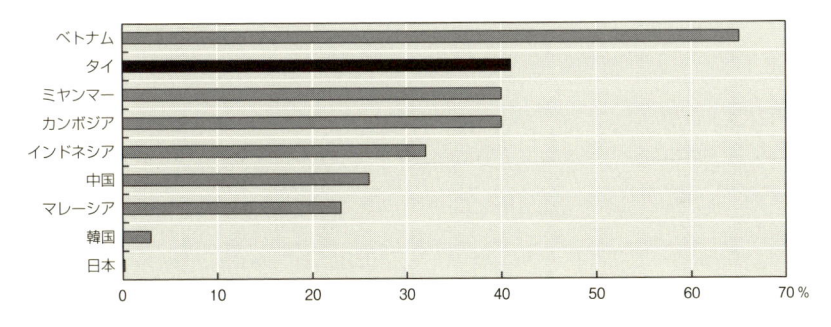

StatLink：http://dx.doi.org/10.1787/888933692788

注：主要アジア太平洋諸国での、公共サービスを受ける際、「賄賂を支払った」「贈り物を贈った」「好意的行為を行った」と回答した者の割合。

出典：Transparency International（2017b）, *People and Corruption: Asia Pacific ? Global Corruption Barometer*, *www.transparency.org/whatwedo/publication/people_and_corruption_asia_pacific_global_corruption_barometer.*

策措置に基づく詳細な分析を目的に、タイ誠実性レビューを実施している（OECD, 2018）。当レビューでは、タイが、誠実性及び汚職防止政策の一貫性向上を目的として、国家汚職防止委員会及び公務員汚職行為防止委員会を中心

に、多様な機関の汚職防止指令の合理化に対し検討を進めることが考えられるとしている。国家汚職防止戦略を監視する観点から、そしてまた国民の汚職の実感を払拭するための取り組みを行うためにも、政策指数を使った汚職防止政策測定のための枠組みの強化を進めていくことが考えられる。またタイでは、公務員の倫理的義務と倫理的訓練をさらに洗練させることが恩恵となると思われる。高い倫理基準を設定することが、公共部門の信頼性を回復させ、政府予算の適正な利用の徹底につながる。また、国家汚職防止委員会のオンライン監査能力の強化と併せ、上級公務員等リスクを担う公務員にまで資産開示対象を拡張することも、アカウンタビリティを強化し公務員の利害対立管理を可能としてくれるものと思われる。さらに、内部告発に特化した法律の制定からも恩恵を得ることができるだろう。そこでは、明確な規定を与えることで内部告発、不正、報復の概念を明確にできるとともに、内部告発者を保護することが可能となる。これにより、政府機関において誠実性問題を自由に議論できる開放的な文化が醸成され、倫理違反に対するより効果的な告発につながっていくものと思われる。

参考文献・資料

Algan, Y. and P. Cahuc (2013), "Trust, growth and well-being: New evidence and policy implications", *IZA Discussion Paper*, No. 7464, *http://ftp.iza.org/dp7464.pdf*.

Asianbarometer (2015), Asianbarometer (database), *www.asianbarometer.org/data/data-release*.

Bank of Thailand (2017), "Foreign exchange regulation reform" (Press Release), Bank of Thailand, Bangkok, *www.bot.or.th/Thai/PressandSpeeches/Press/News2560/n2760e.pdf*.

Burke, A., P. Tweedie and O. Poocharoen (2013), *The Contested Corners of Asia: Subnational Conflict and International Development Assistance: The Case of Southern Thailand*, The Asia Foundation, San Francisco, *https://asiafoundation.org/resources/pdfs/SouthernThailandCaseStudyFullReport.pdf*.

CEPII (2016), *Institutional Profiles Database 2016*, Centre d'Etudes Prospectives et d'Informations Internationales, AFD and Directorate General of the Treasury (DG

Tresor) of the Ministry of Finance, Paris, *www.cepii.fr/institutions/en/ipd.asp.*

Coglianese, C. (2012), *Measuring Regulatory Performance: Evaluating the Impact of Regulation and Regulatory Policy*, OECD Publishing, Paris, *www.oecd.org/gov/regulatory-policy/1_coglianese%20web.pdf.*

Cornell University, INSEAD, and WIPO (2017), *The Global Innovation Index 2017: Innovation Feeding the World*, Cornell University, INSEAD, and WIPO, Ithaca, Fontainebleau, and Geneva, *www.globalinnovationindex.org/gii-2017-report.*

Gallup (2017), "Gallup World Poll" (database), *www.gallup.com/services/170945/world-poll.aspx.*

Huang, S. and D. Thorsby (2011), "Economic, political and social determinants of peace", *Economics of Peace and Security Journal*, Vol. 6/2, *http://dx.doi.org/10.15355/epsj.6.2.5.*

IEP (2017), *Global Peace Index 2017*, Institute for Economics and Peace, Sydney, *http://visionofhumanity.org/app/uploads/2017/06/GPI17-Report.pdf.*

IMF (2017), *Thailand Special Data Dissemination Standard (SDDS)*, International Monetary Fund, Washington, DC, *www.bot.or.th/English/Statistics/Standard/SDDS/Pages/default.aspx.*

Kokpol, O. (2011), "Decentralization Process in 1990-2010: in Case of Thailand", First meeting of the research committee of decentralization in Asian countries, Tokyo, *http://www.kpi.ac.th/media_kpiacth/pdf/M10_141.pdf.*

Marks, D. and L. Lebel (2016), "Disaster governance and the scalar politics of incomplete decentralization: Fragmented and contested responses to the 2011 floods in Central Thailand", *Habitat International*, Vol. 52, pp. 57-66, *https://doi.org/10.1016/j.habitatint.2015.08.024.*

NESDB (2017), *The Twelfth National Economic and Social Development Plan (2017-2021)*, Office of the National Economic and Social Development Board, Bangkok, *www.nesdb.go.th/nesdb_en/ewt_w3c/ewt_dl_link.php?nid=4345.*

NESDB (2016), *Public Consultation Guidelines*, Office of the National Economic and Social Development Board, Bangkok, *www.nesdb.go.th/download/RIA/publicConsultationEN.pdf.*

Nikomborirak, D. (13 January 2016), "Thailand lags with excess laws and red tape", Thailand Development Research Institute, Bangkok, *https://tdri.or.th/2016/01/thailand-lags-with-excess-laws-and-red-tape.*

Nilprapunt, P. (2015), "Thailand's legislative process: Overview", Lawdrafter blog, *http://lawdrafter.blogspot.fr/2015/11/thailands-legislative-process-overview.*

html.

NSO（2016）, *Thailand's Statistical Master Plan（TSMP）2016-2021*, National Statistical Office of Thailand, Bangkok.

NSO（2007）, *Thailand, The Statistics Act*, B.E. 2550, National Statistical Office of Thailand, Bangkok.

OECD（2018）, *OECD Integrity Review of Thailand: Towards Coherent and Effective Integrity Policies,* OECD Publishing, Paris, *http://dx.doi.org/10.1787/978926 4291928-en.*

OECD（2017a）, *Preventing Policy Capture: Integrity in Public Decision Making,* OECD Public Governance Reviews, OECD Publishing, Paris, *http://dx.doi.org/ 10.1787/9789264065239-en.*

OECD（2017b）, *Trust and Public Policy: How Better Governance Can Help Rebuild Public Trust,* OECD Public Governance Reviews, OECD Publishing, Paris, *http://dx.doi.org/10.1787/9789264268920-en.*

OECD（2017c）, *OECD Guidelines on Measuring Trust,* OECD Publishing, Paris, forthcoming, *http://dx.doi.org/10.1787/9789264278219-en.*

OECD（2017d）, *Government at a Glance 2017,* OECD Publishing, Paris, *http://dx. doi.org/10.1787/gov_glance-2017-en.*（『図表でみる世界の行政改革OECDインディケータ（2017年版）』OECD編著、平井文三訳、明石書店、2019年）

OECD（2017e）, *Benchmarking Digital Government Strategies in MENA Countries,* OECD Publishing, Paris, *http://dx.doi.org/10.1787/9789264268012-en.*

OECD（2016）, *Independence of Competition Authorities: From Design to Practices,* Background Paper by the Secretariat, Global Forum on Competition, OECD, Paris, *https://one.oecd.org/document/DAF/COMP/GF(2016)5/en/pdf.*

OECD（2015）, *Development Co-operation Report 2015: Making Partnerships Effective Coalitions for Action,* OECD Publishing, Paris, *http://dx.doi.org/10. 1787/dcr-2015-en.*

OECD（2013）, "Issues Paper on Corruption and Economic Growth", OECD, Paris, *www.oecd.org/g20/topics/anti-corruption/Issue-Paper-Corruption-and-Economic-Growth.pdf.*

OECD（2012）, *Recommendation of the Council on Regulatory Policy and Governance,* OECD Publishing, Paris, *www.oecd.org/governance/regulatory-policy/499908 17.pdf.*

OECD（2010）, *Making Reform Happen: Lessons from OECD Countries,* OECD Publishing, Paris, *http://dx.doi.org/10.1787/9789264086296-en.*

OECD（2009）, *Governing Regional Development Policy: The Use of Performance Indicators*, OECD Publishing, Paris, *http://dx.doi.org/10.1787/9789264056299-en*

OECD（2001）, *Citizens as Partners: OECD Handbook on Information, Consultation and Public Participation in Policy-Making*, OECD Publishing, Paris, *http://dx.doi.org/10.1787/9789264195578-en*.

Ongkittikul, S. and N. Thongphat（2016）, "Regulatory coherence: The case of Thailand", in D. Gill and P. Intal, Jr.（eds.）, *The Development of Regulatory Management Systems in East Asia: Country Studies*, ERIA Research Project Report 2015-4, Economic Research Institute for ASEAN and East Asia, Jakarta, *http://www.eria.org/RPR_FY2015_No.4_Chapter_7.pdf*.

OTCC（2017）, *Charts on Prohibited Behaviours in the Trade Competition Act 2017*（in Thai）, Office of Trade Competition Commission, Bangkok, *http://otcc.dit.go.th/wp-content/uploads/2017/09/broad-otcc19-final.pdf*.

Santiprabhop, V.（2017）, "Moving Thailand towards a new business and financial landscape", speech given at the European Association of Business and Commerce, Bank of Thailand, Bangkok, *www.bis.org/review/r170130b.pdf*.

Scrivens, K. and C. Smith（2013）, "Four interpretations of social capital: An agenda for measurement", *OECD Statistics Working Papers*, No. 2013/06, OECD Publishing, Paris, *http://dx.doi.org/10.1787/5jzbcx010wmt-en*.

Somwaiya, K. and O. Saardphak（2017）, *Thailand National Strategy Preparation Act*, LawPlus Ltd., Bangkok, *https://www.lawplusltd.com/2017/08/thailand-national-strategy-preparation-act*.

Somwaiya, K.（2017）, *Thailand National Reform Plans and Procedures Act*, Lawplus Ltd., Bangkok, *www.lawplusltd.com/2017/08/thailand-national-reform-plans-procedures-act*.

Temple, J.（2000）, "Growth effects of education and social capital in the OECD countries", *OECD Economic Studies*, Vol. 2001/2, OECD Publishing, Paris, *http://dx.doi.org/10.1787/eco_studies-v2001-art11-en*.

TDRI（2014）, *Research Project on Regulatory Impact Analysis*（in Thai with English summary）, Thailand Development Research Institute, Bangkok.

Thanitcul, S.（2015）, "Competition in Thailand", *CPI Antitrust Chronicle*, August, Competition Policy International, Boston, *www.competitionpolicyinternational.com/assets/Uploads/ThailandAug-151.pdf*.

Transparency International（2017a）, Corruption Perceptions Index, *https://www.*

transparency.org/news/feature/corruption_perceptions_index_2017.

Transparency International (2017b), *People and Corruption: Asia Pacific – Global Corruption Barometer*, www.transparency.org/whatwedo/publication/people_and_corruption_asia_pacific_global_corruption_barometer.

United Nations (2015), *Transforming Our World: The 2030 Agenda for Sustainable Development*, United Nations, New York, https://sustainabledevelopment.un.org/content/documents/21252030%20Agenda%20for%20Sustainable%20Development%20web.pdf.

Vimolsiri, P. (2017), "Thailand 20 Year National Strategic Plan and reforms", Presentation at the Thailand Focus 2017 Conference, Stock Exchange of Thailand, Bangkok, www.set.or.th/thailandfocus/files/20170829_Dr_Porametee.pdf.

Vujanovic, P. (2017), ≪Decentralisation to promote Regional Development in Indonesia≫, *OECD Economics Department Working Papers*, No. 1380, OECD Publishing, Paris, http://dx.doi.org/10.1787/d9cabd0a-en.

Ward, P., L. Mamerow and S. Meyer (2014), "Interpersonal trust across six Asia-Pacific countries: Testing and extending the 'High Trust Society' and 'Low Trust Society' theory", *PLoS ONE*, Vol. 9/4: e95555, https://doi.org/10.1371/journal.pone.0095555.

World Bank (2017a), *Thailand, Statistical Capacity Indicator Dashboard*, World Bank, Washington, DC.

World Bank (2017b), *Doing Business 2018: Reforming to Create Jobs*, World Bank, Washington, DC, www.doingbusiness.org/~/media/WBG/DoingBusiness/Documents/Annual-Reports/English/DB2018-Full-Report.pdf.

World Bank (2017c), "Worldwide Governance Indicators" (database), http://info.worldbank.org/governance/wgi/#home.

World Economic Forum (2017), *The Global Competitiveness Report 2017-2018*, World Economic Forum, Geneva, http://reports.weforum.org/global-competitiveness-index-2017-2018.

World Values Survey (2013), "World Values Survey" (database), www.worldvaluessurvey.org/WVSContents.jsp.

訳者あとがき

―成熟した国際社会とタイの開発―

　本書は、OECD（2018）, *Multi-dimensional Review of Thailand: Volume 1. Initial Assessment*, OECD Development Pathways, OECD Publishing, Paris を全訳したものである。現在、OECDは多角的国家分析（MDCR）として、成長だけでなく様々な観点から開発途上国に対する多角的な分析を進めているが、本書は高齢化の様相を強めながらも2036年の高所得国入りを目標に経済の成長を進めるタイにおける持続可能な開発の実現に向けた取り組みを分析したものである。

　成熟化の進んだグローバル社会経済では、新たな比較優位分野への特化を進める先進諸国に対し、共通の社会的展望の下、比較優位の顕在化した分野でのキャッチアップとグローバル・スタンダードの創出によって新興諸国が急速な成長を遂げている。制度創出から着手する新興諸国の場合、課題の明確な時代にGDP拡大に偏った成長を進めてきた先進諸国に対し、自然環境への配慮においても比較優位が与えられている。持続可能な社会では環境に配慮しつつ、金のなる木分野、花形分野、挑戦分野を絶えず確保できなくてはならない。転換期を経たグローバル社会経済において、先進国では三分野間のバランスが図られ、また新興国では成長の遅れている国程、金のなる木分野側に重心が置かれている。新興諸国では先進国からの支援の下、労働集約的分野から技術・資本集約性を漸次的に高めつつ、世界の工場となり稼いだキャッシュが挑戦分野、花形分野に投じられていく。現今の米中間の貿易紛争は、先進国、新興国間での新規比較優位分野への資源シフト過程における現象であり、新興諸国における製品差別化国際分業水平化過程での花形分野、挑戦分野における新規比較優位の創出とも連動している。そうした国際関係の中で、タイは、中心国の罠を克服する過程で、先進国を起点としたバリューチェーンを活用し、より技術・資本集約的分野での比較優位を獲得しつつ、タイを起点としたバリューチェーンを高度化することでASEANのイノベーション・ハブとしての役割を担って

いくことになる[1]。2015年11月には、タイランド4.0の下、第1次S字カーブ産業、新S字カーブ産業として優先的に開発に着手する産業群が選定されている。両産業を中心に漸次的に新規比較優位分野が確立され、先進国化への途を着実に進んでいくことが期待される。

　社会的イノベーションによって持続可能なグローバル社会を実現し得る人間を基本とした世界は、法人、最終的には国家を問題解決主体とする多様な共同体主義が国家間の棲み分け分業によって支えられるものとなろう[2]。社会性と個人主義度において多様な社会経済によって構成されるその世界[3]は、現在の欧州をリーダー役とするグローバル社会の姿であり、課題が不明瞭化し課題の特定化から始めなくてはならない社会の必然であるとも言える。社会性の高いとされる欧州社会は、社会的ニーズが強い分、需要規模も確保されやすく、市場を通した社会的課題の解決も進めやすいと考えられるが、構造化の進んだ成熟した社会は、共有される社会的ビジョンに対し、提案と認知により本流化する市場を創造できなくてはならない。そしてそれを支える国家間では、過去の歴史的経路によって規定される文化的特性と国民性に基づき各国がアーキテクチャーにおける比較優位に即して個々の役割に応じた制度構造を備えることになる。キャッチアップを進める新興諸国も、そうした世界への融合化に向けて、棲み分け的に将来を展望し、各国の制度作りを進めていくことになる。そして、そこでの市場活動を支えるのがグローバル経済社会システム[4]であり、各国の経済社会システムがその構成要素となる。

　タイも経済成長を進める過程において、将来の棲み分け的役割を展望し、そこでの経済社会システムの構築を進めていると考えられる。本書では、「持続可能な開発のための2030アジェンダ」の4分野に基づき、タイの国際社会における位置づけを踏まえ、恐怖と貧困からの自由を基礎に、人間を基本としたタイ社会におけるガバナンスと自然環境、経済社会を展望し、今後の課題と政策とを提示している[5]。また平和とは、対話の先に展望されるものであり、また対話を促すものでもある[6]。タイが経済社会システムを通してより望ましい社会を実現するには、将来の社会的ビジョンを明確にし、社会的共有を進め、ニーズを強めることが重要であろう。タイでは、2017年7月に、広く社会的にステークホルダーを集め、多くの参加者を得て2030年の国民の生活をテーマと

した話し合いがもたれている。こうしたマルチステークホルダーによる話し合いは、タイのあるべき姿をより適正化するとともに、参加者間でのその共有と希求力の醸成につながったのではないかと思われる。

　現在、国際社会も国内社会も成熟化が進んでいる。不確実性が低減しニーズが不鮮明化する中、国、地域／地方間での優先性の相違も明確化している。また、新興諸国ではキャッチアップにおけるニーズは明確であるが、先進国から継続されるグローバル・スタンダードの創出では、先発人口大国を主体に需要規模を生かした市場による解決が進められている[7]。棲み分け分業の世界では、不確実性回避傾向の相違に基づき個人主義度と社会性を軸に補完的に分業[8]が進められる。そしてこれは、アーキテクチャーにおける比較優位に基づき国家間を主体として、国内の地域／地方間、さらには企業間、個人間における分業の形を取る。そこでは、国家的制度特性の下で地域／地方の制度が構築され、またこれを土台として多様な企業や個人による問題解決が進められる[9]。「市場の大きさが分業の度合いを決める」アダムスミスの世界に対し、棲み分け的国際分業では、分解過程に整列させる形で、そうした世界を多様に存在させ[10]、フォーディズムを継続的、棲み分け的に受容し得る国際社会を形成し、市場を継続的に創発しながら多様なニーズに対応し洗練化を進めることができる[11]。他方で、産業革命以降、現在に至るまで、技術革新の波は生産機械から機能や生産工程にまで及んでおり、機械のペースに合わせロボット化を進める形で機械と人間の一体化も進んできたが、AIと人間との作業分野の分離が困難化する中で、現在、AIと人間との融合化も進んでいる[12]。ロボット化の進展やICTの発達は、タイにおいても非定型的意思決定支援分野を中心に医療分野や教育分野、金融分野等で漸次的に取り入れられているが、もはや競争の前提であり社会的基礎的インフラでもあることを踏まえ、速やかに普及を図る必要がある。また、こうした動きはこれまで新興諸国に与えられてきた比較優位性を浸食するものでもあり、タイを始め、新興諸国はこうした動向も踏まえた対応を求められていると言えよう。

　タイではPromptPayが導入され、フィンテック関連のビジネスが創出されつつある。タイのフィンテック・ビジネスで採用される技術・ビジネスモデルは先進国企業や中国企業によるものが多いとされる。現在、世界で流通してい

る決済プラットフォームには、クレジットカードを使ったPayPal型、中国企業によるアリペイ型、そしてプリペイドカードを使ったM-pesa型がある[13]。タイでは、ECを通じて業界横断的に発達してきたAlipay型のモバイル型決済の普及が進む中、未利用資産活用型サービスに主導される形で課題解決型の対面決済でのモバイル型決済の利用が進んでいる。クレジットカード保有率（6％）、携帯電話保有率（81％）[14]はM-pesa型決済に主に依存するケニアと同等の水準にある。先進国化につれて両変数とも高い値を取るようになるが、新興諸国では後者に偏る傾向にある。タイではこれまで個人や企業の間の送金に主にM-pesa型決済が使われてきたが、2017年1月よりタイ銀行協会及びタイ中央銀行主導の下、PromptPayが導入されている。金融包摂を確保しつつ、携帯保有率の上昇に合わせAlipay型決済への移行を進めることで、キャッシュレス化を推進していくものと思われる。またタイでも、デジタル・フットプリントを代替データとした与信審査プログラムが活用されている。今後、地方の中小・零細企業への金融障壁が取り除かれることでビジネスの好循環が創出され、生活の改善、生産性と公式性の向上、格差解消、社会保障の改善も進むものと思われる。

　20世紀後半を通じて欧州を中心に政府間の連携を通した合衆国化と言える現象が進んできたが[15]、持続可能な社会経済の確保に向け、同質化を通して統合化を深化させるのではなく、異質な国家間で多様性を残しながら連携し、構造化の中で社会的ビジョンと規範の共有化を通じ、ボトムアップ的に市場を創造していくことが求められている[16]。成熟した社会では情報が分有され、価格システムが優勢化する。不確実性の高い世界ではヒエラルキー・システムの優位性が勝る一方で、安定化した世界では情報共有の下、価格システムに依拠することで最適な解が与えられる傾向があり、社会的成長・成熟化では、前者から後者へのシフトを漸次的に進めながら、ガバナンスのマーケット化が進められることになる[17]。規模の大きな共通の課題が解決され集団化の進んだ国家間、地域間において、それぞれ社会的ビジョンに共通性が存在しても国家間、地域／地方間で政治的課題、市場面での優先性に大きな相異が生じている。

　相対的に与えられる個性をアイデンティティとし、国家／地域戦略をその社会的ビジョンとして、強みと機会を適合させた地域／地方の戦略が描かれる。

市場性と人間の協働を基本としつつ民間との対話を通した提案と承認、認知によって、ボトムアップによる本流化を実現していくことが求められる時代である[18]。また対外的にも戦略が提示され、機会を見出した企業や個人がそこに参画することで、地方、地域の戦略が実現され、それらが総合されて地域、国家の戦略も実現されていく。地方や地域、国家間では自由化を堅持し、インバウンド、アウトバウンドの流れを拡大させつつ、ウイン－ウイン関係を通して問題解決を進めていくことが重要である。他方で、企業や個人の強みと競争優位性の源泉はその母国と地域／地方であり、グローバル社会ではそのアーキテクチャーに適合した需要層を対象に、補完的に分業体制が構築される[19]。現在、企業は補完的、リレー的に分業を進めながら[20]、その境界を超えた事業では個々の国や地域のニーズの相異に合わせた適応を求められる一方で、人材においては国家、地方、企業の戦略（機会）と強みとの適合が模索されることになる。

　タイでは、バンコク首都圏庁を除き、県知事は中央政府によって任命される一方で、地方行政機関の長は選挙によって選出されている。また、歳入の9割を中央政府に依存する地方行政機関に対し財政の分権化も進められている。構造化と同時に市町自治体レベルでの自由裁量権の拡大も進め、成熟した国際社会の趨勢に同期する形でその棲み分け的役割を追求しているように思われる。今後、地域あるいは地方はその比較優位に即したアイデンティティを明確にし、漸次的に市場性ある課題を見極めながら民間主体によるボトムアップ的流れを導出し、個々の持続的成長につなげていくことになる。タイの国際社会での戦略展開と国内での共通ビジョン下での地域経営とが経済成長プロセスで呼応しながら進むことで、国民の生活の改善につながっていくことが求められている。またタイでは、産業界のニーズに適合した人材育成に力を入れる一方で、そうした人材の育成面でもクーポンを使った個別教員による知識・スキルの獲得、教育のプロの活用といった市場を活用した政策が展開されている。また、客観的ボーナス給を用意する等、教員は研究時間ではなく教育時間により評価され、価格システムに依拠した政策が展開されつつある。

　他方で、産業の集積では、マーケット型のガバナンスをヒエラルキー型へと転換し、イノベーション・ハブを創出し先進国化を進める必要があり、ここで

も人的資源の開発と研究開発ストックの蓄積が不可欠となる。内外人材を惹きつけてイノベーションにつなげていかなくてはならないが、国外からの高度人材として想定されるのは、「国内の資本・労働とは補完関係にあり、代替することができない良質な人材」であり「タイの産業にイノベーションをもたらすとともに、タイ人との切磋琢磨を通して専門的・技術的な労働市場の発展を促し、国内労働市場の効率性を高めることが期待される人材」である[21]。タイが国際社会でのプレゼンスを高めるうえで、内外資と併せ内外の高度専門人材を活用し、国際分業の水平化を促進することが重要である。

　本書では多角的分析を通して、タイが構造化の中で持続可能な成長を実現するうえでの経済社会的制約要因が明らかにされている。国際社会の潮流に同期しタイが2036年までに高所得国入りを実現するには、天然資源管理の一層の徹底と効果的な水管理と併せ、特に地方での教育の改善と労働市場の公式性の向上、質の高い職の創造を短期間に成功裡に進めていくことが必要であり、高齢化の進むタイで社会保障を確保するためにも重要である。今後、こうした課題の解決を進め、世界経済成長の一牽引役として着実な成長を実現していくことを期待したい。

　本翻訳書で、明石書店からのOECD出版物の翻訳書の刊行も7冊目となる。「多角的国家分析」では、前回のミャンマーに続き2冊目となる。私は国際貿易論や多国籍企業論関連分野を専門にしているが、国家間での風土構造に基づく分業を基本に各国がどのような制度下でどのような政策を展開しているか知るうえで、OECD出版物は重要であると思っている。大学院時代、国際貿易論の演習で、多国籍企業論や国際経営論、異文化コミュニケーションや組織理論と幅広く学んだことが、現在の研究活動の基礎となっているが、転換期を経て、今後を展望するうえで、そうした学習の重要性を改めて認識させられている。指導教官であった早稲田大学名誉教授、江夏健一先生には衷心より感謝申し上げるとともに、ますますのご活躍をお願いしたい。

　明石書店からは、昨年の5月に当翻訳にご同意いただき、今年10月の刊行予定で、翻訳、刊行作業はほぼ予定通りに進められてきた。大学の業務もあるため、無理なく進められたことには大変、感謝している。邦訳の意義を理解し訳

文の完成を根気よくお待ちくださった取締役編集部長の安田伸氏にはこの場を借りて深く感謝申し上げたい。また編集段階での作業でも手際よく丁寧に進めていただいたことには深く敬意を表する次第である。

　本書において思わぬ誤解や誤訳があるかもしれない。翻訳に対する一切の責任は、翻訳者である私にある。十分に注意して訳出作業を行ってきたつもりであるが、読者である皆様にはご指摘、ご叱正をお願いしたいと思う。

　2019年8月14日

東京国際大学

門田　清

　本「訳者あとがき」は、2019年8月3日に開催された東京国際大学オープンキャンパスで筆者が担当した体験授業での概要が踏まえられている。260頁21～26行目は、2019年10月2日に訂正している。

注

1. 木村福成著（2016）では、グローバルバリューチェーンへの関わり方という観点からASEAN中心とした開発戦略を示し、リソースの流動性の高まった状況においてそのイノベーション・ハブ戦略は日本や韓国とは異なったものとなり得ると指摘している。
2. 門田清著（2017）では、人間を基本とした多様な資本主義形態によりグローバル社会経済のイノベーションが担われていることを示している。
3. 国家や地域経済圏だけでなく、地域、地方、延いては企業、人材も一つの社会経済システムとして考え、社会性と個人主義度によって表現可能である。
4. 林正樹著（2006）は、企業を取り巻く外部環境について、経済的環境である市場と、文化・慣行・法律・社会制度など経済以外の人工的な環境である社会、そして地球環境そのものである自然から構成されるとしている。
5. 2030アジェンダにおける4分野については、国連著（2015）（https://www.unic.or.jp/activities/economic_social_development/sustainable_development/2030agenda/：2018年5月30日アクセス）を参照。
6. 暉峻淑子著（2017）では、戦争の反対語は対話であるとしているが、グローバリ

ゼーションの過程で平和とは結果であり集団的対応を要求するものであるとともに、次の過程を下支えするものでもあると考えられる。

7. 新興諸国でのイノベーションについては、例えば、新宅純二郎・中川功一・大木清弘著（2015）、吉原英樹著（2013）を参照。また先進国で十分な需要規模を期待できなかった社会的機能でも、中国等人口大国で需要規模を確保できれば、イノベーションにつなげることが可能である。

8. ここでは、各国文化を可視化する変数の中で、社会性と個人主義度を軸とした棲み分け分業の中で進められる分業も補完的分業として考えている。国家間で不確実性回避傾向は相異し、創造的分野を得意とする国もあれば、きめ細かな作り込みを得意とする国もあり、互いに補完的に役割を担うことで、多様なニーズに対応可能となる。また補完的分業を土台にアーキテクチャーとは区別される個性も強みの源泉であり、ニーズの多様性に貢献する。

9. 門田清報告（2018）では、国家間の棲み分け的制度構造を基本に、国家、企業、人材間の関係を指摘している。

10. 今井賢一・総合研究開発機構著（1992）参照。

11. ブルーノ・アマーブル著（2005）参照。

12. 平野繁臣著（2000）、河野英子著（2012）、柳川範之・新井紀子・大内伸哉著（2016）参照。

13. 国際的に普及している決済プラットフォームの類型と棲み分けについては、楊皓・小池純司著（2018）を参照。東南アジア及びタイのフィンテック・ビジネスの動向については、岩崎薫里著（2018）に詳しい。

14. クレジットカード保有率（2014年以降の最新データ）はジェトロ（2017）、携帯電話保有率は本書第2章2.4節に基づく。

15. 三和総合研究所国際本部企業戦略室著（2000）では、欧州の国に相当するものがアメリカの各州であるとしている。また、東アジアの域内貿易では中間財貿易に偏り最終財貿易割合が低いが、経済統合も進んだ欧州域内では消費財を中心に最終財貿易割合も高くなっている（伊藤恵子著（2013.12／2014.1）参照）。

16. 今井賢一・総合研究開発機構著（1992）参照。

17. ジャン・フランソワ・ヘナート著（1998）参照。またウイリアムソンは、限定合理性を節約し、機会主義を抑制し、不確実性を低減させ、情報の偏在の条件をより容易に克服でき、より満足すべき取引の雰囲気が生じる場合がある、ことにより内部組織の優位性が生じるとしている。茂垣広志（1996）では、マネジメントにおける公式化の必要性を指摘している。

18. ボトムアップによる本流化により、コトづくりが進み社会的価値が生み出される。近年、タイではディマンド・サイド政策が進められているが、デジタル社会にお

いて、as a Serviceとして多様なサービスが提供されることになると思われる（此本臣吾（2019）参照）。他方で、政府によるインフラ事業からも企業に対し機会が提供されている。ODAではなく民間のイニシアティブの活用を進めることでPPPが拡大している。

19. 森健（2017）は、ルーツに基づくコスモポリタン企業を目指すべきであるとし、ホームグラウンドの独特な事業環境での経営資源や経験の蓄積が重要であると指摘している。

20. リレー式分業とは、アーキテクチャーにおける比較優位に基づく補完的分業に従事する主体から、よりインテグラル型アーキテクチャーに比較優位を持つ主体に引き継がれて作り込みが進められる場合の、時系列的な分業を意味している。門田清著（2014）参照。

21. 高度人材受入推進会議著（2009）の中の日本の高度人材ポイント制を参考にしている。なお、この記述は、門田清著（2017）から修正のうえ引用している。

参考文献

一條和生・野村総合研究所グローバルマネジメント研究チーム編『グローバル・ビジネス・マネジメント：経営進化に向けた日本企業への処方箋』中央経済社、2017年

伊藤恵子著「東アジアにおける財貿易自由化とその効果」『アジ研ワールド・トレンドNo.219』2013.12／2014.1

今井賢一・総合研究開発機構著『21世紀型企業とネットワーク』NTT出版、1992年、第1章

岩崎薫里著「東南アジアで台頭するフィンテックと金融課題解決への期待」（『環太平洋ビジネス情報　RIM』Vol.18 No.68、2018年）

門田清著「持続可能な発展と産業内分業モデル：グローバル資本主義における国際分業の根拠」日本国際経済学会・関東支部HP、2014年7月

門田清著「グローバル経済社会と統合経済：資本主義の多様性を背景として」日本国際経済学会・関東支部HP、2017年11月

門田清報告「グローバル・ガバナンスと折衷パラダイム：国家・企業・人物像に対する認知的アプローチ」（「東京国際大学グローバル・ファカルティ・セミナー」2018日10月18日）（https://researchmap.jp/read7201569/）。

木村福成著「生産ネットワークとメガFTAs」（木村福成・大久保敏弘・安藤光代・松浦寿幸・早川和伸著『東アジア生産ネットワークと経済統合』慶應義塾大学出版会、2016年第7章）

高度人材受入推進会議著「外国高度人材受入政策の本格的展開を（報告書）」平成21年5月29日

河野英子著「国際生産システム」（江夏健一・桑名義晴編著／IBI国際ビジネス研究センター著『理論とケースで学ぶ国際ビジネス』三訂版、同文館出版、2012年、第8章）

国連著「我々の世界を変革する：持続可能な開発のための2030アジェンダ」（外務省訳、2015年）（https://www.unic.or.jp/activities/economic_social_development/sustainable_development/2030agenda/；2018年5月30日アクセス）

此本臣吾・基調講演「デジタルが変える産業の未来」NRI未来創発フォーラム2018（『知的資産創造』2019年新春号）

笹谷秀光著『協創力が稼ぐ時代』Nanaブックス、2015年

三和総合研究所国際本部企業戦略室著『グローバル・ビジネス重点戦略ノート』ダイヤモンド社、2000年

ジェトロ『ジェトロセンサー』2017年3月号

ジェトロ・アジア経済研究所主催「SDGsに貢献する責任あるビジネス・責任あるサプライチェーン：『ビジネスと人権に関する国連指導原則』を日本はいかに実行するのか」2018年3月2日

ジャン・フランソワ・ヘナート著「多国籍企業におけるコントロール：価格とヒエラルキーの役割」（スマントラ・ゴシャール／D・エレナ・ウエストニー編著『組織理論と多国籍企業』文眞堂、1998年、第7章）

新宅純二郎・中川功一・大木清弘著「新興国市場開拓に向けた戦略と組織の再編成」（天野倫文・新宅純二郎・中川功一・大木清弘編『新興国市場戦略論』有斐閣、2015年、終章）

田口芳昭著『なぜ日本企業は真のグローバル化ができないのか』東洋経済新報社、2015年

暉峻淑子著『対話する社会へ』岩波新書、2017年

デロイト・トーマツ・コンサルティング編『アジアヘッドクォーター特区が日本を変える』プログレス、2013年

林正樹著「『企業・市場・社会』の多様性：比較経営学の課題と方法」（日本比較経営学会編『会社と社会』文理閣、2006年、序章）

平野繁臣著『地域経営学のススメ：内発型・循環型社会の構造と機能』通商産業調査会、2000年、第3章第3節（2）

ブルーノ・アマーブル著『五つの資本主義』藤原書店、2005年

村上周三・遠藤健太郎・藤野純一・佐藤真久・馬奈木俊介著『SDGsの実践：自治体・地域活性化編』事業構想大学院大学出版部、2019年

茂垣広志著「これからの日本的経営」（永尾正章・茂垣広志編著『これからの国際経営戦略』ジェトロ、1996年、第6章）

森健著「日本企業のグローバル経営環境」（一条和生・野村総合研究所グローバルマネジメント研究チーム編『グローバル・ビジネス・マネジメント』中央経済社、2017年、第1章）

柳川範之・新井紀子・大内伸哉著『AI時代の人間の強み・経営のあり方』NIRA、2016年

楊皓・小池純司著「新興国におけるFinTechイノベーション」（『知的資産創造』2018年8月号）

吉原英樹著「国際経営の将来像」（吉原英樹・白木三秀・新宅純二郎・浅川和宏編『ケースに学ぶ国際経営』2013年、終章）

李智慧著「中国FinTech産業の光と影」（『知的資産創造』野村総合研究所、2016年9月）

◎訳者紹介

門田 清（かどた・きよし） KADOTA Kiyoshi

1965 年、宮崎県生まれ。早稲田大学社会科学部卒業。早稲田大学大学院商学研究科博士課程単位取得・満期退学。現在、東京国際大学国際関係学部准教授。専門は国際ビジネス。

主要著書：「国際貿易論と国際ビジネス」（江夏健一・長谷川信次・長谷川礼編『シリーズ国際ビジネス 2　国際ビジネス理論』中央経済社、2008 年、第 8 章）、「多国籍企業と世界経済」（江夏健一・桑名義晴編著／IBI 国際ビジネス研究センター著『理論とケースで学ぶ国際ビジネス』同文舘出版、2001 年）。

主要論文：「グローバル経済社会と統合経済──資本主義の多様性を背景として」（日本国際経済学会関東部会報告、2017 年）、「持続可能な発展と産業内分業モデル──グローバル資本主義における国際分業の根拠」（日本国際経済学会関東部会報告、2014 年）、「グローバル社会における有機的連携：国際分業論に対する産業組織論的アプローチと日本及び新興大国の在り方」（日本国際経済学会関東部会報告、2012 年）、「世界経済システムと多国籍企業理論──ガバナンス・バランス・シフトを背景として」（日本国際経済学会・第 49 回関西支部総会、2007 年 6 月）、「地域主体性とグローバル・リンケージの形成──日本と日系多国籍企業の創知に対するインプリケーション」（早稲田大学産業経営研究所『産経シリーズ』33、2001 年）、「経済統合プロセスにおけるダイナミズムと周辺国の調整問題」（早稲田大学産業経営研究所『産業経営』第 27 号、1999 年）。

主要翻訳書：OECD 開発センター編著『ミャンマーの多角的分析── OECD 第一次診断評価報告書』（明石書店、2015 年）、OECD 開発センター編著『世界開発白書 2 ──富のシフト世界と社会的結束』（明石書店、2013 年）、OECD 開発センター編著『世界開発白書──四速世界における富のシフト』（明石書店、2011 年）、OECD 編著『科学技術人材の国際流動性──グローバル人材競争と知識の創造・普及』（明石書店、2009 年）、経済協力開発機構（OECD）編著『中国クロスボーダー M&A ── OECD 投資政策レヴュー：中国』（明石書店、2008 年）、経済協力開発機構（OECD）編著『OECD 国際投資展望 世界経済の潮流とインベストメント』（明石書店、2006 年）、OECD 編「貨物輸送ロジスティクス──アジア太平洋、ヨーロッパ、アメリカ　地域を超えて共有される課題と解決」（『月刊ロジスティクス・ビジネス』ライノス・パブリケーションズ、2003 年 5・6・7 月号）。

タイの経済と社会
OECD 多角的国家分析

2019 年 10 月 29 日　初版第 1 刷発行

　　　　　　　　　　　　　　編著者：OECD 開発センター
　　　　　　　　　　　　　　訳　者：門田　清
　　　　　　　　　　　　　　発行者：大江　道雅
　　　　　　　　　　　　　　発行所：株式会社明石書店
　　　　　　　　　　　　　　　　　　〒 101-0021
　　　　　　　　　　　　　　　　　　東京都千代田区外神田 6-9-5
　　　　　　　　　　　　　　　　　　TEL　03-5818-1171
　　　　　　　　　　　　　　　　　　FAX　03-5818-1174
　　　　　　　　　　　　　　　　　　http://www.akashi.co.jp
　　　　　　　　　　　　　　　　　　振替　00100-7-24505

組版：朝日メディアインターナショナル株式会社
印刷・製本：モリモト印刷株式会社

ミャンマーの多角的分析

OECD第一次診断評価報告書

OECD開発センター 編著
門田清 訳

A5判／上製／280頁
◎4500円

開発途上国に対し経済成長を超えた多角的分析を与えるOECDの新シリーズ。本書は、初回対象国としてミャンマーの基本的分析をまとめた第1巻である。人口動態的特徴を踏まえ、ミャンマーが将来、国際競争力を確保するためのガバナンス基盤を診断する。

● 内容構成 ●

序文

刊行にあたって

要旨

第1章　岐路に立つミャンマー
第2章　安定的かつ持続可能な開発の実現
第3章　包摂的成長と機会均等
終章　ミャンマーの将来展望

科学技術人材の国際流動性

グローバル人材競争と知識の創造・普及
OECD編著　門田清訳

◎3800円

アートの教育学

革新型社会を拓く学びの技
篠原康正、篠原真子、袰岩晶訳
OECD教育研究革新センター編著

◎3700円

メタ認知の教育学

生きる力を育む創造的数学力
篠原真子、篠原康正、袰岩晶訳
OECD教育研究革新センター編著

◎3600円

生きるための知識と技能6

OECD生徒の学習到達度調査（PISA）2015年調査国際結果報告書
国立教育政策研究所編

◎3700円

PISA2015年調査　評価の枠組み

OECD生徒の学習到達度調査
経済協力開発機構（OECD）編著、国立教育政策研究所監訳

◎3700円

諸外国の教育動向　2018年度版

文部科学省編著

◎3600円

諸外国の初等中等教育

文部科学省編著

◎3600円

諸外国の生涯学習

文部科学省編著

◎3600円

〈価格は本体価格です〉

OECD世界開発白書2

富のシフト世界と社会的結束

OECD開発センター 編著

門田清 訳

◎6600円

B5判／並製　312頁

急速な経済成長を遂げる新興・開発途上諸国における社会的な機会と課題は何か。財政、雇用、社会保障、市民参加、教育、保健医療、ジェンダー、移民統合などの問題を取り上げ、包括的な視点から長期的かつ持続可能な成長のための社会的結束の重要性を論ずる。

内容構成

OECD世界開発白書

四速世界における富のシフト

OECD開発センター編著　門田清訳

◎4800円

OECD公衆衛生白書：日本

明日のための健康づくり

経済協力開発機構（OECD）編著　村澤秀樹訳

◎3800円

OECD保育の質向上白書

人生の始まりこそ力強く：ECECのツールボックス

OECD編著　秋田喜代美、阿部真美子、一見真理子、門田理世、北村友人、鈴木正敏、星三和子訳

◎6800円

OECDビッグデータ白書

データ駆動型イノベーションが拓く未来社会

経済協力開発機構（OECD）編著　齋藤長行、田中絵麻訳

◎6800円

OECD成人スキル白書

第1回国際成人力調査（PIAAC）報告書（OECDスキルアウトルック2013年版）

経済協力開発機構（OECD）編著　矢倉美登里、稲田智子、来田誠一郎訳

◎8600円

OECD保育白書

人生の始まりこそ力強く：乳幼児期の教育とケア（ECEC）の国際比較

経済協力開発機構（OECD）編著　大磯一、入江晃史監訳

OECD編著　星三和子、首藤美香子、大和洋子、一見真理子訳

◎7600円

OECD教員白書

効果的な教育実践と学習環境をつくる（第1回OECD国際教員指導環境調査（TALIS）報告書）

OECD編著　斎藤里美監訳　木下江美、布川あゆみ、本田伊克、山本宏樹訳

◎7400円

世界の移民政策

OECD国際移民アウトルック（2016年版）

経済協力開発機構（OECD）編著　徳永優子訳

◎6800円

〈価格は本体価格です〉

教員政策と国際協力

未来を拓く教育をすべての子どもに

興津妙子、川口純　編著

■A5判／並製／368頁
◎3200円

世界的に国際バカロレア校は、なぜ増加しているのか。日本で導入した場合、どのような教育効果が期待されるのか。本書は、諸外国の事情と国際バカロレアに関わった人々に対する調査から、これらの問いへの回答を試みる。

国際化のなかのスキル形成　グローバルバリューチェーンは雇用を創出するのか

経済協力開発機構（OECD）編著　高橋南海子・奥原俊、松下慶太、竹内一真訳　菅原良監訳
◎3700円

若者のキャリア形成　スキルの獲得から就業力の向上、アントレプレナーシップの育成へ

経済協力開発機構（OECD）編著　菅原良、福田哲哉、松下慶太監訳　竹内一真、佐々木真理、橋本諭、神崎秀嗣、奥原俊訳
◎3700円

移民の子どもと学校　統合を支える教育政策

OECD編著　布川あゆみ、木下江美、斎藤里美監訳　三浦綾希子、大西公恵、藤浪海訳
◎3000円

移民の子どもと世代間社会移動　連鎖する社会的不利の克服に向けて

OECD編著　木下江美、布川あゆみ、斎藤里美訳
◎3000円

世界の行動インサイト　公共ナッジが導く政策実践

OECD編著　齋藤長行監訳　濱田久美子訳
◎3000円

環境ナッジの経済学　行動変容を促すインサイト

経済協力開発機構（OECD）編著　齋藤長行監訳　濱田久美子訳
◎3500円

教育のワールドクラス　21世紀の学校システムをつくる

アンドレアス・シュライヒャー著　経済協力開発機構（OECD）編　ベネッセコーポレーション企画・制作　鈴木寛・秋田喜代美監訳
◎3000円

社会情動的スキル　学びに向かう力

経済協力開発機構（OECD）編著　ベネッセ教育総合研究所企画・制作　無藤隆、秋田喜代美監訳
◎3600円

〈価格は本体価格です〉

OECD幸福度白書4

より良い暮らし指標：生活向上と社会進歩の国際比較

OECD 編著　西村美由起 訳

A4判変型／並製／472頁 ◎6800円

人々の幸福にとって最も重要なものは何か？ シリーズ4冊目となる本書では、まず幸福度の全体傾向を概観し、格差・不平等の拡大、移民の傾向、市民と政府の関係などの観点から考察。付録章として、各国別指標、現在と未来の両面からみた幸福度の国際比較指標も収録。

●内容構成●

第1章　今日の幸福

第2章　幸福の不平等を測定する

第3章　移民の幸福：より良い生活へ向かっているのか

第4章　ガバナンスと幸福

第5章　各国プロフィール

第6章　現在の幸福

第7章　未来の幸福のための資源

幸福の世界経済史

OECD開発センター編著　徳永優子訳

1820年以降、私たちの暮らしと社会はどのような進歩を遂げてきたのか ◎6800円

主観的幸福を測る

経済協力開発機構(OECD)編著　桑原進・高橋しのぶ訳

OECDガイドライン ◎5400円

格差拡大の真実

経済協力開発機構(OECD)編著　小島克久、金子能宏訳

二極化の要因を解き明かす ◎7200円

図表でみる世界の社会問題4

OECD編著　高木郁朗監訳　麻生裕子訳

OECD社会政策指標　貧困・不平等・社会的排除の国際比較 ◎3000円

図表でみる教育

OECD編著　徳永優子・稲田智子、大村有里・坂本千佳子・立木勝・松尾恵子、三井理子・元村まゆ訳

OECDインディケータ(2018年版) ◎8600円

図表でみる男女格差 OECDジェンダー白書2

OECD編著　濱田久美子訳

今なお蔓延る不平等に終止符を！ ◎6800円

図表でみる世界の行政改革

OECD編著　平井文三訳

OECDインディケータ(2017年版) ◎6800円

地図でみる世界の地域格差 OECD地域指標2018年版

OECD編著　中澤高志監訳

都市集中と地域発展の国際比較 ◎5400円

〈価格は本体価格です〉

エリア・スタディーズ 30

タイを知るための72章【第2版】

綾部恒雄 編著　■四六判／並製／448頁 ◎2000円

東南アジアの中心に位置するタイは、目覚ましい成長を遂げている。一方、社会がダイナミックに揺れ動いている。本書は、その税手のタイを中堅・若手の執筆者によりあらゆる面から説明し、変わりゆくタイを紹介する。巻末にはタイとタイ史年表を付す。分かりやすく紹介する。巻末にはタイとタイ史年表を付す。

世界の教科書シリーズ 6

タイの歴史　タイ高校社会科教科書

中央大学政策文化総合研究所 監修　柿崎千代 訳
■A5判／並製／352頁 ◎2800円

タイと西洋・東洋それぞれの社会・芸術文化・政治・経済分野を、古代から現代までの通史を概観。近代化と西洋化の重要性を齎まえ、それを果たした自国指導者層の業績、そして独自の伝統的存在・国王への信頼の大切さを伝えるタイのナショナル・アイデンティティー。

〈価格は本体価格です〉